普通高等教育"十三五"规划教材

无土栽培

王久兴　宋士清　主编

科学出版社

北京

内 容 简 介

本教材介绍了无土栽培的基本概念、营养液配制与管理、基质分类及特性、无土育苗技术、水培技术、基质培技术、立体无土栽培技术、小型化无土栽培技术等。本教材紧密结合我国无土栽培的实际，参考了国内同行部分研究成果，并融入了编者多年来的教学、实践经验和科研成果。

本教材可供高等农林院校、高等职业院校农学、园艺、设施农业科学与工程等本专科专业使用，可作为其他专业学生辅修教材，也可供农业技术员、种植专业户等参考。

图书在版编目（CIP）数据

无土栽培 / 王久兴，宋士清主编. —北京：科学出版社，2016
普通高等教育"十三五"规划教材
ISBN 978-7-03-048949-4

Ⅰ. ①无… Ⅱ. ①王… ②宋… Ⅲ. ①无土栽培 – 高等学校 – 教材 Ⅳ. ① S317

中国版本图书馆 CIP 数据核字（2016）第 139021 号

责任编辑：丛 楠 韩书云 / 责任校对：郑金红
责任印制：赵 博 / 封面设计：黄华斌

科学出版社 出版
北京东黄城根北街 16 号
邮政编码：100717
http://www.sciencep.com

涿州市般润文化传播有限公司印刷
科学出版社发行 各地新华书店经销

*

2016 年 6 月第 一 版　　开本：787×1092　1/16
2025 年 7 月第九次印刷　　印张：15
字数：356 000
定价：79.00 元
（如有印装质量问题，我社负责调换）

项目研发人员名单

主持人 宋士清

子项目主持人（排名不分前后）

王久兴 宁永红 路宝利 武春成 贺桂欣 杨 靖

主研人（按姓氏拼音排序）

包艳青 毕开颖 边卫东 曹 霞 陈俊琴 陈杏禹 陈秀敏 程 超 崔万秋
狄文伟 丁 明 董海泉 董慧超 董立娇 范 博 冯志红 付 蕾 高玉峰
耿立英 龚俊良 胡晓辉 吉志新 贾永霞 靳亚忠 李 琛 李 政 李集周
李建军 李琳琳 李青云 李双民 李双玥 李晓丽 李育华 李云飞 厉凌云
凌志杰 刘桂红 刘桂智 刘静波 刘素稳 刘伟洋 刘玉艳 刘振林 马爱林
毛秀杰 聂庭斌 齐福高 齐慧霞 秦 文 石 玉 宋聚红 苏翠军 眭晓蕾
田冬梅 汪 洋 王 晶 王秀娟 王振玉 王子华 吴佳露 吴素霞 项殿芳
谢兆森 许传强 闫立英 闫志军 杨 晴 杨春燕 杨英霞 余金咏 翟陆陆
张 毅 张 勇 张 智 张广华 张会芳 张吉军 张慎好 张卫国 赵 瑞
赵 帅 赵 友 赵会芝 赵建功 郑冠群 周 琪 朱京涛 朱玉莲 邹志荣
祖秀颖

附：

专家指导委员会（按姓氏拼音排序）

曹 晔 天津职业技术师范大学　　　　徐 流 重庆师范大学
卢双盈 天津职业技术师范大学　　　　张建荣 同济大学
汤生玲 河北金融学院

专家咨询委员会（按姓氏拼音排序）

高等院校（所）——

刁哲军 河北师范大学　　　　　　　　石伟平 华东师范大学
丁德全 承德石油高等专科学校　　　　徐国庆 华东师范大学
董存田 江苏理工学院　　　　　　　　赵志群 北京师范大学
姜大源 教育部职业技术教育中心研究所　邹志荣 西北农林科技大学
刘君义 吉林工程技术师范学院

中高职院校——

陈少华 海南省农业学校　　　　　　　李劲松 日照市农业学校
陈杏禹 辽宁农业职业技术学院　　　　连进华 邢台现代职业学校
黄广学 北京农业职业学院　　　　　　凌志杰 迁安市职业技术教育中心
孙景余 秦皇岛职业技术学院　　　　　王月英 北京农业职业学院

田冬梅	河北省昌黎县第三中学	肖家彪	河北省青县职业技术教育中心
田与光	迁安市职业技术教育中心	杨作龄	河北省卢龙县职业技术教育中心
王秀娟	黑龙江农业工程职业学院	张宏荣	河北省玉田县职业技术教育中心

设施农业行业——

安　学	秦皇岛市润果生态农业开发有限公司	武春成	张家口市蔚县科技局
邱亚林	卢龙县福临瑞果蔬种植专业合作社	项　平	昌黎县农业局蔬菜站
刘兆勇	昌黎县勇正蔬菜种植专业合作社	张　宁	昌黎县农业局蔬菜站
苏俊坡	乐亭县农牧局蔬菜站	张　生	卢龙县德惠种植专业合作社
谭景辉	乐亭县金畅果蔬专业合作社	张立君	抚宁县农业局蔬菜中心
万文来	秦皇岛市金农农业科技有限公司	郑悦忠	秦皇岛市蔬菜中心
王艳侠	秦皇岛市蔬菜中心生产科		

专家顾问委员会（按姓氏拼音排序）

崔万秋	河北科技师范学院	武士勋	河北科技师范学院
房　海	河北科技师范学院	项殿芳	河北科技师范学院
李佩国	河北科技师范学院	辛彦怀	河北科技师范学院
马爱林	河北科技师范学院	赵　友	河北科技师范学院
王同坤	河北科技师范学院	赵宝柱	河北科技师范学院

《无土栽培》编写人员名单

主　编　王久兴（河北科技师范学院）
　　　　　宋士清（河北科技师范学院）
副主编　齐福高（河北省三河市农业局）
　　　　　龚俊良（衡水市桃城区蔬菜技术推广站）
　　　　　杨英霞（石家庄农业学校）
编　委（按姓氏拼音排序）
　　　　　李青云（河北农业大学）
　　　　　宋聚红（石家庄市农林科学研究院）
　　　　　眭晓蕾（中国农业大学）
　　　　　杨春燕（河北省滦南县农业局）
　　　　　祖秀颖（河北省玉田县农牧局）

丛 书 序 一

《国家中长期教育改革和发展规划纲要（2010—2020年）》发布之后，为进一步推动和加强职业院校教师队伍建设，促进职业教育科学发展，教育部、财政部于2011~2015年实施了职业院校教师素质提高计划，在目标任务中明确提出开发100个职教师资本科专业的培养标准、培养方案、核心课程和特色教材，以便完善适应教师专业化要求的职教师资培养培训体系。河北科技师范学院宋士清教授主持的"设施农业科学与工程专业职教师资培养标准、培养方案、核心课程和特色教材开发"即其项目之一。

作为教育部、财政部"职业院校教师素质提高计划职教师资培养资源开发项目专家指导委员会"成员，我曾数次接触宋士清教授主持的这个项目。2014年3月22日，在云南大学"项目阶段成果推进会"上，该项目做了大会典型发言，给我留下了初步印象，感觉该团队是一个严谨、实干、开拓、创新的团队。特别是在2015年9月20日，我受邀到河北科技师范学院参加该校组织召开的"培养开发包项目汇报研讨会暨项目结题验收准备会"，听了该项目的汇报，顿觉眼睛一亮，切实感到该项目准备充分，理念先进，特色明显，定位准确，逻辑清晰，亮点颇多。足以看出宋士清教授作为国家级精品课程负责人的功底，思路尤为清晰，思维尤为缜密。

2015年11月10日，在苏州"项目结题验收试评会"上，我全力推荐宋士清教授做大会典型发言。遗憾的是，我因事未能现场听到他的发言。但从专家指导委员会反馈回来的信息得知，该项目获得与会领导、专家及其他培养包项目负责人的广泛认可和颇多赞许，成为诸项目学习之典范，且成为第一批顺利结题验收的项目。

主干课程特色教材的开发，作为该项目的核心成果之一起到了关键作用。该项目共开发出7部特色教材，包括5部专业类课程教材：《无土栽培》、《设施蔬菜栽培》、《园艺设施设计与建造》、《工厂化育苗》、《设施果树栽培》；1部教育教学类课程教材：《中等职业学校设施农业生产技术专业教学法》；1部教育实践类课程教材：《中职教师教育理论与实践：设施农业科学与工程专业》。另外，该项目组还开发了1部研究专著：《职教师资培养资源开发研究——以设施农业科学与工程专业为例》，待后续出版。

该套教材阅后印象深刻，从编写理念、编写体例到内容组织皆契合了职业教育师资培养的内在要求，主要特色如下。

其一，工作过程导向与本科要求相融合。工作过程导向教材虽为学界所熟知，但仅限于中、高职领域使用，在本科层次未曾发现。在一直固守学科型教材的传统理念之下，对于本科教材进行工作过程系统化改革，难度可想而知。一方面需消除"理论是高职与本科之间区别"的误读；另一方面则需规避将本科教材开发为高职水平。该项目组在认真研习职业教育课程与教材原理基础之上，准确找到了高职与本科教材之间的异同，相同之处是二者皆基于工作过程系统化课程观，典型工作任务自然成为本科教材开发的逻辑原点，原有"命题"收聚的传统编撰方式被完全颠覆；不同之处则是高职与本科之间典型工作任务的难易程度不同,遂典型工作任务之中知识点、技能点亦不相同,该特征在本套教材中多有彰显。

其二,教材内容选取与职业资格标准相对接。一般而言,教材属于学校范畴,职业资格标准则属于职业范畴,由于编写人员不同、目标不同,因此二者鲜有融合。但职业教育属于"跨界"教育,本科职业教育如是。因此只有将教材内容选取与职业资格标准相对接,方有可能消除学校与工作之间的鸿沟,犹如美国STW运动(School To Work)即"从学校到工作运动"所奉行的理念。基于此,本套教材既体现了教育性,又体现了职业性。如此,根据特定的工作情景需要来选择课程内容,既注重知识的系统性,又强调内容的实用性和技术的可操作性,写作风格上则注意阐明材料用量、产品规格、操作步骤、技术指标、动作要点等。

其三,教材逻辑体现"从新手到专家"秩序。该特征在《中等职业学校设施农业生产技术专业教学法》和《中职教师教育理论与实践:设施农业科学与工程专业》两部教材中体现尤为明显。作为提升师范生素养的部分核心教材,业已突破原有的教材编撰思路,体现了现代教育思想和职业教育教学规律,展示出教师应具有的先进教学理念和方法,尤其是按照教师从师技能形成特点:"示范—模仿—练习—创新"即"从新手到专家"的成长规律组织教材内容,从而增强了实用性、可操作性,便于学生自我指导学习,既遵循"理实一体"原则,又使专业技能与教学技能"同步"传递,有令人耳目一新之感。

宋士清教授率其团队以严谨的学术态度及脚踏实地的工作作风圆满完成了研发任务,并将此项目研发实践及成果系统化为职教师资培养方面的学术著作,作为学界同仁,我愿意为之作序。这套教材的出版一定能为职教师资培养单位进行课程与教学改革提供借鉴与帮助,也将对提高职教师资的专业技能及教学能力起到积极的推动作用。

2016年2月2日

附：石伟平先生简介

石伟平，上海人，1957年12月生，文学学士（英语专业）、教育学博士（比较教育专业），现任华东师范大学长三角职业教育发展研究院院长、华东师范大学职业教育与成人教育研究所所长、亚洲职业教育学会（AASVET）会长，华东师范大学终身教授，是我国职业技术教育学专业第一位博士生导师。

主要社会兼职：上海师范大学天华学院院长，澳门城市大学教授，中国职业技术教育学会副会长兼学术委员会主任，中国职业技术教育学会科研工作委员会副主任，教育部、财政部中等职业学校教师素质提高计划专家指导委员会副主任，中国职业技术教育学会学术委员会副主任，中国职业技术教育学会科研工作委员会副理事长，全国教育规划领导小组职业技术教育学科评审组成员，中国职业技术教育学专业学科建设与研究生培养协作组组长，国务院学位办全国中等职业学校教师在职攻读硕士学位工作专家指导小组成员，教育部全国中等职业教育教学指导委员会委员，教育部高职高专人才培养工作水平评估委员会委员，上海市教育学会职业教育专业委员会主任，上海市中等职业教育课程教材改革专家咨询委员会副主任，英国伦敦大学教育学院客座研究员，美国富布莱特高级研究学者，美国加州大学伯克利分校高级访问学者，香港大学教育学院"田家炳"高级访问学者，重庆房地产职业学院特聘客座教授。

主要研究领域：职业教育国际比较研究，职业教育发展战略研究，职业教育政策研究，职业教育课程研究，现代职业教育体系研究，现代学徒制研究，职业教育办学模式改革研究，面向农村的职业教育研究，高等职业教育研究，培训与就业政策研究，职业院校校长师资专业化发展研究等。

主要研究成果：自1995年以来，主持了教育部哲学社会科学研究重大课题攻关项目"职业教育办学模式改革研究"，国家社会科学基金项目"职业教育的国家制度与国家政策比较研究"，教育部职业教育战略研究重大课题"职业教育战略问题的定位、定性、作用与发展研究"和"中国特色的职业教育体系研究"等50项科研项目；出版了《比较职业技术教育》、《时代特征与职业教育创新》、《职业教育课程开发技术》等14部著作；主编并且出版了《现代职业教育研究丛书》与《职业教育经典译丛》各1套；在国内外期刊发表了170多篇学术论文，并向教育部、上海市教育委员会等政府部门提交了30多项政策咨询研究报告。2006年，所著《比较职业技术教育》被评为"第三届全国教育科学研究优秀成果奖"二等奖（职业教育领域的最高奖）；2011年主编的《现代职业教育研究丛书》获"上海市第十届教育科学研究成果奖（教育理论创新奖）"一等奖；所著《职业教育课程开发技术》获"第四届全国教育科学研究优秀成果奖"一等奖。

丛书序二　研发说明

《国家中长期教育改革和发展规划纲要（2010—2020年）》发布之后，我国职业教育改革进入了加快建设现代职业教育体系、全面提高技能型人才培养质量的新阶段。为加强职教师资培养体系建设，提高职教师资培养质量，教育部明确提出，要以推动教师专业化为引领，以加强"双师型"教师队伍建设为重点，以创新制度和机制为动力，以完善培养培训体系为保障，以实施素质提高计划为抓手，统筹规划，突出重点，改革创新，狠抓落实，努力开创职业教育教师工作的新局面。正是在这一背景下，教育部、财政部决定"十二五"期间实施职业院校教师素质提高计划（教职成〔2011〕14号），经严格遴选、评审，确定43个全国重点建设职教师资培养培训基地作为项目牵头单位，选定"职教师资本科专业培养标准、培养方案、核心课程和特色教材开发"88个专业项目、12个公共项目，开发周期为3年（2013～2015年）。

"设施农业科学与工程专业职教师资培养标准、培养方案、核心课程和特色教材开发"（项目编号：VTNE058）即其100个项目之一。本项目包括6个子项目："职教师资设施农业科学与工程专业教师标准的研发"、"职教师资设施农业科学与工程专业教师培养标准的研发"、"职教师资设施农业科学与工程专业培养质量评价方案的研发"、"职教师资设施农业科学与工程专业课程大纲的研发"、"职教师资设施农业科学与工程专业主干课程教材的研发"、"职教师资设施农业科学与工程专业数字化资源库的研发"。

1. 研发团队的组建　按照教育部、财政部及项目办（职业院校教师素质提高计划培养资源开发项目管理办公室）、专指委（职业院校教师素质提高计划职教师资培养资源开发项目专家指导委员会）的要求，依据项目申报书和委托开发协议中明确的研发思路、研发内容、研发目标，项目组首先组建了"能干事、干实事、干成事"的研发团队。宋士清为项目主持人，王久兴、宁永红、路宝利、武春成、贺桂欣、杨靖6人（排名不分先后）为子项目主持人，形成核心组；项目组研发人员达98人，分布于高等院校、中高职学校、农业管理部门、设施农业行业企业等单位，有一线专业教师、职教专家、教育教学管理专家及一线生产经营者、设施农业企业管理专家等，具有广泛的代表性。项目组明确了成员职责，理顺了合作机制，制订了研发计划，设计了技术路线，明晰了时间节点，制订了工作制度、奖惩办法、经费使用办法等。另外，项目组还聘请了全国职业教育、中高职学校、本科高等院校及设施农业行业企业的专家46人，形成咨询委员会和顾问委员会。在3年的研发实践中，项目组达成了"必须依靠专家，但不唯专家"的基本共识，凝练了"追根溯源，有依有据"的研发品质，塑造了"精益求精，勇于创新"的团队精神。以上措施保障了本项目研发方案的顺利实施和最终顺利结题验收。

2. 调研、访谈、咨询、论证　项目研发的第一步是进行广泛、深入的调研。尤其是基于专业教师标准、专业教师培养标准、专业课程大纲的主干课程教材，前期调研论证是其研发的源泉。为充分体现教材的职业性、技术性、师范性，以及适切性、科学性、先进性，项目组设计了 6 套调研问卷和 6 套访谈提纲，成立了 8 个调研组，分赴全国 29 个省（直辖市、自治区），对 4 类单位 6 个层次人员进行了调研，包括培养基地本科院校 21 所，其中设施农业科学与工程专业一线教师 197 人、学生 864 人；中高职学校 14 所，其中设施相关专业教师 148 人、教育教学管理人员 70 人、学生 474 人；设施农业行业企业 31 家，相关专家 131 人；另外，还调研了设施农业生产技术、现代农艺技术、果蔬花卉生产技术、种植 4 个专业 7 班次国家级骨干教师、专业带头人培训班，涉及全国 126 所中等职业学校，收回调研问卷 2059 份，完成访谈笔记 8 本。同时，分析了当时全国开设设施农业与工程专业的 33 所本科院校的培养方案，收集了教材、教案、笔记、论文、课件、录像、技术专著等大量资料。期间，项目核心组召开研讨会 35 次，子项目专题研讨会 32 次，专业模块和教师教育模块实践专家研讨会 10 次，专家咨询论证会 5 次，参加各种交流、研讨、报告、培训会议 46 次，对全国职教届、设施农业界知名专家、教授进行了专门单独访谈 16 次。形成了系列会议纪要、研讨成果等。

3. 教材研发目标与定位　　专业类课程教材：围绕培养师范生"专业实践能力"、"专业实践问题的解决能力"进行开发。教材内容的选取体现学科的学术要求，并尽可能体现已应用于实际的学科前沿成果。教材内容的组织依照"任务驱动"、"问题解决"的模式，在真实或模拟的情境下，通过解决问题的方式使师范生提高解决专业问题的能力，着重培养师范生"双师素质"中的专业实践能力。教育教学类课程教材：聚焦职教师范生从事设施农业科学与工程专业教学的专门理论和方法，掌握职业教育教学基本规律，能够选择恰当的教育教学模式和教学方法，具备一定的职业教育教学能力。教育实践类课程教材：聚焦专业实践与教育教学实践相结合，注重专业教学方面的典型课程开发案例、教学设计案例、教学评价案例开发，使师范生在校学习期间就能够掌握专业教学的典型模式。

4. 教材研发指导方针　　项目组认真、深入、审慎地分析了目前流行的各类专业教材体系，发现国内尚无具有本科水平的行动导向型教材范例。项目组重点参考了姜大源、徐国庆两位先生的学术观点，制订了教材研发指导方针：依据职业教育的内在要求，解构传统学科体系教材，重构行动导向型教材。

5. 教材研发理念　　即"能力本位、项目驱动、理实一体"。能力本位，即打破学科体系"命题知识"至上的拘囿，突出能力培养，在操作技能习得基础上，尤其凸显设计能力、研究能力等具有本科水平的能力培养。项目驱动，即围绕项目进行知识、技能、态度等教材元素的选择与组织，既打破学科型教材远离生产世界的痼疾，又避免任务驱动型教材中对于单项技能操作的过度关注，从而在真实项目中培养学生的综合职业能力。理实一体，即打破理论与实践二元分离的格局，凸显实践优先原则，在实践中嵌入知识元素，在"教、学、做"一体化中完成职业胜任力培养。

6. 教材编写体例的研发　　在前期的理论研究准备之后，项目组对教材编写体例进行了反复推敲，在缺少前人经验的情况下不断探索，核心组内专业教师和职教专家之间还曾发生过多次激烈辩论，在观念的碰撞中探索适合中国国情的、具有职教特色的、达到本科水平的专业课程教材的表现方法，最终形成了一套包括样章在内的详细编写体例：依据本科标准，体现职业导向，在广泛社会调研与实践专家研讨会的基础上，准确提炼师资岗位所对应的典型工作任务，且将其转化为学习领域，最终确定学习情境，知识、技能、态度嵌入其中。

7. 教材研发成果　　经3年艰苦、扎实的工作,"设施农业科学与工程专业职教师资培养标准、培养方案、核心课程和特色教材开发"项目顺利通过教育部、财政部首批结题验收。作为核心成果之一,项目组开发的5部专业类课程教材——《无土栽培》《设施蔬菜栽培》《园艺设施设计与建造》《工厂化育苗》《设施果树栽培》,1部教育教学类课程教材——《中等职业学校设施农业生产技术专业教学法》,1部教育实践类课程教材——《中职教师教育理论与实践:设施农业科学与工程专业》,1部研究专著——《职教师资培养资源开发研究——以设施农业科学与工程专业为例》,从研发理念、编写体例到内容组织皆契合了职业教育师资培养的内在要求,特色鲜明。

8. 研发成果的影响及专家评价　　2014年3月22日,在云南大学"项目阶段成果推进会"上,项目主持人宋士清教授代表本项目做了大会典型发言,介绍了本项目的研发思路和经验;2015年11月10日,"结题验收试评会"在江苏省苏州市召开,本项目经过汇报、专家质疑、答辩、评议等环节,验收专家组对项目组所做的工作及提交的16本研发成果给予了高度评价,一致认为,本项目做了大量深入、细致、开创性的工作,思路清晰,创新性强,对其他项目工作具有示范和引领作用,最终以最高分首轮顺利通过结题验收。当天,经过教育部师范教育司和教育部培养资源开发项目专家指导委员会的严格遴选,本项目作为大会唯一交流项目,由宋士清代表项目组做主题报告,并获得与会领导、专家及其他兄弟项目负责人的广泛认可。会后,有70多个兄弟项目负责人、主研人与本项目有关人员联系,索取相关资料,交流研发成果。

教育部、财政部职业院校教师素质提高计划职教师资培养资源开发项目验收专家组对本项目的评审意见如下:"项目推进堪称典范。研发团队的结构合理。研究方法科学,研发过程科学规范;项目各成果之间逻辑关系清晰,各阶段成果之间的相互依存和支撑关系明确;调研工作扎实开展、调研过程形成的资料齐全、数据统计方法比较合理、调研结论真实可信;按照结题验收的要求,全部完成项目成果,质量达标。培养方案开发的依据明确,体现专业教师标准、人才成长规律和当前中等职业教育的要求;开发过程呈现出现代职业教育理念、'三性'融合的理念、强化实践能力的理念;评价体系合理系统;课程设计的总体思路、课程设置的依据、课程内容确定的依据明确;课程基本内容和学时分配科学;科学设计学习性工作任务;实践教学环节设计合理;以职教师资能力素质培养导向,采用各种不同的教学方式。建议提高项目的转化率,在自己校内开始推广使用。"

限于项目组的能力与水平,项目教材肯定还存在很多不足之处,恳请各位专家、同行提出批评意见,不吝赐教,万分感激!

特别感谢专家指导委员会、专家咨询委员会、专家顾问委员会的各位专家,以及兄弟项目对本项目成果的重要贡献!

教育部、财政部职业院校教师素质提高计划
"设施农业科学与工程专业职教师资培养标准、培养方案、
核心课程和特色教材开发"项目组
2016年3月26日

附：项目主持人简介

宋士清，男，汉族，1965年6月生，河北省黄骅市人，中国共产党党员。毕业于南京农业大学园艺学院蔬菜学专业，博士研究生。河北科技师范学院学术带头人，教授，硕士研究生导师，现任河北科技师范学院党委委员、继续教育学院院长。国家科学技术奖励评审专家，教育部高等学校中等职业学校教师培养教学指导委员会委员。河北省科学技术奖励评审专家，河北省第五批高校中青年骨干教师津贴人员，河北省"三三三人才工程"第三层次人选，河北省"三育人"先进个人，河北省重点学科蔬菜学科负责人。秦皇岛市博士专家联谊会农业分会副会长，秦皇岛市现代农业发展协会副会长，秦皇岛市科学技术协会第八届常委，秦皇岛市科学技术普及研究会理事、常务理事、科普理论研究专业委员会副主任。一直从事栽培设施设计、设施蔬菜栽培、精准蔬菜技术、蔬菜逆境生理的教学、研究工作。获教学成果奖国家级二等奖1项，省级一等奖2项、二等奖2项、三等奖1项；主持国家级、省级项目5项，第1作者发表论文42篇，出版系列教材、论著38部，其中主编13部、主审3部、副主编5部；主持的"设施蔬菜栽培学"为国家级精品课程。教育部、财政部"设施农业科学与工程专业职教师资培养标准、培养方案、核心课程和特色教材开发"（编号：VTNE058）项目主持人。

前　言

本教材为教育部、财政部"设施农业科学与工程专业职教师资培养标准、培养方案、核心课程和特色教材开发"（VTNE058）项目研发成果，由教育部、财政部职业院校教师素质提高计划职教师资培养资源开发项目专家指导委员会验收通过。

"无土栽培"课程主要讲述无土栽培原理、设施建造与维护、蔬菜无土栽培技术等内容，是高等农业院校设施农业科学与工程专业、园艺专业的主干课程。依托教育部、财政部职教师资培养开发包项目，根据无土栽培学科和设施农业的发展，以及职教及社会对人才的需求和对人才知识与技能的要求，我们组织有关高校教学经验丰富的专业教师和生产一线的行业专家，编写了本教材。

本教材编写的指导思想是以学生就业为导向，培养应用型人才。本教材的特点是：任务引领，以工作任务引领知识、技能和态度，让学生在完成工作任务的过程中学习相关知识，发展学生的综合职业能力；结果驱动，把关注的焦点放在通过完成工作任务所获得的成果上，以激发学生的成就动机；突出能力，课程定位与目标、课程内容与要求、教学过程与评价等都要突出职业能力的培养，体现职业教育课程的本质特征；内容实用，围绕完成工作任务的需要来选择课程内容，既注重知识的系统性，又强调内容的实用性和技术的可操作性，写作风格上注意写明材料用量、产品规格、操作步骤、技术指标、动作要点等；理实一体，打破理论与实践二元分离的局面，以工作任务为中心实现理论与实践内容的一体化。

本教材的编写体例是经主编王久兴、宋士清与设施专业培养开发包项目组各子项目主持人、行业企业专家、大学专业教师、中高职专业教师、《无土栽培》教材编写组成员反复研究、讨论，最终确定的。本教材共分8个单元，单元一由王久兴、宋士清编写；单元二由王久兴、宋士清、李青云编写；单元三由王久兴、齐福高编写；单元四由王久兴、杨英霞编写；单元五由王久兴、龚俊良编写；单元六由王久兴、宋聚红编写；单元七由王久兴、眭晓蕾编写；单元八由王久兴、杨春燕、祖秀颖编写。本教材统稿由王久兴、宋士清完成。教材中照片除注明外，绝大部分由王久兴拍摄，个别照片由其他编者提供，部分图像、图形、线描图由王久兴绘制或根据已有素材修改。书稿完成后，宋士清作为项目主持人、王久兴作为主干课程教材子项目主持人，对全部书稿再次进行了统审。

本教材的编写、出版得到了河北科技师范学院有关专家和领导的指导与支持；科学出版社的编辑多次到河北科技师范学院商讨出版事宜，提出宝贵意见和建议；本教材编写过程中，参考了大量相关书籍和资料，部分内容源自多名专业教师和行业专家提供的素材。在此一并表示感谢。

在我国高校现行本科教材体系中，尤其是无土栽培领域，缺少具有职教特色的理实一体的教材供参照，笔者竭尽所能，对多年的实践经验进行了详细的总结，力求教材内容阐述的准确、实用，力图为我国职教师资培养提供一本特色鲜明、内容详实、水平较高的专业课程教材。但由于无土栽培涉及学科领域多，参考资料少，以及笔者水平的局限，书中难免还有疏漏或不妥之处，恳请广大师生和读者在使用中随时提出宝贵意见，以便及时补遗勘误。

编　者
2016年1月于秦皇岛

目　　录

单元一　无土栽培背景知识认知 ·· 1
任务一　无土栽培的概念与分类认知 ·· 1
任务二　无土栽培的特点及应用范围认知 ·· 4
任务三　无土栽培历史与现状认知 ·· 6

单元二　营养液 ··· 9
任务一　配制营养液的水源选择 ·· 9
任务二　营养液浓度表示方法认知 ··· 12
任务三　营养液配方组成原理认知 ··· 15
任务四　配制营养液的原料及其特性认知 ··· 24
任务五　营养液配制 ··· 31
任务六　营养液管理 ··· 39

单元三　基质 ·· 48
任务一　基质的理化性质认知 ··· 48
任务二　基质种类和特性认知 ··· 52
任务三　基质利用 ··· 55

单元四　无土育苗 ·· 60
任务一　穴盘育苗 ··· 60
任务二　平底盘育苗 ··· 67
任务三　岩棉育苗 ··· 70
任务四　营养钵育苗 ··· 74
任务五　其他育苗方式 ··· 76
任务六　工厂化育苗 ··· 78

单元五　水培 ·· 86
项目一　营养液膜水培 ··· 86
任务一　营养液膜水培设施的结构认知与建造 ··· 86
任务二　蔬菜营养液膜水培 ··· 93
项目二　深液流水培 ··· 96
任务一　泡沫塑料栽培槽深液流水培 ··· 97
子任务一　泡沫塑料栽培槽深液流水培设施的结构认知与建造 ············· 97
子任务二　蔬菜泡沫塑料栽培槽深液流水培 ··· 104

任务二　砖混结构栽培槽深液流水培 112
　　　　子任务一　砖混结构栽培槽深液流水培设施的结构认知与建造 112
　　　　子任务二　蔬菜砖混结构栽培槽深液流水培 118
　项目三　浮板水培 124
　　任务一　深池浮板水培 124
　　　　子任务一　深池浮板水培设施的结构认知与建造 124
　　　　子任务二　蔬菜深池浮板水培 127
　　任务二　浅池浮板水培 130
　　　　子任务一　浅池浮板水培设施的结构认知与建造 130
　　　　子任务二　蔬菜浅池浮板水培 133
　项目四　管道水培 135
　　任务一　管道水培设施的结构认知与建造 135
　　任务二　蔬菜管道水培 137
　项目五　鲁SC型无土栽培 140
　　任务一　鲁SC型无土栽培设施的结构认知与建造 140
　　任务二　蔬菜鲁SC型无土栽培 141
　项目六　立管悬杯静止水培 143
　　任务一　立管悬杯静止水培设施的结构认知与建造 143
　　任务二　蔬菜立管悬杯静止水培 144

单元六　基质培 147

　项目一　砾培 147
　　任务一　砾培设施的结构认知与建造 147
　　任务二　蔬菜砾培 151
　项目二　沙培 152
　　任务一　沙培设施的结构认知与建造 152
　　任务二　蔬菜沙培 155
　项目三　岩棉培 157
　　任务一　开放式岩棉培 157
　　　　子任务一　开放式岩棉培设施的结构认知与建造 157
　　　　子任务二　蔬菜开放式岩棉培 160
　　任务二　循环式岩棉培 163
　　　　子任务一　循环式岩棉培设施的结构认知与建造 163
　　　　子任务二　蔬菜循环式岩棉培 166
　项目四　复合基质培 168
　　任务一　复合基质槽培 168
　　　　子任务一　复合基质槽培设施的结构认知与建造 169
　　　　子任务二　蔬菜复合基质槽培 173
　　任务二　复合基质袋培 175
　　任务三　复合基质箱培 177

单元七　立体栽培 ··· 180

项目一　叠盆式立柱栽培 ··· 180
任务一　基质培型叠盆式立柱栽培 ··· 180
任务二　水培型叠盆式立柱栽培 ··· 184

项目二　复合基质插管式泡沫塑料立柱栽培 ··· 186
任务一　复合基质插管式泡沫塑料立柱栽培设施的结构认知与建造 ··· 186
任务二　蔬菜复合基质插管式泡沫塑料立柱栽培 ··· 193

单元八　小型化无土栽培 ··· 197

项目一　小型水培 ··· 197
任务一　小型管道水培 ··· 197
任务二　小型灯芯式深水培 ··· 202
任务三　小型悬杯式深水培 ··· 205
任务四　小型浮板水培 ··· 208

项目二　小型基质培 ··· 210
任务一　小型复合基质箱培 ··· 210
任务二　小型珍珠岩培 ··· 214

项目三　小型立体栽培 ··· 216
任务一　小型水培型叠盆式立柱栽培 ··· 216
任务二　小型基质培型叠盆式立柱栽培 ··· 219

主要参考文献 ··· 221

单元一　无土栽培背景知识认知

【教学要求】理解广义和狭义的无土栽培概念；掌握无土栽培分类体系与分类方法；了解无土栽培的特点及应用范围。
【重点难点】无土栽培的概念；无土栽培的分类体系。

任务一　无土栽培的概念与分类认知

【知识目标】了解无土栽培的概念；掌握无土栽培的分类体系。
【技能目标】能够对无土栽培进行准确界定；能够依据分类体系对已知的无土栽培方式进行归类并科学命名。

一、无土栽培的概念

国际无土栽培学会（ISOSC）为无土栽培下了一个较为严格的定义：凡是用除了天然土壤之外的基质（或仅育苗时使用基质，定植后则不再使用基质）创造能为作物提供水分、养分、氧气环境的栽培方式均可称为无土栽培（soilless culture，hydroponics，solution culture）。

简而言之，广义的无土栽培就是指不使用天然土壤的作物栽培方式。

狭义的无土栽培，通常是指经典的无土栽培。

经典的无土栽培（不含有机无土栽培）与传统的土壤栽培有两个最显著的差别：其一，无土栽培不使用土壤，这是核心，植物生长在各种盛有营养液的栽培设施、栽培装置之中，或者着生在被营养液充满或浸润的固态基质之中；其二，植物依靠营养液提供的养分生长，不使用普通的有机肥，不直接施用无机肥。因此，有人也将经典的无土栽培称为营养液栽培，中国台湾和日本也称为溶液栽培、养液栽培、水培或水耕。

二、无土栽培的分类

国际上，通常将广义的无土栽培（soilless cultivation）分为两大类（图1-1）。

第一类，营养液栽培（hydroponics，hydroponic farming）。即不管是否使用基质，但都使用水和化学肥料配制成的营养液，以此代替土壤和有机质，向植物提供生长发育所必需的营养元素的栽培方式，是经典的无土栽培方式，即狭义的无土栽培。

第二类，有机无土栽培（organics，organic farming）。即不使用传统的营养液，而使用洁净的有机基质如草炭、有机堆肥，或有机浸提物（organic extracts）向植物提供营养的栽培方式。

营养液栽培，即一般意义上的无土栽培。根据是否使用基质，又可将营养液栽培再分为无基质栽培（water culture，solution culture）和基质栽培（substrate culture，aggregate

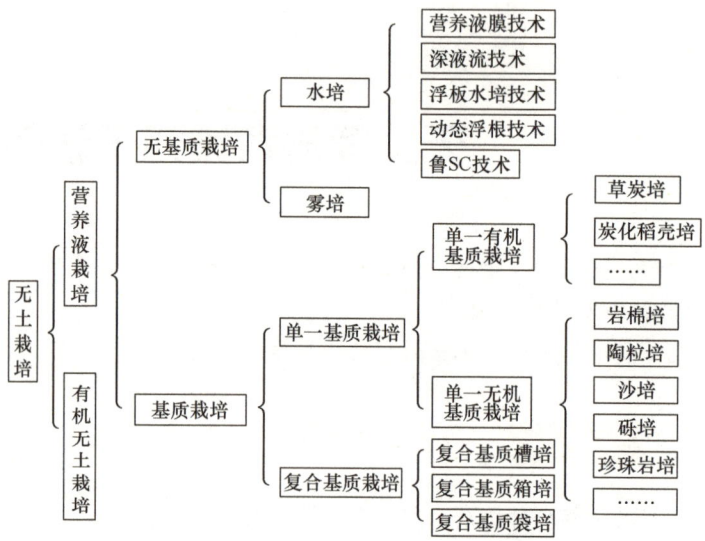

图 1-1 无土栽培分类体系

culture）。之后，可依据不同标准再依次细分。

（一）无基质栽培

无基质栽培是指不使用基质固定植物全部根系，让植物全部或大部分根系直接生长在营养液或含有营养液的潮湿空气中的栽培方式，但育苗时可使用基质。无基质栽培可再细分为水培和雾培。

1. 水培 植物大部分或全部根系直接生长在营养液液层中的方式称为水培（water culture, solution culture）。

主要水培形式包括：营养液膜技术（nutrient film technique, nutrient flow technique, NFT），植物被种植于1~2cm厚的不停地循环流动的浅层营养液中；深液流技术（deep flow technique, DFT），营养液层深度为5~10cm，有时更深些，营养液按设定的间歇时间循环流动；浮板水培技术（floating hydroponics technique, FHT），是将植物定植在轻质材料制成的浮板上，而后将浮板直接放置在营养液液面上，使之在浮力的作用下呈自然漂浮状态的一种栽培方式；浮板毛管水培技术（floating capillary hydroponics, FCH），在较深的（5~6cm）营养液液层中放置一块上铺无纺布的泡沫塑料，根系生长在湿润的无纺布上，其余与深液流技术相似。此外，还有潮汐式水培技术（ebb and flow technique, EFT）、静止暴气技术（static aerated technique, SAT）、暴气液流技术（aerated flow technique, AFT）等。

2. 雾培 雾培又称喷雾栽培、喷雾培、气培（aeroponics, spray culture），是指用某些装置使植物根系悬空，在装置内部安装喷头，利用水泵、喷头将营养液雾化，直接喷到植株根系上，以满足植物对水分、养分和氧气的需求。雾培可较好地解决根系供氧的问题，但设备投资高，对管理技术要求高，而且根际温度受气温影响较大。

常见的雾培技术有普通雾培技术，又称湿根雾培技术（root mist technique, RMT），以及微雾栽培技术或迷雾栽培技术（fog feed technique, FFT），这两种方式的设施和管理技术相似，只是后者雾滴极其微小。

还有一种特殊形式，部分根系裸露在雾状营养液空间，而另一部分根系生长在液态的营养液层里，称为半喷雾培（semi-spray culture），分类上也可将半喷雾培归入水培。

（二）基质栽培

基质栽培简称为基质培，是指植物根系生长在以各种天然的或人工合成的固态基质中，利用基质固定植株，并利用基质形成能保持和供应养分、水分和空气的适宜栽培环境的无土栽培方式。

基质栽培的优点：植物根际环境接近于千万年来进化过程中植物已经适应的土壤环境；基质能协调水、气矛盾，并具有较强的缓冲能力；部分基质还能提供营养，因而采用这种方式栽培植物容易获得成功。缺点：基质的清洗、消毒工序繁琐，费时费工，后继生产资料消耗较大。

依据所用基质的种类，可将基质栽培细分为单一基质栽培和复合基质栽培两类，而单一基质栽培又可再分为有机基质栽培、无机基质栽培。

1. **单一基质栽培**

（1）**有机基质栽培**　这里指单一有机基质栽培，即用草炭、锯末、树皮、刨花、稻壳、菇渣、蔗渣和椰子壳纤维等中的一种有机物作为基质的无土栽培方式。

（2）**无机基质栽培**　这里指单一无机基质栽培，即用岩棉、砾石、沙、陶粒、珍珠岩、蛭石等中的一种无机物作基质的无土栽培方式。其中以岩棉培（rockwool culture）应用最广，岩棉培在西欧、北美的基质栽培中占很高比例。沙是应用最早的基质之一，现在仍有不少地区在采用沙培（sand culture）方式。

2. **复合基质栽培**　把几种有机基质、无机基质按适当比例混合后，即形成复合基质，基质混合可改善单一基质的理化性质，获得更好的使用效果，而且配制时可就地取材，以降低成本，复合基质配方也有较大的灵活性，因此，复合基质栽培是我国应用广泛、成本相对较低的一种无土栽培形式。

按上述分类方法，有些无土栽培形式较难归类，如山东农业大学、华南农业大学等开发的在种植槽上放定植网，网上放入一些草炭、沙等基质，植株部分根系深入定植网下的营养液层中吸收养分和水分的栽培方式，有人称之为半基质栽培技术、基质水培法。本教材将这类方式均归入水培一类。

【知识点】无土栽培，营养液栽培，有机无土栽培，无基质栽培，水培，雾培，基质栽培，单一基质栽培，有机基质栽培，无机基质栽培，复合基质栽培。

【技能点】无土栽培分类方法及分类依据，各种无土栽培形式的界定。

【复习思考】
1. 将鲜切花插在清水中进行短期观赏的方式属于无土栽培吗？
2. 有人用河沙掺羊粪进行蔬菜栽培，这种栽培方式可以称为无土栽培吗？

任务二　无土栽培的特点及应用范围认知

【知识目标】了解无土栽培的特点，包括无土栽培的优点与缺点；掌握无土栽培的主要应用范围。

【技能目标】能够根据地理条件及地域经济条件，确定是否适宜在园艺植物生产中采用无土栽培技术；能够根据地域条件，客观评价无土栽培技术的栽培效果。

一、无土栽培的优越性

（一）克服土壤连作障碍

目前，我国保护性设施多以土壤栽培为主，在经过多年连作以后，会不同程度地出现土壤连作障碍，表现为土壤次生盐渍化、土壤酸化、土壤板结、土传病害严重、根系自毒等，最终导致栽培成本不断上升，蔬菜及其他园艺植物的产量和产品品质不断下降的恶性循环。无土栽培技术是克服连作障碍最有效、最经济和最彻底的办法。

（二）省肥、省水、省工

无土栽培可以大大减少化肥的使用量，土壤栽培的肥料利用率只有50%左右，而营养液循环流动的无土栽培系统的养分利用率可达到90%~95%。

无土栽培是最节水的农业，这是因为无土栽培能在人工控制下通过营养液供应水、肥，减少了土壤栽培中水、肥的渗漏、流失、挥发。与土壤滴灌栽培相比，可节水20%~26%，有时能达到70%。

无土栽培不需要进行土壤耕作、施肥、除草等田间操作，可节省大量人力。

（三）提高蔬菜产量

在发达国家，每立方米设施空间的无土栽培蔬菜产量可达50~60kg。例如，奥地利的维也纳有一座蔬菜工厂，每年每平方米面积可生产1000kg蔬菜。美国无土栽培平均产量为：番茄135~150t/hm^2，黄瓜135~225t/hm^2，莴苣30~45t/hm^2。山东农业大学的研究表明，无土栽培西瓜比土壤栽培增产59.5%，韭菜增产110.1%，黄瓜增产72.6%。

（四）提高蔬菜品质

在无土栽培中，无机营养物质均以溶解状态存在于营养液中，且比例适宜，相互平衡。水培时，蔬菜大部分根系还直接浸泡在营养液中，这样，蔬菜就无需消耗宝贵而有限的能量去寻找水分和养分，从而使植株生长快，产量高，品质好。

（五）病虫害少，生产过程可实现无公害化

无土栽培多是在与外界环境相对隔绝的保护性设施中进行的，而且植物不与土壤接触，因而病虫害轻微，种植过程中可少施或不施农药。也不存在重金属和其他污染物的污染问题。无杂草，因而不用喷除草剂。这些都可以为生产过程无害化提供保障。

（六）充分利用土地资源

无土栽培对土地没有特别的要求，可以利用不可耕地进行，在荒山、荒沟、荒地、河滩、沙荒地、废弃矿区、海岛，甚至沙漠、戈壁等难以进行传统农业耕作的地方，以及中低产地区、盐碱地区等都可以进行无土栽培，从而打破了植物对土壤的依赖，

在人口密集、农用土地稀少的大都市可发展都市农业。在需要时，无土栽培技术不但可使地球上部分荒漠变成绿洲，而且在不久的将来，海洋、太空也将成为新的开发利用领域。

二、无土栽培的缺点

（一）基础设施投资较高

投资较大，尤其是栽培设施的一次性投资巨大。需要建造现代化温室或高效节能日光温室，需要建造栽培槽、贮液池等设施，需要安装供排液、防虫等设备。运行过程中用电多，用于配制营养液的肥料也需要较多费用。

（二）生产过程专业性强

无土栽培对生产者的素质要求较高。营养液的配制、调整与管理都要求种植者拥有专门知识，掌握专门的技能，还要了解蔬菜生理生化、机械、电子等方面的背景知识。

（三）生产技术不完善

由于基质种类较多，来源不同，理化性质各异，使用时需要进行配比、消毒，程序繁琐。营养液循环过程中病菌传播速度快，一旦发作，很难控制。应用普通塑料大棚进行无土栽培，环境难以调控，影响周年生产。专门适用于无土栽培的抗根系病害、耐低温、弱光、优质、丰产的蔬菜品种不多。

三、无土栽培的应用范围

无土栽培是在相对可控制的环境中进行的，营养液和基质能共同完成天然土壤所能提供的栽培功能，但是必须认识到，无土栽培并不能完全取代土壤栽培。无土栽培的应用范围有一定的局限性，受到地理位置、经济环境和技术水平等诸多因素的限制。无土栽培最适宜在经济较为发达地区、土壤连作障碍严重的保护地、不适宜土壤耕作的沙漠荒滩及礁石岛屿等处应用，或者在高档蔬菜生产、家庭园艺、都市农业或观光农业等领域应用。

无土栽培技术开创了高效农业的新模式，是一项充分利用自然资源的栽培模式，为农业生产从田间生产走向工厂化、集约化生产带来了可能，同时也是优质、卫生、环保蔬菜生产的重要途径。随着农业科技的发展，这种栽培形式必然会同生物工程学、机械工程学、电子学等各学科结合起来，成为一种高效的、自动化的、工厂化的绿色农业形式。

【知识点】蔬菜产量，蔬菜质量，土壤栽培，连作障碍，土壤次生盐渍化，土壤酸化，土壤板结，无公害蔬菜，观光农业，都市农业。
【技能点】无土栽培特点认知，无土栽培应用范围确定。

【复习思考】
1. 无土栽培可以大范围取代土壤栽培吗？
2. 试分析无土栽培技术的应用与当地经济状况有怎样的关系。

任务三　无土栽培历史与现状认知

> 【知识目标】了解无土栽培技术的发展历史；了解无土栽培技术各发展阶段所取得的成果。
> 【技能目标】能够准确划分无土栽培技术的各个发展时期；能够理解无土栽培技术的发展脉络。

一、无土栽培发展史

（一）萌芽期

人类很早就有意无意地开始了无土栽培的尝试，历史文献表明，早在公元前，埃及、中国和印度的古人就通过施用经过沤制的固态或液态有机肥料，在干涸的河床沙地上栽培黄瓜、甜瓜及其他蔬菜，西方人称之为"河床栽培"（river bed cultivation），这就是沙培和有机无土栽培的雏形。墨西哥人阿兹提克在17世纪曾使用"漂浮花园"种植蔬菜，而克什米尔人在水中用轻质框架进行蔬菜种植也已经有几个世纪的历史了。

图1-2　植物生理学家萨克斯

（二）试验研究期

当植物生理学家从试验的角度用独特的营养物质栽培植物时，才真正开启了营养液栽培（nutri-culture）的历史。

1860年，德国科学家萨克斯（J. von Sachs）（图1-2）进行了植物矿质营养的生理研究，他利用石英砂作为固定植物的基质并用营养液供应营养。1865年他又与克诺普（W. Knop）以广口瓶为容器，用棉花塞固定植物，把植物悬挂起来，让根系伸入瓶内的含有矿质元素的溶液中，进行水培试验并获得成功，使用的是自创的营养液配方。由此，逐渐演变为实用的无土栽培技术，可以说，萨克斯和克诺普是现代无土栽培科学的奠基人和技术先驱，为无土栽培技术研究揭开了序幕，奠定了基础。

（三）初步生产应用期

这一阶段，无土栽培开始由实验室走向生产应用。最先服务于军事，之后有些国家逐渐开始在农业领域应用，但应用时间短，规模小，技术尚不完备。

虽然到1920年，营养液的制备达到标准化，但无土栽培实际上仍停留于试验阶段。到1929年，美国加州大学的格里克（W. F. Gericke）才真正将这一技术应用于生产。当时，他用自己制作的装置，在美国加州农业试验站，参照霍格兰（Hoagland）营养液配方配制营养液，所种植出的番茄高达7.5m，一株就收获了14.5kg果实，此举轰动了世界，让人们第一次看到了无土栽培的巨大潜力，这种重大的进步对以后无土栽培的发展和推广产生了深远的影响。

1933年，格里克把这种植物栽培装置以"水培植物设施"为名申报并取得了专利（图1-3）。为了区别于一般的水培（water culture），将其称为液培（aqua culture），后来又改称为"溶液水培法"或"水耕法"(hydroponics)。

在20世纪30年代，美国新泽西农业试验场的沙威(Javert)开始进行沙培(sand culture)。1938年，普鲁东大学的韦斯罗乌(Weiss Loew)采用水泵进行了大规模的砾培(gravel culture)。

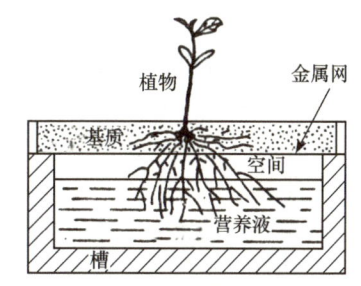

图1-3 格里克的"水培植物设施"模型

在这一时期的中国，1937年，上海的四维农场采用基质培生产出了少量番茄应市，这是我国现代意义上的无土栽培的起点。1941年，浙江农业大学陈子元教授在上海进行了无土栽培试验，但后来由于成本太高而被迫放弃。

在20世纪三四十年代，石油开采热潮遍及世界许多地方，一些大石油公司在无法进行农业耕作的石油基地开展无土栽培。科威特石油公司在圭亚那、西印度群岛、中亚的不毛沙地上，采用无土栽培的方法为雇员生产新鲜蔬菜。

1941年，美国拉科石油公司在当时的荷兰属地西印度的阿鲁巴岛和丘拉克岛的油田上也用无土栽培的方法生产出了新鲜蔬菜。

第二次世界大战期间，盟军在一些无法进行农业耕作但具有战略性价值的岛屿上建立了大规模的无土栽培基地，生产蔬菜以供军需。例如，1944年在硫磺岛，战后的1946年在东京的调布、滋贺县大津等地建立了大型的砾培设施，其中以调布的基地最大，面积达20hm^2，是当时世界上最大的无土栽培基地。

（四）大规模集约化生产应用期

从20世纪60年代开始，植物生长及其控制原理和方法进一步明晰；且随着石油化工业的迅猛发展，管道、塑料薄膜的价格降低，无土栽培设施的建设费用相应降低，同时由于水泵、电磁阀、定时器和进行自动控制所需的酸度计、电导仪和计算机等控制仪器仪表的应用，结合温室或大棚的排风扇、水帘、遮阳网及自动开闭装置、人工补光装置、加温和降温装置、室内喷雾装置等的环境调控装置的应用，无土栽培的生产过程逐渐实现机械化和自动化，生产规模日渐扩大。近几十年来，无土栽培已逐渐趋向于多学科研究成果的综合，大型的、机械化或自动化的无土栽培基地已在世界上许多地方建立起来，人们形象地称之为"蔬菜工厂"。

二、中国无土栽培发展概况

我国无土栽培技术的研究应用起步较晚，但在比较原始的无土栽培技术方面，却有悠久历史。生豆芽、种水仙早有记载，但较正规的科学研究和生产试验则始于20世纪70年代。我国首先在营养液育苗方面进行了研究与应用。山东农业大学于1975年开始用蛭石栽培西瓜、黄瓜、番茄等，均获成功。80年代后期，进行了系统地研究和生产。1985年，我国成立了第一个无土栽培学术组织——中国农业工程学会无土栽培学术委员会，从1986年开始，每年召开一次年会，在1992年年会上决定改名为"中国农业工程学会设施园艺工程专业委员会"。近几年，我国无土栽培进入迅速发展阶段，无土栽培的面积和栽培技术水平都得到空前的提高。中国无土栽培技术的应用前景广阔。

【知识点】河床栽培，水耕法，霍格兰营养液配方，蔬菜工厂。
【技能点】无土栽培发展历史各时期的界定，格里克所做研究的基本思路。

【复习思考】
1. 无土栽培的基本发展历程是怎样的？
2. 萨克斯、格里克等在无土栽培技术的形成与发展过程中起到了怎样的作用？

单元二 营养液

【教学要求】掌握无土栽培营养液的概念；掌握营养液配方的组成原理；掌握配制营养液肥源及辅助物质的特性；掌握营养液浓度的表示方法及配方换算方法；掌握营养液的配制技术；掌握营养液在使用过程中的调节和管理方法。

【重点难点】营养液配方的组成原理；营养液对水源与肥源的要求；用浓缩液稀释法配制营养液的方法；营养液温度、浓度、酸碱度、溶解氧等指标的调控与管理。

无土栽培营养液是指含有植物所有必需营养元素的水溶液。营养液是无土栽培的核心，营养液配制与管理是无土栽培技术的关键。

任务一 配制营养液的水源选择

【知识目标】了解配制营养液所用水源的种类及特点；理解水质主要指标的意义。
【技能目标】能根据营养液对水质的要求正确选择水源；能够根据水质指标对水源做出判断和评估。

水源是指水的来源。

水质是水的质量的简称，包括水的物理、化学和生物的特性及其组成状况。水源不同则水质不同，水质不同，则所含成分不同。水源会影响营养液的构成，用不同的水配制营养液，即使配方相同，营养液中实际存在的各种元素的含量也可能有很大差异。有的水源，会降低营养液中某些营养元素的有效性。有的水源，会因水中固有的一些离子含量过高而影响植物的正常生长。

因此，在进行无土栽培之前，要分析检验水质，慎重选择水源。从感性的角度讲，营养液水源水质应和饮用水水源水质大体相当。

一、营养液水源分类及特性

（一）自然降水

1. **自然降水的种类**　自然降水指大气运行形成的降水，包括雨、雪、冰雹等，其中量最大的是雨水，雨水是一种比较安全的无土栽培水源。其次是积雪融化形成的雪水，属于软水，收集后要经分析检测再使用。

2. **雨水的收集与处理**　直接收集从现代化大型温室天沟流出的雨水用于配制营养液是解决无土栽培用水的一种非常环保的方式，对边疆、海防、荒岛等水质不良的地方，雨水是十分重要的水源。

需要注意的是：第一，注意当地大气污染对雨水的影响，由于降雨过程会将空气中或附着在温室表面的尘埃和其他物质带入水中,因此要将收集到的雨水进行澄清、过滤处理,必要时还可加入沉淀剂或其他消毒剂,而后遮光保存,以免滋生绿藻。第二,从使用聚氯乙烯薄膜的温室上收集到的雨水有可能受到增塑剂——酞酸酯的影响。第三,如果当地空气污染严重,大气中有害气体含量高,则不宜用雨水作水源,即使使用雨水,也要注意掌握"初雨勿用"的原则,不收集降雨过程初期 10~20min 内的雨水。

无土栽培的用水量是相当大的。例如,番茄在生长旺盛期,据测定每株每天耗水达到 1~1.5L。一般而言,如果当地的年降雨量超过 1000mm,则可以通过收集、贮存雨水来满足相同面积的无土栽培水源需求。在实际无土栽培生产中,如果单一水源水量不足,可以把自来水和井水、雨水、河水等混合使用。

(二)地表水

1. 地表水的种类 主要指洁净的不含污染物的河水、溪水、泉水、湖水、水库水等存在于土壤表面的水,也包括雨水下渗形成的极浅层地下水。这些水通常为软水或暂时性硬水,容易受环境污染,水质复杂、多变,应慎重选用。使用前必须经过检测、处理,达标后方可使用。

2. 选择地表水的注意事项 确定地表水水源时要注意:第一,地表水中一般都会含有少量有机质,但含量不能过高,否则会降低氢离子浓度,影响 pH 和微量元素供给。第二,有的地区地表水可能遭受到农药化肥、工业污水或生活废弃物的污染,悬浮物、重金属、有害物质有可能超标,污染轻者需进行处理,重者则根本不能使用。第三,要特别注意不能把流经农田的水作为水源。

(三)地下水

地下水一般指深井水,水质总体较好,确定水源时要考虑到当地的地层结构,开采出来的井水也要经过分析化验。北方硬水地区,要特别注意化验钙离子、镁离子含量。此外,也要关注其他离子。例如,近海地区地下水中可能含有大量钠离子,需要加入地表水或自然降水将其稀释方可使用;有些地区地下水中钼元素、硼元素的含量足以满足植物要求,在配制营养液时就可以省略提供这两种元素的肥料。

(四)人工处理后的水源

人工处理后的水源指经过了人工处理的水,包括自来水、蒸馏水、去离子水等。

自来水少菌、洁净,有毒物质不超标,余氯小于 0.3mg/L,符合饮用水标准,在水质上有保障,可以直接作为配制营养液的水源使用。

蒸馏水、去离子水水质好、洁净,水中除去了离子形式杂质。但价格较高,主要用于严格的、科学的无土栽培研究试验,如研究新配方、植物缺素症等。

二、水质指标及营养液对水质的要求

理想的水源应接近纯水,但实际上不同水源水质的差异很大,有些水源不适宜用于配制营养液,有些则需要对配方进行调整后方可使用,因此水质的检测很重要。

(一)硬度

1. 水中钙离子、镁离子的存在形式 钙元素和镁元素在水中多以碳酸盐或硫酸盐的形式存在,钙盐主要有碳酸氢钙(重碳酸钙)[$Ca(HCO_3)_2$]、硫酸钙($CaSO_4$)、氯化钙($CaCl_2$)和碳酸钙($CaCO_3$);而镁盐主要有氯化镁($MgCl_2$)、硫酸镁($MgSO_4$)、碳酸氢镁（重碳酸镁）[$Mg(HCO_3)_2$]和碳酸镁（$MgCO_3$）。软水地区，水源中这些盐类的含量很低。

2. 硬度的概念 水的硬度又称总硬度，指水中钙离子、镁离子的总浓度。硬度的表示方法尚未统一，我国目前最普遍使用的水的硬度表示方法是：将所测得的钙、镁折算成CaO的质量，用单位体积水中CaO含量来表示硬度，1硬度单位相当于10万份水中含1份CaO，相当于每升水中含10mg CaO（即1°=10mg CaO/L）。德国使用的是这种硬度表示方法，因此这种表示方法也称德国度（°dH）。

3. 硬水与软水 根据水的总硬度界定软水和硬水，将CaO含量在80mg/L（也有学者按100mg/L界定）以上的水称为硬水，不足80mg/L的水称为软水。还可以细分为极软水、软水、中硬水、硬水、极硬水（表2-1）。石灰岩和钙质土地区的水多为硬水，我国华北地区硬水多，而南方除了石灰岩地区外大多为软水。

根据水的硬度成分，可以将硬水分为暂时性硬水和永久性硬水。如果硬度是由碳酸氢钙或碳酸氢镁引起的，是暂时性硬水（煮沸暂时性硬水，分解的碳酸氢钙因生成不溶性碳酸盐而沉淀，水由硬水变成软水）；如果是由含有钙、镁的硫酸盐或氯化物引起的，是永久性硬水。

表2-1 水的硬度划分标准

硬度	相当于CaO含量/（mg CaO/L）	名称
0~4	0~40	极软水
4~8	40~80	软水
8~16	80~160	中硬水
16~30	160~300	硬水
>30	>300	极硬水

4. 配制营养液对水源硬度的要求 10°以下者可以直接用于配制营养液，超过10°时，由于硬水中含有的钙盐、镁盐较多，如果按一般营养液配方中的用量来配制营养液，常会使营养液中的钙元素、镁元素的含量过高，甚至总盐分浓度也过高。因此，要先检测水中钙元素、镁元素含量，再从营养液配方中将其扣除，而后再按经过调整的配方配制营养液。刘增鑫等的试验表明，15°以下的硬水均可用于无土栽培。

5. 硬度测量 通过测量水的电导度再折算出水的硬度是一种简单实用的测量方法。水溶液的电导度基本上直接和可溶性固体物质浓度在一定范围内成正比，浓度越高，电导度就越大，电导度和可溶性固体物质浓度的关系可以近似表示为：$2\mu S/cm=1mg$ CaO/L。利用电导仪（EC仪）可以间接得到水的总硬度值。但需要注意：第一，以电导度间接测算水的硬度，其理论误差为20~30mg/L；第二，溶液电导度大小取决于分子的运动，温度影响分子的运动，为了比较测量结果，测试温度一般定为20℃或25℃；第三，采用试剂检测可以获取比较准确的水的硬度值。

（二）可溶性固体物质

可溶性固体物质指水中的可溶性盐类，浓度过高会对植物造成危害。不同地区地下水中可溶性固体物质含量差异很大，南方较低，一般为几十到几百mg/L。含量可以用电导度（EC）法测定，单位为mS/cm，1mS/cm的数值相当于500mg/L氯化钠的量。优质水：<0.2mS/cm；允许用水：0.2~0.5mS/cm；不允许用水：>0.5mS/cm。

（三）酸碱度

适用范围较广，pH5.5~8.5的水均可使用，配制成营养液后，可通过加酸或加碱再次对营养液的pH进行调整。

（四）悬浮物

无土栽培用水的悬浮物含量应小于10mg/L，因此，在用河水、湖水、水库水、雨水等配制营养液时，使用前要经过澄清、过滤处理。

（五）氯化钠

一般植物要求营养液水源的理想的氯化钠含量不应超过2mmol/L，如果超过50mg/L，植物生长就会受到不良影响。Adams报道，水培系统中，植物能忍受的Na^+、Cl^-的上限浓度分别为138mg/L、248mg/L，这一数值可供选择水源时参考。

（六）溶解氧

无严格要求，最好是在未使用之前含量大于3mg/L。

（七）氯

氯指自来水在消毒时残存于水中的余氯（ClO^-、$HClO$、Cl_2等），或进行设施消毒时所用含氯消毒剂如次氯酸钠（$NaClO$）或次氯酸钙$[Ca(ClO)_2]$残留的氯（余氯）。氯对植物根系有害，配制营养液前，自来水应放置半天，余氯含量应小于0.01%。设施消毒后也应空置半天，以便余氯散逸。

（八）重金属及有毒有害物质

重金属及有毒有害物质不可超标（表2-2）。

表2-2　无土栽培水源中重金属及有毒有害物质含量标准

名称	标准	名称	标准
汞（Hg）	≤0.001mg/L	镉（Cd）	≤0.005mg/L
砷（As）	≤0.05mg/L	铅（Pb）	≤0.05mg/L
硒（Se）	≤0.02mg/L	铬（Cr）	≤0.05mg/L
铜（Cu）	≤0.10mg/L	锌（Zn）	≤0.20mg/L
氟化物	≤3.0mg/L	大肠菌群	≤1000个/L
六六六（BHC）	≤0.02mg/L	滴滴涕（DDT）	≤0.02mg/L

【知识点】自然降水，地下水，地表水，硬度，可溶性固体物质，酸碱度，悬浮物，溶解氧。

【技能点】用于配制营养液的水源选择，对无土栽培水源的水质指标的理解。

【复习思考】
1. 中国南部地区和北部地区，在用地下水作为营养液水源时，应重点检测哪一水质指标？
2. 用雨水、地表水、地下水直接作为水源时，需要检测氯的含量吗？

任务二　营养液浓度表示方法认知

【知识目标】了解营养液浓度各种表示方法的含义；了解每一种营养液浓度表示方法的特点和应用范围。

> **【技能目标】** 能根据营养液的使用目的，选择适宜的浓度表示方法；能够对营养液配方进行不同浓度表示方法的换算。

营养液浓度是指一定量（质量或体积）的营养液中所含元素（或肥料）的量。浓度的表示方法可分为直接表示法和间接表示法两类。

一、直接表示法

（一）化合物质量/体积（g/L，mg/L）

用单位体积营养液中含有某种化合物（肥料）的质量数表示，质量通常以千克（kg）、克（g）或毫克（mg）为单位，体积一般以升（L）或立方米（m^3）为单位。例如，某个营养液配方中显示"KNO_3——0.82g/L"，是指每升营养液中含有0.82g硝酸钾（KNO_3）。配制营养液时，可按以这种浓度表示法提供的数据直接称取肥料。

（二）元素质量/体积（g/L，mg/L）

用单位体积营养液中含有某种营养元素的质量数表示浓度。例如，"N——210mg/L"是指每升营养液中含有氮元素（N）210mg。这种表示方法多用于研究过程中直观地比较不同配方的元素用量，在配制时不能按此表示法直接称量，要先将元素质量转化为化合物质量，方法是用化合物所含某种元素的百分数去除该元素的质量。例如，NH_4NO_3 含N量为35%，欲将175mg氮元素（N）质量转化成相应的 NH_4NO_3 质量，计算方法是 175mg÷35%＝500mg，即175mg N相当于500mg NH_4NO_3。

（三）百万分比浓度

百万分比浓度（10^{-6}）指营养液中某种元素或化合物的量占该营养液的百万分之几。可用"质量/质量"表示，如 $1×10^{-6}$ 等于 1μg/g，也可以用"质量/体积"表示，如 $1×10^{-6}$ 等于 1mg/L。

（四）摩尔浓度和毫摩尔浓度

科学上把含有 $6.02×10^{23}$ 个微粒的集合体作为一个单位，称为摩尔，以此表示物质的量，符号为mol。每1mol任何物质（如分子、原子等）含有阿伏伽德罗常数（$6.02×10^{23}$）个微粒。

1L溶液中所含溶质的摩尔数（mol）称为摩尔浓度（mol/L，M），溶质可以是化合物、离子或元素。浓度比较低时，可以采用毫摩尔浓度，单位为毫摩尔/升（mmol/L，mM）。例如，硝酸钙[$Ca(NO_3)_2$]的摩尔质量是164g/mol，每升溶液中含164g的硝酸钙，其摩尔浓度为1mol/L；如果每升溶液中含164mg硝酸钙，则为1mmol/L。

在配制营养液时，需要将摩尔浓度或毫摩尔浓度换算成"肥料质量/体积"浓度后才能称量。换算方法是，肥料摩尔浓度（mol/L）与其分子质量相乘。例如，2mol/L的 KNO_3，相当于 KNO_3 的质量＝2mol/L×101.1g/mol＝202.2g/L。

二、间接表示法

（一）电导度

电导度（electric conductivity，EC）又称电导率，反映物质传送电流的能力，是电阻率的倒数。在液体中，用电导率衡量其导电能力的大小时，是指单位距离的溶液的导电能力。单位可用西门子/米或西门子/厘米，简称西/米（S/m）或西/厘米（S/cm）。由于营养液的浓度通常比较低，一般用毫西/厘米（mS/cm）或微西/厘米（μS/cm）作单位（图2-1）。

配制营养液用的水溶性无机盐通常为强电解质，在水中电离为带有正、负电荷的离子，使溶液具有导电能力，导电能力的强弱可用电导度表示。

在一定浓度范围内，强电解质溶液的含盐量与电导度成正比，含盐量越高，电导度越大，因此，在一定浓度范围内，电导度能间接反映营养液的含盐量，从而可用电导度的值间接地表示营养液的总盐浓度（图2-2）。这种表示方法足以满足对营养液进行调控操作的需要，但需要注意的是，电导度不能反映混合盐溶液中某一无机盐类的单独浓度。

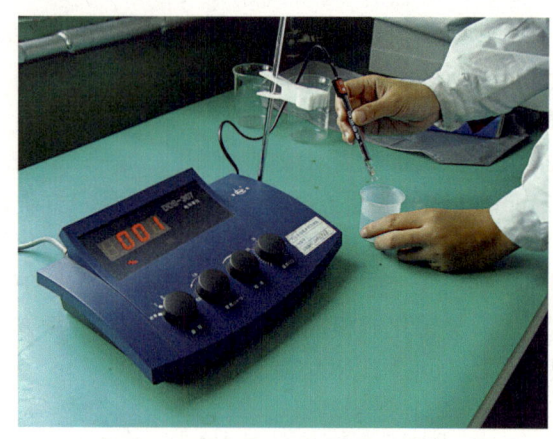 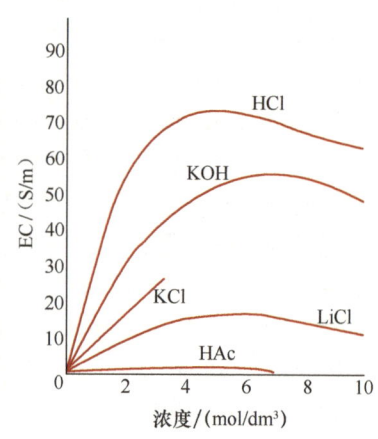

图2-1 用电导仪测量溶液电导度　　　　图2-2 电导度与浓度的关系

需要了解的是，当强电解质溶液浓度达到某一极大值后，电导度会随浓度的提高而降低，这是由于开始浓度提高是导电离子数目增多，故电导度增加，当浓度达到一定程度后，离子间的相互作用增强，使离子运动速度降低，其电导度反而下降。而弱电解质溶液电导度随浓度变化不明显，因浓度增加使其电离度减小，溶液中真正起导电作用的离子数目变化并不大。

水其实是一种具有弱导电能力的液体，因为水中含有微量导电离子（如钙离子、镁离子等）。即使在理想的纯水中，也存在H^+、OH^-两种离子。25℃时，自来水电导度为（0.5~5.0）$\times 10^{-2}$ S/m，一般工业废水电导率为1S/m，普通蒸馏水的电导度约为1×10^{-4} S/m，重蒸馏水的电导度小于此值。水的离子积为10^{-14}，理论上高纯水的极限电导度为5.47×10^{-6} S/m。

（二）渗透压

渗透压（osmotic pressure）指由于半透膜（水可自由通过而溶质等分子较大的物质不能透过的膜）两侧溶液的浓度不同，水从浓度低的溶液通过半透膜进入浓度高的溶液就会产生压力，这种压力叫做渗透压。浓度越高，渗透压越大，因此渗透压可间接反映溶液浓度的高低。

植物根细胞的原生质膜为半透性膜，当外界溶液浓度低于根细胞的细胞液浓度时，介质溶液的水分就可以进入细胞，反之水分则不能被植物吸收，根细胞中的水分反而会外渗。因此，渗透压可以作为营养液浓度是否适宜作物生长的重要指标，在研究溶液对植物的影响时，常把溶液的浓度与渗透压联系起来。

渗透压的测定方法有多种，较为简单的方法是用理论公式计算。

$$P = C \times 0.0224 \times (273+t)/273$$

式中，P 为溶液的渗透压，以标准大气压（atm[①]）为单位；C 为溶液的浓度（以溶液中所有的正、负离子的总浓度表示，即正、负离子 mmol/L 为单位）；t 为使用时溶液的温度（℃）；0.0224 为范特荷甫常数；273 为绝对零度（K）。

营养液适宜的渗透压因植物而异。根据斯泰纳的试验，当营养液的渗透压为 50.66～161.12kPa 时，对水培叶用莴苣无影响；为 20.27～111.46kPa 时，对水培番茄无影响。渗透压与电导度一样，只能间接地反映营养液的总盐浓度。

对已知各种溶质及浓度的溶液，可以采用上述方法来进行溶液渗透压的理论计算。如果不知溶液浓度，如种植一段时间之后的营养液，可以通过测定该溶液的电导度，利用电导度与渗透压关系的经验公式来推断。

【知识点】浓度直接表示法，浓度间接表示法，电导度，渗透压，总盐浓度。
【技能点】浓度与电导度关系曲线的制作，营养液渗透压计算。

【复习思考】
1. 各种浓度直接表示法分别在何种情况下适用？
2. 营养液的电导度为什么能间接地反映营养液的总盐浓度？

任务三　营养液配方组成原理认知

【知识目标】了解植物必需元素的种类；理解生理平衡、化学平衡的概念。
【技能目标】能阐述营养液配方的设计流程；能用计算的方法判断配方形成沉淀的可能性。

一、营养液配方组成的原则

一定体积营养液中规定含有植物必需营养元素或其盐类（化合物）的种类及数量称为营养液配方。

例如，在 1m³ 营养液中含有硝酸钙 590g，硝酸钾 404g，磷酸二氢钾 136g，硫酸镁 246g，硫酸亚铁 13.9g，乙二胺四乙酸二钠 18.6g，硼酸 2.86g，硫酸锰 2.13g，硫酸锌 0.22g，硫酸铜 0.08g，钼酸铵 0.02g。这就是一种营养液配方（华南农业大学番茄营养液配方）。

剂量是以配方浓度为标准的简易浓度表示方法。规定按营养液配方的肥料种类、用量配制的营养液的浓度称为 1 个剂量；如果将配方中的各种肥料用量减少一半，所配制出来的营养液浓度为正常浓度的 50%，称为 0.5 剂量、1/2 剂量或半个剂量，其余剂量照此类推。

[①] 1atm＝1.013 25×10⁵Pa

一种均衡的营养液配方的组成要遵循以下原则。

（一）营养液配方组成要科学合理

1. 必须含有植物必需的全部矿质元素　营养液中必须含有植物生长所必需的全部矿质营养元素，这一原则可以概括为"全面性"。

绝大多数植物生长发育所要求的必需营养元素有 16 种，其中碳（C）由空气中的二氧化碳（CO_2）提供，氢（H）、氧（O）由水（H_2O）和空气提供，其余 13 种元素为矿质元素，在土壤栽培的条件下，由根系从土中摄取。

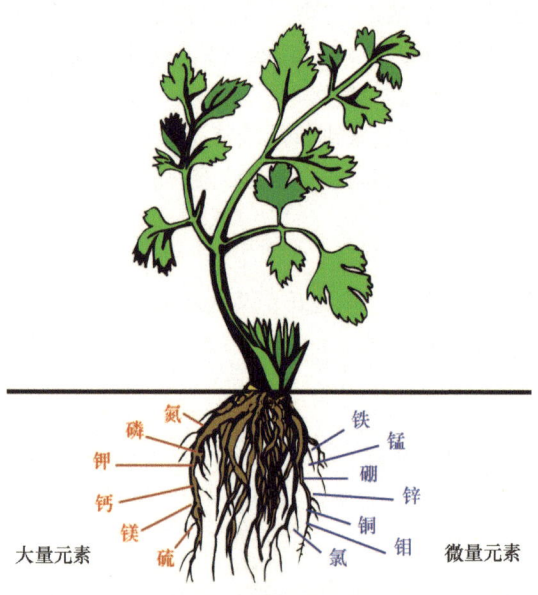

图 2-3　植物根系吸收的必需营养元素示意图

在无土栽培中，除有些固体基质能提供部分元素外，绝大部分矿质元素由营养液提供。因此，营养液中必须含有除碳、氢、氧以外的植物生长发育所必需的所有营养元素，这些元素包括：氮（N）、磷（P）、钾（K）、钙（Ca）、镁（Mg）、硫（S）这些大量元素和铁（Fe）、锰（Mn）、硼（B）、锌（Zn）、铜（Cu）、钼（M）、氯（Cl）这些微量元素（图 2-3）。此外，某些高等植物还需要硅（Si）、钠（Na）、硒（Se）等元素，这几种元素称为部分植物必需元素。有些微量元素由于植物的需要量微小，水源、固体基质、肥料甚至大气环境的供应量足以满足植物所需，因此绝大多数情况下并不需要再额外加入。

2. 各种元素必须呈根系可吸收状态　营养液中的各种营养元素必须以植物可吸收形态存在，并在较长时间内保持有效性，这一原则可以概括为"有效性"。

矿质元素只有溶解到水中并呈离子状态才能被吸收，因此，多选用溶解度高的无机盐配制营养液。有时为了保持某些元素的有效性，也使用有机螯合物，如用螯合铁替代硫酸亚铁。另外，有些配方中也选用一些有机物，如用酰胺态氮——尿素作为氮源，但由于尿素难以被植物直接吸收，因而仅限于在基质培中使用，因为在基质中，尿素可以与氧气接触，氧化为硝态氮后被植物吸收。此外，不能被作物直接吸收的液态有机肥不宜直接配制水培用营养液。

3. 营养液中的各种营养元素要均衡　各种营养元素的数量和比例要符合植物生长要求，营养液是生理平衡的，植物不出现生理异常，这一原则可以概括为营养液配方的"合理性"。

营养液中各种营养元素的比例应符合植物生长发育需要。这是因为：第一，植物根系对矿质元素的吸收有选择性，所吸收离子的数量同溶液中离子的浓度并不成正比。第二，植物在只有一种盐类的溶液中不能正常生长，这种现象称作"单盐毒害"，加入其他盐类，毒害才会被消除。第三，某种营养元素的过量会抑制植物对另外一种元素的吸收利用，这种现象称为"拮抗作用"，常见的有氮钾、钾镁、铁锰、磷锌等之间的拮抗。第四,一种离子的存在可促进植物对另一种离子的吸收,称作"协同作用"。例如,镁离子是许多酶的活化剂,能促进磷的吸收(图 2-4)。

4. **各种元素能稳定存在** 在种植过程中,各种化合物应长时间地保持有效。有效性不应因营养液中空气的氧化、根的吸收及离子间的相互作用而在短时间内降低,这一特性可以简单概括为"稳定性"。

5. **总盐浓度及酸碱度适宜** 营养液的总盐浓度及酸碱度要符合植物正常生长的要求,生理酸碱反应相对平稳,这一原则可以概括为"适宜性"。

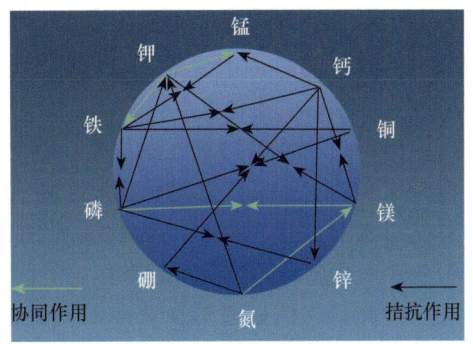

图 2-4 营养离子间的拮抗作用与协同作用

根据对无土栽培相关研究成果的总结,营养液配方的总浓度(盐分浓度)范围如表 2-3 所示。

表 2-3 营养液浓度范围

最低浓度	适中浓度	最高浓度	浓度单位
830	2500	4200	总盐分含量(mg/L)
0.83	2.50	4.20	电导度(mS/cm)
12	37	62	正、负离子合计数(mmol/L)
0.3	0.9	1.5	渗透压(atm)

任何一种植物都要求一个适宜的 pH 范围,且要求营养液使用过程中 pH 较为稳定。营养液中多数元素也需要在一个狭窄的酸碱度范围内才呈溶解的离子状态,pH 不适宜会降低营养元素的有效性。

(二)营养液配制方面要安全可靠

1. **合理选择肥源** 肥源以化学矿质肥料为主;溶解性好,在营养液中能均匀分布,长期有效;肥料质地纯正,含量稳定,不含有害物质;在满足配方对营养元素要求的前提下,尽量减少肥料种类。

2. **考虑水质和基质特性** 水源要无污染,不含杂质和有害物质,或杂质、有害物质含量在允许范围之内;营养液水源以软水为宜,硬水要预处理或对配方进行调节,过硬的水则不能使用;适当考虑水和基质的成分对营养液的影响。

3. **按正确流程配制营养液** 要按照正确的步骤配制营养液,不能随意混合肥料。另外,在营养液的使用过程中要进行浓度、酸碱度的管理与调控。

二、营养液配方组成的依据

理解营养液配方组成或确定的依据,是为了理解营养液配方是如何形成的,从而能够设计新的配方。总的来讲,营养液配方的组成是通过对植株进行营养分析,了解植物对各种大量元素和微量元素的吸收量,并根据不同植物对各种营养元素的不同需要,确定总盐浓度及各元素之间的比率,形成配方。使用配方后,再对实际栽培结果进行分析总结,进而对配方进行修正和完善,如此一步一步形成稳定的、实用的营养液配方。

(一)营养液总盐浓度的确定

营养液的总盐浓度要符合植物生长发育的要求,浓度过高直接影响植物根系吸收,造成生育障碍、萎蔫直至死亡。

确定总盐浓度的基本流程是:首先,用化学分析方法确定正常生长的植株体内各种营养元素的含量,并测量植株整个生命周期中吸收消耗的水分量,从而确定出营养液的总盐浓度。其次,参照土壤栽培条件下,植物正常生长发育时土壤溶液的浓度。最后,参考无土栽培的相关研究成果。

由此得出的以渗透压表示的营养液总盐浓度一般为0.3~1.5atm,不能超过1.5atm,而适宜的浓度为0.9~1.5atm,相当于0.4%~0.5%的总盐含量。这一浓度水平正好相当于土壤学里中度盐土(土壤水分饱和时,土壤溶液的含盐量为0.3%~0.5%的为中度盐土)的含盐量。

不同植物种类、同一植物的不同品种、同一株植物在不同的生长时期,对营养液的总盐浓度的要求也不相同。例如,芥菜的适宜营养液总盐浓度为0.15%~0.20%,洋葱、胡萝卜、草莓为0.2%,甜瓜、黄瓜为0.2%~0.3%,番茄、芹菜、甘蓝为0.3%。一般控制营养液的总盐浓度在0.5%以下,对大多数作物来说都可以较正常地生长,如果超过这一水平,有些植物就会表现出不同程度的盐害症状。

当然,在确定营养液的总盐浓度时还要考虑到在较高浓度时,营养液是否会形成难溶性沉淀。

(二)配方中各种营养元素比例与浓度的确定

总盐浓度确定后,可根据营养液生理平衡和化学平衡的要求,确定营养液中各种元素的比例与浓度。

1. 营养液配方的生理平衡性

(1)生理平衡的基本原理　植物能从营养液中吸收到符合其生理要求所需的一切营养元素,且吸收的数量与比例也符合其生理要求,即吸收的数量、比例适当,不会因过量或缺乏而出现生理性失调,不会对其生长发育造成不良影响,植物能正常生长,此时营养液所呈现的各元素的浓度及比例的适宜状态,称作生理平衡。

由于植物根系对营养元素的选择性吸收,正常生长在均衡的营养液中的植物一生所吸收的营养元素的数量和比例数值是比较固定的,通常只在一个较小的范围内变动。当营养液中的营养元素的比例和浓度产生变化时,植物吸收的数量和比例也会产生一些变化,有些以被动吸收为主的营养元素形态如硝态氮(NO_3^--N),吸收量和所占比例可能会在一个较大的范围之内,随其在营养液中浓度的提高而增大。如果营养元素之间的比例和浓度超过了植物正常生长所要求的范围,有可能会影响到植物生长。

营养液中含有植物生长所需的所有必需元素,这些营养元素是以不同的形态存在于营养液中的,因此这些不同形态的元素之间的相互关系就表现得很复杂。

影响营养液生理平衡的因素主要是营养元素之间的相互作用,包括协同作用和拮抗作用。

(2)配方确定的步骤　世界上流行的研究营养液配方的方法是通过分析正常生长的植物体中各种营养元素的含量来确定其比例。以下以Arnon和Hoagland通过化学分析植物体内营养元素含量来确定生理平衡配方的步骤为例加以介绍。

第一步，对正常生长的植物植株进行化学分析，确定每株植物一生中吸收各种营养元素的数量。

第二步，将以 g/株表示的各种元素的吸收量转化成以 mmol/L 为单位表示，以便设计过程中进行计算。

第三步，确定营养液适宜的总浓度（如总浓度确定为 37mmol/L），然后按比例计算出各种元素在总浓度内占有的份额（mmol/L）。

第四步，选择适宜的肥料盐类，按各元素应占的毫摩尔数确定用量。含某种营养元素的肥料一般有多种化合物形态，选择哪一种，要经研究和比较试验决定。至于微量元素的用量和比例，目前世界上已经有十分一致的看法，除特殊情况外，可直接引用已有的微量元素通用配方。

第五步，可将以 mmol 为单位的肥料量转化为以 g 为单位的肥料量，以方便配制营养液时称量。

（3）需注意的问题　在采用通过分析植物正常生长吸收营养元素的数量和比例来确定营养液配方的方法时，要注意以下几个问题。

第一，依据对生长正常的植物进行化学分析的结果而设计的营养液配方是符合生理平衡要求的。这样确定的营养液配方不但适用于某一种（指植物学分类的"种"、"亚种"或"变种"）植物，而且可以适用于某一类（指植物学分类的"科"、"属"）植物，这类配方可以称作通用配方。但不同科、属的植物之间的营养液配方可能有所不同，因此要根据植物科、属的不同而选择其中有代表性的植物来进行营养元素含量和比例的化学分析，从而确定出普遍适用于该类植物的营养液配方。

第二，植物栽培季节不同，植物本身特性不同，以及供应植物的营养元素的数量和形态等不同，都可能影响到对植物进行的化学分析的结果，有时分析结果可能会有较大差异。例如，由于外界硝态氮供给量的增大，植物可能会出现奢侈吸收现象，导致植物体内硝态氮含量大大增加，这样测得的结果并不能真实地反映植物的实际需要量。

第三，通过化学分析植物体内营养元素含量和比例所确定的营养液配方中的各种营养元素的含量和比例并非是严格固定的，它们可在一定的范围内变动而不至于影响植物的生长，也不会产生生理失调的症状。这是因为植物对营养元素的吸收具有较强的选择性，只要营养液中的各种营养元素的含量和比例不是严重地偏离植物生长所要求的范围，植物基本上能够通过选择性吸收的方式，按比例吸收其生理所需要的数量。一般而言，营养液配方中的大量元素含量在 ±30% 的范围变动，仍能保持生理平衡。在大规模无土栽培生产中，不能随意变动原有配方中的营养元素含量。使用新的配方时，必须经过小面积试验，证明对植物生长没有太大的不良影响时，方可大规模地使用。

2. 营养液配方的化学平衡性

（1）化学平衡的概念　营养液化学平衡是指营养液中某些营养元素对应化合物的离子浓度未达到一定水平，不会因相互作用形成难溶性化合物而从营养液中析出，因而不会导致元素的有效性降低，比例失去平衡。

确定营养液配方时，考虑化学平衡问题，就是要避免营养液配方中的几种化合物，当其离子浓度高到一定程度时，相互作用而形成难溶性沉淀。

（2）影响营养液化学平衡的因素　主要有：能够相互作用形成难溶性化合物的

阴、阳离子的溶度积，溶液的 pH。

任何营养液配方中都含有各种必需元素离子，其中的 Ca^{2+}、Mg^{2+}、Fe^{2+} 等阳离子和 PO_4^{3-}、SO_4^{2-}、OH^- 等阴离子之间，在一定条件下（如浓度高、碱性强），会形成溶解度很低的难溶性沉淀。例如，Ca^{2+} 与 SO_4^{2-} 相互作用产生 $CaSO_4$ 沉淀；Ca^{2+} 与磷酸根（PO_4^{3-} 或 HPO_4^{2-}）产生 $Ca_3(PO_4)_2$ 或 $CaHPO_4$ 沉淀；Fe^{3+} 与 PO_4^{3-} 产生 $FePO_4$ 沉淀；Ca^{2+}、Mg^{2+} 与 OH^- 产生 $Ca(OH)_2$ 和 $Mg(OH)_2$ 沉淀。

是否会形成沉淀，要根据"溶度积法则"确定。溶度积法则是指，存在于溶液中的两种能够相互作用形成难溶性化合物的阴、阳离子，当其浓度（以 mol 为单位）的乘积大于这种难溶性化合物的溶度积常数时就会产生沉淀。根据营养液配方中的离子浓度，利用溶度积法则即可很方便地计算出该配方是否存在着产生难溶性沉淀的可能。详细计算方法、计算公式和计算过程可参阅相关书籍。

按化学平衡配方配制的正常浓度栽培用营养液不会有沉淀，但几乎所有化学平衡的配方，在高浓度时却都会产生沉淀。因此，在配制高浓度的浓缩液时，要将那些会相互作用产生沉淀的化合物分别配制，分别存放，使用前再稀释、混合。

此外，沉淀的产生与阴、阳离子的浓度有关，而某些阴离子如磷酸根、氢氧根的浓度高低与溶液的酸碱度又有很大的关系。为此，在贮存浓缩液或栽培液时，可向溶液中加酸，降低 pH，使用前再加碱调整。

（3）生成沉淀可能性计算示例　　以 Arnon-Hoagland 营养液配方（简称 A-H 配方）为例，计算沉淀生成的可能性（表 2-4）。

表 2-4　Arnon-Hoagland 营养液配方（部分）

化合物	盐浓度/(g/L)	离子浓度/(mol/L)
$Ca(NO_3)_2 \cdot 4H_2O$	0.7080	$Ca^{2+}\ 3\times10^{-3}$；$NO_3^-\ 6\times10^{-3}$
KNO_3	1.0110	$K^+\ 6\times10^{-3}$；$NO_3^-\ 6\times10^{-3}$
$NH_4H_2PO_4$	0.2300	$NH_4^+\ 2\times10^{-3}$；$H_2PO_4^-\ 2\times10^{-3}$
$MgSO_4 \cdot 7H_2O$	0.4930	$Mg^{2+}\ 2\times10^{-3}$；$SO_4^{2-}\ 2\times10^{-3}$
$FeSO_4 \cdot 7H_2O$	0.0139	$Fe^{2+}\ 5\times10^{-5}$；$SO_4^{2-}\ 5\times10^{-5}$

1）Ca^{2+} 与 SO_4^{2-} 产生 $CaSO_4$ 沉淀的可能性。根据溶度积法则计算，得
$$[Ca^{2+}]\times[SO_4^{2-}]=3\times10^{-3}\times2\times10^{-3}=6\times10^{-6}$$
查 $CaSO_4$ 的溶度积常数为：$Sp\text{-}CaSO_4=9.1\times10^{-6}$。
将营养液配方中 Ca^{2+} 与 SO_4^{2-} 的溶度积与 $CaSO_4$ 的溶度积常数比较可知：
$$[Ca^{2+}]\times[SO_4^{2-}]=6\times10^{-6}<Sp\text{-}CaSO_4$$
即说明 A-H 配方的营养液中不会产生 $CaSO_4$ 沉淀。

2）Ca^{2+} 与磷酸氢根离子（HPO_4^{2-}）、磷酸根离子（PO_4^{3-}）产生 $CaHPO_4$ 沉淀的可能性。参照前例，根据容度积法则计算，A-H 配方配制的营养液在 pH=6.0 时会产生 $CaHPO_4$ 沉淀。

防止沉淀产生的方法：第一，通过降低溶液 pH 来防止沉淀的产生，只有控制溶液的 pH<5.43 才能够保证 A-H 配方配制的营养液不会产生 $CaHPO_4$ 沉淀；第二，通过降低浓度

来防止沉淀的产生,在pH6.0时,A-H配方的用量要降低至0.5剂量水平下才不会产生磷酸钙沉淀。实际生产也证明,用1/2剂量A-H配方所配制的营养液种植的植物生长正常。

3)Fe^{3+}与磷酸盐产生$FePO_4$沉淀的可能性。计算表明:A-H配方中的Fe^{2+}如果均被氧化为Fe^{3+},在pH6.0时:

$$[Fe^{3+}][PO_4^{3-}]=5.0\times10^{-5}\times5.3\times10^{-11}=2.65\times10^{-15}>Sp\text{-}FePO_4=1.3\times10^{-22}$$

表明,在pH6.0时,肯定会造成$FePO_4$的沉淀而致使作物出现缺铁症状。但事实上,在pH6.0时A-H配方配制的营养液不会出现$FePO_4$沉淀。这主要是由于采用了有机螯合物来螯合铁离子,使得Fe^{2+}不易被氧化,而且不易与PO_4^{3-}起化学反应而沉淀,从而使得Fe在营养液中可以保持较高的有效性。

4)Ca^{2+}、Mg^{2+}形成氢氧化物沉淀的可能性。Ca^{2+}、Mg^{2+}形成氢氧化物沉淀的可能性主要是在营养液呈较强的碱性时才会发生。通过计算得知:

形成$Ca(OH)_2$沉淀的条件是pH≥12.63;

形成$Mg(OH)_2$沉淀的条件是pH≥9.98。

产生的可能性:一般情况下,配方中的化合物所产生的生理碱性极少会达到这么高的pH;只有在用碱液中和营养液的生理酸性时,若操作不当就有可能出现营养液中局部碱性很强、pH过高而产生沉淀的可能。

解决方法:在加碱液中和酸性时,要用浓度较稀的碱液,而且在加入碱液时要及时进行搅拌。

三、氮源化合物的选择

(一)铵态氮和硝态氮

植物根系吸收的氮源主要是硝态氮(NO_3^--N)、铵态氮(NH_4^+-N)、亚硝态氮(NO_2^--N)和少量的小分子有机态氮,其中亚硝态氮吸收量大时对植物有毒害作用。因此,无土栽培主要以铵态氮和硝态氮作为氮源。自然界中,不同植物对两种氮的喜好程度不同,因此就有"喜铵植物"和"喜硝植物"之分。

(二)铵态氮与硝态氮的营养特点

单纯从肥力来讲,两种氮源都能满足植物对氮素的需要,但营养特点各异。

1. **铵态氮源的特点**　铵态氮源都是生理酸性盐,如NH_4Cl、$(NH_4)_2SO_4$,甚至NH_4NO_3,其中NH_4Cl和$(NH_4)_2SO_4$的生理酸性更强。

这是由于多数植物优先选择吸收NH_4^+,而伴随离子的Cl^-、SO_4^{2-}、NO_3^-的吸收速率较慢,同时植物在吸收NH_4^+之后根系大量分泌出H^+,使得介质的pH下降,呈现酸性。

NH_4^+本身是一价阳离子,对二价的阳离子如Ca^{2+}、Mg^{2+}等具有拮抗作用,因此,在以铵盐作为氮源时易使植物出现缺钙或缺镁的症状。例如,番茄生长在铵盐为氮源的营养液中,果实易缺钙引发"脐腐病",而且生理酸性介质中高浓度H^+对植物Ca^{2+}的吸收也有很强的拮抗作用,导致植物出现缺钙的症状,如果生理酸性过强,甚至可能造成对植物根系的直接伤害,出现根系腐烂的现象。

2. **硝态氮源的特点**　硝态氮源除了NH_4NO_3之外,其余均为生理碱性盐,如$Ca(NO_3)_2$、KNO_3、$NaNO_3$等。植物优先选择吸收NO_3^-,而对其伴随的阳离子的吸收速率较慢,同时植物在选择吸收硝酸盐时根系会分泌出OH^-,使得介质的pH上升,其结果是可能造成某些营养元素，如 Fe、Mn、Mg 等，在高 pH 条件下产生沉淀而使其有效性降低。因此，生产上常常出现由于使用硝酸盐而引发的植物缺铁和缺镁的情况。

（三）克服两种氮源不良影响的方法

最新研究表明，如果采取适当的措施来克服这两种氮源所产生的不良影响，其营养价值基本相当。这些措施包括：中和生理酸碱性，在 NO_3^--N 作氮源时适当增加螯合铁用量，在 NH_4^+-N 作氮源时增加 Ca^{2+} 的用量等。

实验表明，用尿素 $[CO(NH_2)_2]$ 和硝酸铵（NH_4NO_3）作为氮源（铵态氮占总氮量的 75%）水培番茄，在种植过程中控制营养液的 pH 在 6.5±0.5，同时在营养液中比原配方多加 25% 的 Ca^{2+}，其产量与用 $Ca(NO_3)_2$ 和 KNO_3 为氮源的处理没有显著差异。

（四）氮源的选择

如果不考虑植物体中对人体有害的硝态氮的积累问题，单纯从栽培效果来讲，虽然铵态氮和硝态氮具有相同的营养价值，但应选择硝态氮作为氮源，世界上大多数营养液配方也正是这么做的。这是因为，硝态氮所引起的生理碱性要较为缓慢且易于控制，植物对于 NO_3^--N 的过量吸收也不会对植物本身造成伤害，而铵态氮引起的生理酸性较强，变化幅度大且难以控制，植物吸收 NH_4^+-N 过多易出现中毒症状，因此，利用硝态氮作为氮源是较为安全的。

（五）降低蔬菜产品中硝酸盐含量的措施

用硝酸盐作为氮源时，植物普遍存在对 NO_3^--N 的"奢侈吸收"的问题，即进入植物体内的 NO_3^--N 量远远超过其生理需要量，导致许多植物，特别是叶类、根茎类蔬菜的硝酸盐含量大大超过国际粮农组织的允许标准（432mg/kg 鲜重），从而损害人体健康。在环境条件达标、农药污染得到控制的情况下，硝酸盐含量超标问题往往会成为限制无土栽培生产高档蔬菜、获得绿色食品证书或无公害蔬菜证书的"瓶颈"，如何降低蔬菜产品的硝酸盐含量成为近年来人们关注的一个重要问题，也是无土栽培研究者和种植者的一个不可回避的问题。

目前，可采取下列措施降低产品中的硝酸盐含量。

1. 用铵态氮或酰胺态氮替代硝态氮　调整营养液配方，用铵态氮或酰胺态氮全部或部分代替原有配方中的硝酸盐，再通过控制营养液的 pH 变化和适当增加 Ca^{2+}、K^+ 的量，保证蔬菜生长正常和产量不降低，而使蔬菜中的硝酸盐含量显著下降。华南农业大学刘士哲等在芥菜和叶用莴苣上的研究表明，通过加入适当的铵态氮来代替硝态氮可大大降低蔬菜的硝酸盐含量，而全部用酰胺态氮作为氮源时，虽然硝酸盐含量大大降低了，但蔬菜产量也会显著降低。如何通过增加营养液的铵态氮或酰胺态氮用量既降低蔬菜硝酸盐含量又不影响产量值得进一步研究。另有试验表明，两种氮源以适当的比例同时使用，比单用硝态氮效果好，且能使 pH 稳定。

2. 收获前停止氮素供应　对于大多数喜硝植物（如菠菜等）来说，因其忍受铵态氮毒害的能力较弱，即使通过控制 pH 变化的方法也难以令其在铵态氮的营养条件下生长良好；如果在收获之前中断或减少氮素的供应数量，则可降低产品中硝酸盐含量。试验表明，通过在收获前 1 周中断氮素供应，可把叶用莴苣和菜薹等叶菜中的硝酸盐含量降低到 432mg/kg 水平以下，而蔬菜产量并未明显降低。

3. 用有机肥代替无机营养液　中国农业科学院蔬菜花卉研究所的蒋卫杰等早年研制开发了"有机生态型无土栽培技术"，该技术尝试用有机肥作为肥源，代替传统的无机营养液，不使用硝态氮肥，进行基质栽培，可在一定程度上降低产品的硝酸盐含量。

也有学者认为，施用有机肥虽然可降低蔬菜中的硝酸盐含量，但完全利用有机肥作为营养来源，容易出现营养不能均衡供应的问题，有机肥中养分的释放过程难以调控，在生长的中后期常出现脱肥现象。由此认为有机肥只能作为无土栽培的补充肥源，而不能完全代替化学肥料。

四、营养液配方实例

如果自行设计组配新的营养液配方，一般要先了解这一植物全生育期及不同生育阶段对氮、磷、钾、钙、镁、硫等主要元素的需要量和养分吸收特点，然后筛选适用的肥料种类，了解不同化合物的纯度及主要养分的含量，在此基础上才能进行肥料用量的计算。

由于方法不同，科学家提出的营养液配方组成理论也不同，目前，世界上已经发表了难以统计的营养液配方。E. J. Hewitt 在其专著中就收录了 160 多个。在对营养液配方的研究过程中，美国植物营养学家霍格兰（D. R. Hoagland）研究的配方最为著名，被世界各地广泛使用，以后许多营养液配方都是参照该配方调整演化而来。目前主要有三派配方理论，即园试标准配方、山崎配方和斯泰纳配方。

园试标准配方是日本园艺试验场经过多年的研究而提出的，是通过分析植株对不同元素的吸收量，确定营养液配方的组成。

山崎配方是日本植物生理学家山崎肯哉以园试标准配方为基础，以果菜类蔬菜为材料而制定的，并提出了植物肥水表观吸收浓度理论。这种配方根据植物吸收的养分量（n）与吸水量（w）之比，即吸收浓度（n/w）来确定营养液配方的组成与浓度，即植物对肥和水的吸收是按比例进行的，也就是说用山崎配方种植植物时，营养液中的水分和养分是被同步吸收的，营养液浓度理论上不发生变化。因此，如果使用山崎配方来供液，只需将营养液的浓度控制在 1 个剂量即可。

斯泰纳配方是荷兰科学家斯泰纳依据植物对离子的吸收具有选择性原理而提出的。斯泰纳营养液是以阳离子（Ca^{2+}、Mg^{2+}、K^+）的量和与其相近的阴离子（NO_3^-、PO_4^{3-}、SO_4^{2-}）的量相等为前提，而各阳、阴离子之间的比值，则是根据植株分析得出的结果而制定的。根据斯泰纳试验结果，阳离子的比值为 $n(K^+):n(1/2Ca^{2+}):n(1/2Mg^{2+})=45:35:20$，阴离子的比值为 $n(NO_3^-):n(PO_4^{3-}):n(SO_4^{2-})=60:5:35$ 为最适宜。

如前所述，许多经过多年实践反复证明是行之有效的配方，不仅适用于某一种植物，还适用于与这种植物相类似的另外一些植物，这种配方称为通用配方，如霍格兰配方、日本园试配方中许多配方即通用配方。但也不是说通用配方就适用于任何植物，因为植物对营养的需求有各自的规律，甚至某种植物的不同生长时期对某一种或某一些养分需求量也有变化。例如，利用园试配方配制的营养液来种植叶用莴苣和种植芥菜，会出现芥菜缺铁而叶用莴苣正常的现象。因此，在选择一个通用配方时，要根据植物特性、当地水质和气候及不同的生育时期来试用并进行适当的调整，在证明其确实可行之后再大面积应用。

【知识点】必需元素，大量元素，微量元素，元素有效性，单盐毒害，拮抗作用，协同作用，总盐浓度，配方设计，生理平衡，化学平衡，奢侈吸收，硝态氮，铵态氮，酰胺态氮，生理酸性盐，生理碱性盐，三派配方理论，园试标准配方，山崎配方，斯泰纳配方，肥水表观吸收浓度，通用配方。

【技能点】营养液配方组成原则阐述，营养液配方设计，根据三派配方的特点和栽培需要选择适宜的配方。

【复习思考】
1. 营养液主要满足植物对哪些必需元素的需求？
2. 如何依据生理平衡的原理，按步骤设计营养液配方？
3. 三派配方理论如何从不同的角度研究营养液配方？

任务四　配制营养液的原料及其特性认知

【知识目标】了解化学制剂的纯度的概念；掌握营养液肥源的种类及其特性。

【技能目标】能阐述营养液对肥料的具体要求；能正确书写营养液肥源的名称及分子式并阐述其特性。

可用于配制营养液的化合物有很多，要正确配制营养液，并在无土栽培过程中灵活而有效地管理营养液，就必须了解配制营养液所用的营养物质及辅助材料的性质。

一、化学制剂的纯度

按用途及纯度可将化学制剂分为化学试剂［分为优级纯（GR）、分析纯（AR）、化学纯（CR）3级，纯度依次降低］、医用品、工业用品和农业用品，纯度依次降低。

无土栽培要求肥料溶解度大、纯度高，多数化学制剂均可用于无土栽培。如果做比较精确的无土栽培试验或进行植物营养研究，配制营养液时要选用化学纯或分析纯以上的试剂。在生产上，可采用工业用品或农业用品，以降低成本。微量元素用量少，最好选用化学纯试剂或医用品（表2-5）。

表2-5　无土栽培对常用肥料级别及纯度的要求

肥料名称	化学式	级别	纯度要求	肥料名称	化学式	级别	纯度要求
磷酸二氢铵	$NH_4H_2PO_4$	农用	90%以上	磷酸氢二钾	K_2HPO_4	工业用	98%以上
硫酸铵	$(NH_4)_2SO_4$	农用	98%以上	磷酸二氢钾	KH_2PO_4	工业用	98%以上
硝酸铵	NH_4NO_3	农用	98.5%以上	硫酸钾	K_2SO_4	农用	95%以上
硝酸钾	KNO_3	农用	98%以上	硫酸镁	$MgSO_4 \cdot 7H_2O$	工业用	98%以上
四水硝酸钙	$Ca(NO_3)_2 \cdot 4H_2O$	农用	90%以上	氯化钾	KCl	农用	95%以上
尿素	$CO(NH_2)_2$	农用	98.5%以上	氯化钙	$CaCl_2$	工业用	98%以上
磷酸一钙	$Ca(H_2PO_4)_2$	农用	92%以上	氯化铵	NH_4Cl	农用	96%以上

续表

肥料名称	化学式	级别	纯度要求	肥料名称	化学式	级别	纯度要求
碳酸氢铵	NH_4HCO_3	农用	95%以上	磷酸	H_3PO_4	工业用	85%以上
氢氧化钾	KOH	工业用	98%以上	硝酸	HNO_3	工业用	65%以上
氢氧化钠	NaOH	工业用	98%以上	硫酸	H_2SO_4	工业用	96%以上

二、营养液对肥料的要求

在无土栽培领域，习惯上将配制营养液用的，能为植物提供必需元素的化学制剂称作肥料，而不是称作化合物，比如硝酸钙就是一种肥料。将提供某种营养元素的肥料称作某肥源，比如提供钙元素的硝酸钙就可以称作钙源。

营养液对肥料的要求如下。

（一）溶解度较大

溶解度就是在一定的温度和压力下，某种溶质在单位体积（100ml）水或一定质量（100g）其他溶剂中达到饱和时所能溶解的溶质的克数。配制营养液必须用易溶解的盐类，因为这类盐能让营养元素离子大量地保留在溶液中，以满足植物的需要。例如，配制营养液需要的提供钙元素的肥料，可以使用 $Ca(NO_3)_2$，不应使用 $CaSO_4$。虽然 $CaSO_4$ 价格便宜，但溶解度小，能在溶液中保留的钙离子数量少，不能满足植物的需要，$Ca(NO_3)_2$ 价格较贵，但易于溶解，属首选钙源。

（二）满足特殊需要

氮源肥料有铵态氮、硝态氮、酰胺态氮等多种，应适当选择氮源，选择依据与方法如前所述。

（三）纯度高

纯度低的肥料含有大量惰性物质，会使所配制的营养液产生沉淀，当供液管道系统使用细小的滴头时还有可能堵塞。因此，可使用纯度较低的农业品或工业品，但要选择那些纯度相对较高的优质品。同时，肥料中不应含有害、有毒成分。

（四）种类适宜

对提供同一种营养元素的不同肥料的选择有一定的规则，一种肥料提供的营养元素的相对比例，必须与养分配方中需要的数量进行比较后再选用。例如，1mol 的硝酸钾（KNO_3）能产生 1mol 钾离子（K^+）和 1mol 硝酸根离子（NO_3^-），而 1mol 的硝酸钙 [$Ca(NO_3)_2$] 则产生 1mol 钙离子（Ca^{2+}）和 2mol 硝酸根离子（NO_3^-）。假如需要少量阳离子，而需要供应比较多的硝酸根离子，则应当使用硝酸钙，也就是说有硝酸钾物质的量一半的硝酸钙，就能满足植物对硝酸根离子的需要。

三、配制营养液的原料及其特性

（一）大量元素肥源

1. 氮源 指能够提供氮元素的肥料。

（1）**硝酸钾**（KNO_3） 别名火硝，是良好的氮、钾肥源，相对分子质量为101.10，含硝态氮13.85%，含钾38.67%，氮钾比约为1∶3。为无色或白色晶体，未提纯时略带黄色，中性，长期贮存于较潮湿的环境下会结块。易溶于水，20℃时，硝酸钾的溶解度是

31.6g；50℃时，溶解度是85.5g。强氧化剂，具助燃性和爆炸性，遇火易爆炸，易受潮结块。不要猛烈撞击，不要与易燃物混存于一处（图2-5，图2-6）。

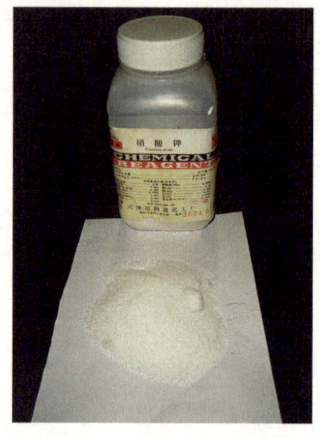
图2-5　化学纯的硝酸钾

图2-6　农用硝酸钾

（2）**硝酸铵**（NH_4NO_3）　白色晶体，含杂质时为淡黄色。为了防潮，农业用及部分工业用硝酸铵中常被加入疏水性物质并将其制成颗粒状。含氮34%～35%，铵态氮（NH_4^+-N）和硝态氮（NO_3^--N）含量各占一半。溶解度很大。吸湿性强，易板结，具有助燃性和爆炸性。

（3）**硫酸铵**[$(NH_4)_2SO_4$]　农业用及工业用硫酸铵含氮量为20%～21%，外观为白色结晶，易溶于水。物理性状良好，不易吸湿。

（4）**尿素**[$CO(NH_2)_2$]　酰胺态肥料含氮量为46%，纯品尿素为白色针状结晶。吸湿性很强，为了降低其吸湿性，作为肥料的尿素常被制成颗粒状，外包被一层石蜡等疏水物质。尿素需在有氧的条件下转化后方可被植物利用，因此，水培营养液通常都不用尿素作氮源，仅在基质栽培中使用。

2. **磷源**　指提供磷元素的肥源。

（1）**磷酸二氢铵**（$NH_4H_2PO_4$）　也称磷酸一铵或磷一铵，是将氨气通入磷酸中而制得的。纯品磷酸二氢铵为白色晶体，作为肥料用的磷酸二氢铵多为灰色结晶。易溶于水，20℃时100ml水中可溶解36g。纯品含氮12.18%，含磷26.92%，生产用肥料含氮11%～13%，含磷12%～24%。可同时提供氮和磷两种营养元素，对溶液pH变化有一定的缓冲能力（图2-7）。

（2）**磷酸氢二铵**[$(NH_4)_2HPO_4$]　也称作磷酸一氢铵、磷酸二铵或磷二铵，是将氨气通入磷酸溶液中制得的。外观为白色结晶，相对分子质量为132.06，纯品含氮21.21%，含磷23.46%，一般产品中含氮16%～21%，含磷20%～21%。用过量的氨与磷酸作用可制成磷酸氢二铵，肥料磷酸铵是磷酸二氢铵和磷酸氢二铵的混合物，含氮18%，含磷20%。

（3）**磷酸二氢钾**（KH_2PO_4）　相对分子质量为136.09，纯品含量28.73%，含磷22.76%，为白色结晶或白色粉末，性质稳定，不易潮解，但在高湿处贮藏也会吸湿结块。易溶于水，20℃时100ml水中可溶解22.6g。由于磷酸二氢钾溶解于水中时，磷酸根解离有不同的价态，因此对溶液pH的变化有一定的缓冲作用。可同时提供钾和磷两种营养元素，是无土栽培中重要的磷源（图2-8）。

图2-7 磷酸二氢铵

图2-8 磷酸二氢钾

此外，磷源还有过磷酸钙[Ca(H_2PO_4)$_2$·H_2O+$CaSO_4$]、重过磷酸钙[Ca(H_2PO_4)$_2$]、偏磷酸铵（NH_4PO_3）等。

3. 钾源　　除前述磷酸二氢钾、硝酸钾以外，还有其他两种钾源。

（1）**硫酸钾（K_2SO_4）**　　相对分子质量为174.25，含钾（K_2O）52.44%，含硫（S）18.4%，为无色坚硬结晶体。作为农用肥料的硫酸钾多为白色至浅黄色粉末。在空气中稳定，易溶于水，但溶解度稍小，吸湿性弱，不结块（图2-9）。

（2）**氯化钾（KCl）**　　相对分子质量为74.55，含钾52.35%，含氯47.56%，纯品为无色结晶或白色结晶颗粒，无土栽培用的氯化钾因含有杂质，常为紫红色、浅黄色或白色粉末，这与生产时不同来源的矿物颜色有关。易溶于水（图2-10）。这种钾肥在生产中用得较少，主要是由于氯化钾含有过多的氯离子对蔬菜有不良影响。

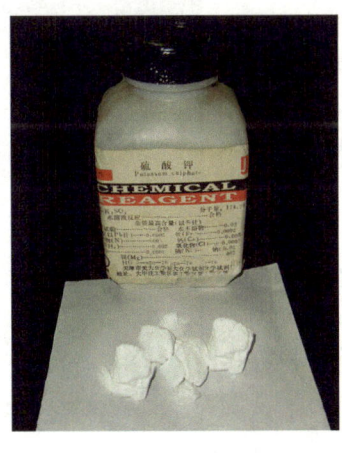
图2-9 硫酸钾

图2-10 氯化钾

4. 钙源　　钙源肥料有硝酸钙、氯化钙和硫酸钙，其中硝酸钙使用最为广泛。钙在植物体内的移动性差，无土栽培易发生缺钙现象。

（1）**硝酸钙[Ca(NO_3)$_2$]**　　能提供可溶性钙和丰富的硝态氮，是目前无土栽培中使用最广泛的氮源和钙源肥料。特别是作为钙源，在绝大多数营养液配方中都是由硝酸钙来提供钙元素的。其相对分子质量为164.1，含钙24.43%，含硝态氮17.07%。常用的硝酸钙含结晶水，即Ca(NO_3)$_2$·$4H_2O$，钙含量为17.0%，氮含量为11.9%。为白色细小

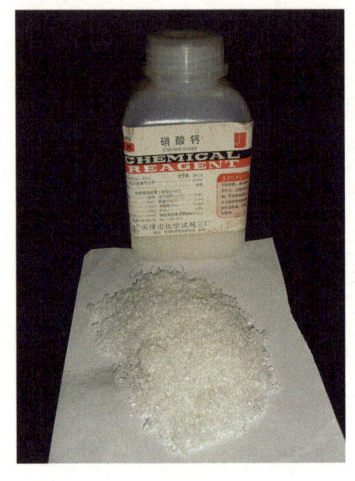

图 2-11 硝酸钙

晶体，易溶于水，在空气中易吸水潮解。因此要密闭保存并放置于阴凉处。硝酸钙可以自行制备，用硝酸与碳酸钙反应即可生成硝酸钙。由于植物根系吸收硝酸根离子的速率大于吸收钙离子的速率，因此表现出生理碱性，但由于钙离子也会被吸收，其生理碱性不太强烈，随着钙离子被作物吸收之后，其生理碱性会逐渐减弱（图 2-11）。

（2）**氯化钙**（$CaCl_2$）　　外观为白色粉末或结晶，含钙 36%，含氯 64%，吸湿性强，易溶于水，水溶液呈中性，属生理酸性肥料，在无土栽培中作为钙源使用较少，主要用于作物钙营养不足时叶面喷施，也可用于不用硝酸钙作为钙源的配方中。不宜在"忌氯作物"上使用，其他作物上使用时也要慎重。

（3）**硫酸钙**（$CaSO_4$）　　硫酸钙又称石膏，外观为白色粉末状，含钙 23.28%，含硫 18.62%。由石膏矿粉碎或加热制成。农用石膏主要成分为硫酸钙，分生石膏（$CaSO_4 \cdot 2H_2O$）、熟石膏（$2CaSO_4 \cdot H_2O$）（由生石膏加热失去部分结晶水制成）和含磷石膏（$60\%CaSO_4 \cdot 2H_2O + 2\%H_3PO_4$）3 种。硫酸钙的溶解度极低，20℃时 100g 水中只能溶解 0.204g 硫酸钙。水溶液呈中性，属生理酸性肥料，通常不用于配制水培营养液，极个别的配方中可能使用硫酸钙，在基质栽培中预混到基质中作为补充钙源。

5. **镁源**　　通常只用硫酸镁作镁源。常用的为含结晶水的七水硫酸镁（$MgSO_4 \cdot 7H_2O$）。白色针状结晶，一般含镁 9.86%，含硫 13%。易溶于水，20℃时 100ml 水中可溶解 35.5g 硫酸镁。稍有吸湿性，吸湿后会结块。硫酸镁的水溶液为中性，属生理酸性肥料（图 2-12）。

6. **硫源**　　营养液中使用镁、铁等硫酸盐，本身就是硫源肥料，可同时解决硫和镁、铁的供应。

（二）微量元素肥源

1. **铁源**　　无土栽培中，铁的供应十分重要，pH 偏高，钾不足，以及磷、铜、锌、锰过量，都会引起缺铁症。可用硫酸亚铁或氯化铁作为铁源，但性质都不稳定，为克服这一缺点，常用螯合铁作替代物。

（1）**螯合铁**　　为浅棕色或暗棕色粉末状物，在营养液中可保持有效状态。铁的螯合物有以下几种。

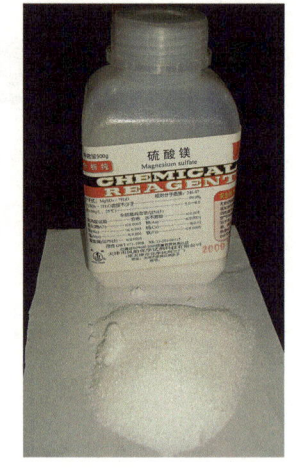

图 2-12 硫酸镁

乙二胺四乙酸一钠铁（EDTA-NaFe），又名乙二胺四乙酸铁钠、EDTA 铁钠盐，是一种稳定的具有氧化性的水溶性金属螯合物。相对分子质量 367.05，含铁 15.22%，黄色晶体，易溶于水。就螯合铁而言，在无土栽培中应用不如乙二胺四乙酸二钠铁（EDTA-Na_2Fe）广泛。

乙二胺四乙酸二钠铁（EDTA-Na_2Fe），相对分子质量 389.93，含铁 14.32%，为黄色晶体，易溶于水，是无土栽培中应用最广泛的螯合铁。由于硫酸亚铁在营养液中容易被氧化和与其他化合物（特别是磷酸盐）形成难溶性磷酸铁沉淀，因而，现在大多数营养液配方中都不直接使用硫酸亚铁作为铁源，而是直接采用螯合铁，或将用硫酸亚铁与螯合剂 EDTA 先行螯合，制成乙二胺四乙酸二钠铁之后再使用。

二乙三胺五乙酸一钠铁（NaFe-DTPA），工业品含铁 10%，易溶于水，适合在含钙或氢离子浓度较低（pH 较高）的溶液中使用。

羟乙基乙二胺三乙酸一钠铁（NaFeHEEDTA），工业品含铁 5%~9%，易溶于水。

乙烯二胺钠铁（NaFe-EDDHA），工业品含铁 6%，溶于水。在酸性和碱性条件下都有效，能克服 EDTA 铁在碱性溶液中应用效果低的缺点。适合在氢离子浓度很低（pH 很高）的溶液中使用。

草酸亚铁（$FeC_2H_4 \cdot 2H_2O$），有一半具螯合性质，也作螯合铁使用。含铁 31.04%，为黄色结晶粉末，微溶于水，溶于稀酸，对石蕊试纸呈中性反应。

柠檬酸铁 [$Fe(C_6H_8O_7)_2 \cdot nH_2O$]，含铁 17.5%，为暗棕色片状晶体，不溶于水，溶于稀酸。加入营养液中，在 pH5.5~7 的条件下，3d 后就减少 90%，而乙二胺四乙酸铁在 21d 后只减少约 10%。这说明柠檬酸铁不适宜用作无土栽培的铁源。用于叶面喷施，有一定的效果。

（2）**硫酸亚铁（$FeSO_4$）** 通常使用含有结晶水的七水硫酸亚铁（$FeSO_4 \cdot 7H_2O$），俗称黑矾、绿矾，相对分子质量为 278.01，可提供铁和硫，含铁 20.09%，含硫 11.53%。蓝绿色晶体，性质不稳定，易失水氧化变成棕色的硫酸铁，在高温、强光或有碱性物质存在时，更不稳定，因此须将硫酸亚铁放置于不透光的密闭容器中，并置于阴凉处存放。易溶于水，有一定的吸湿性。由于硫酸亚铁是一些工业制品的副产品，来源广泛，价格较低，是无土栽培中良好的铁源。但由于硫酸亚铁在营养液中易被氧化，并与其他化合物（特别是磷酸盐）形成难溶性磷酸铁沉淀，因此，现在的大多数营养液配方中都不直接使用硫酸亚铁作为铁源，而是采用螯合铁，以保证其在营养液中较长时间的有效性。同时，还要注意营养液的 pH 不要过高（>7.5），应保持在 7.0 以下，否则也容易产生沉淀。如果发现硫酸亚铁被严重氧化、外观颜色变为棕红色时则不宜再使用（图 2-13）。

（3）**氯化铁（$FeCl_3$）** 通常使用含有结晶水的六水氯化铁（$FeCl_3 \cdot 6H_2O$），相对分子质量为 270.30，含铁 20.66%，呈黄棕色或橙黄色的块状结晶，略带盐酸气味，吸湿性强，易结块。在空气中极易潮解，易溶于水。蔬菜对 Fe^{3+} 的利用率较低，而且营养液的 pH 较高时，氯化铁易产生沉淀而降低其有效性。现较少单独使用三氯化铁作为营养液的铁源。在营养液中有较多的氯化钠时，应避免使用氯化铁（图 2-14）。

图 2-13 七水硫酸亚铁

图 2-14 六水氯化铁

2. 锰源

（1）**硫酸锰（MnSO₄）** 通常使用含有结晶水的四水硫酸锰（$MnSO_4 \cdot 4H_2O$），$MnSO_4 \cdot 4H_2O$ 的相对分子质量为223.06，含锰24.63%。也可用一水硫酸锰（$MnSO_4 \cdot H_2O$），$MnSO_4 \cdot H_2O$ 为粉色结晶，相对分子质量为169.01，含锰32.51%。两者都易溶解于水中。

（2）**锰螯合物** 主要有乙二胺四乙酸二钠锰（或称 EDTA-Na₂Mn），分子式为 $[CH_2N(CH_2COO)_2]_2Na_2Mn$，相对分子质量为389.13，含锰14.12%，为浅粉红色结晶或粉末。易溶于水，为植物有效锰的良好来源。只有当溶液含钙高时才会影响锰的有效性。

3. 硼源

（1）**硼酸（H₃BO₃）** 含硼17.48%，相对分子质量为61.83，为无色或白色结晶粉末。易溶于水，冷水中的溶解度较低，20℃时100g水中溶解5g硼酸，热水中较易溶解。水溶液呈微酸性，是无土栽培营养液中良好的硼源。

（2）**硼砂（Na₂B₄O₇·10H₂O）** 含硼11.34%，相对分子质量为381.37，在干燥的条件下硼砂失去结晶水变成白色粉末状，易溶于水，是营养液中硼的良好来源。

4. 锌源

（1）**硫酸锌（ZnSO₄）** 通常使用七水硫酸锌（$ZnSO_4 \cdot 7H_2O$），相对分子质量为287.55，易溶于水，俗称皓矾，是无土栽培中锌的主要来源，含锌22.73%，含硫11.15%，为无色或白色斜方晶体，干燥的环境下会失去结晶水而变成白色粉末。易溶于水，20℃时每100g水中可溶解54.4g（图2-15）。

（2）**氯化锌（ZnCl₂）** 外观为白色结晶，相对分子质量为174.51，纯品含锌37.45%，易溶于水，20℃时100g水中可溶解367.3g。由于溶解在水中会水解而生成白色氢氧化锌沉淀，故在无土栽培中较少作为锌源。

（3）**锌螯合物** 主要是乙二胺四乙酸二钠锌（EDTA-Na₂Zn），分子式为 $[CH_2N(CH_2COO)_2]_2Na_2Zn \cdot 4H_2O$，相对分子质量为471.63，含锌13.86%，为白色结晶粉末。溶于水，是植物有效锌的来源。在营养液pH大于6时，一般锌盐的有效性就会降低，而使用螯合锌便能有效地提供锌。

5. 铜源

硫酸铜，通常使用五水硫酸铜（$CuSO_4 \cdot 5H_2O$），含铜25.45%，含硫12.84%，为蓝色结晶状物质，易溶于水，干燥条件下易风化失水成白色粉末，是无土栽培中铜元素的主要来源（图2-16）。

图2-15 七水硫酸锌

图2-16 五水硫酸铜

6. 钼源　四水钼酸铵[$(NH_4)_6Mo_7O_{24}\cdot 4H_2O$]，为无土栽培中钼的主要来源，含钼 54.34%，呈白色、无色、浅黄色或浅绿色结晶颗粒或粉末，易溶于水。此外，也可用钼酸钠，含钼 39%~65%，为白色粉末。

（三）辅助物质

营养液配制中常用的辅助物质是螯合剂，螯合剂与某些金属离子结合可形成螯合物，从而能长期保持金属离子的有效性。例如，为了解决在无土栽培营养液中铁源的沉淀或氧化失效问题，常将 Fe^{2+} 与螯合剂乙二胺（$H_2NCH_2CH_2NH_2$）作用形成稳定性较好的铁螯合物。乙二胺结构特殊，能像螃蟹用两只螯（螯：意为节足动物如螃蟹的第一对脚，形状像钳子）夹住食物一样，将铁离子保护起来，螯合物故而得名（图 2-17）。螯合铁作为营养液的铁源不易被其他阳离子所取代，不易产生沉淀，即使营养液的 pH 较高，仍可保持较高的有效性。

常见的螯合剂有乙二胺四乙酸（EDTA）、二乙酸三胺五乙酸（DTPA）、1,2-环己二胺四乙酸（CDTA）、乙二胺-N,N'-双邻羟苯基乙酸（EDDHA）和羟乙基乙二胺三乙酸（HEEDTA）（图 2-18）。

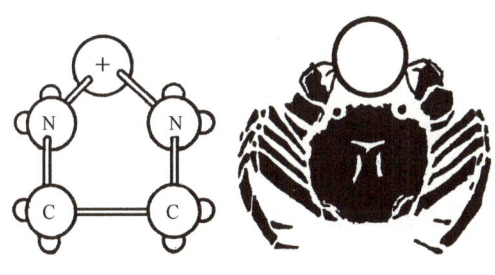

图 2-17　乙二胺与金属离子结合如螯夹食　　图 2-18　螯合剂 EDTA-Na_2

除铁以外的其他的金属离子如 Mn^{2+}、Zn^{2+}、Cu^{2+} 等在营养液中的有效性一般较高，通常无需制成螯合物使用。

> 【知识点】化学制剂，优级纯（GR），分析纯（AR），化学纯（CR），工业用品，农业用品，肥源，螯合剂，螯合物。
> 【技能点】营养液各种肥源特性阐述，螯合铁离子的必要性阐述。

> 【复习思考】
> 1. 为什么营养液首选二价铁肥料而不是三价铁肥料作为铁源？
> 2. 化学制剂的纯度对营养液质量可能会产生什么影响？
> 3. 营养液中每种营养元素的肥源都包括哪几种具体肥料？

任务五　营养液配制

> 【知识目标】理解营养液配制的基本原则；掌握用浓缩液稀释法配制营养液的原理。
> 【技能目标】能根据水源硬度调整营养液配方；能正确进行分罐、称量、溶解、稀释等营养液配制操作。

无土栽培的第一步就是按正确的方法和流程配制营养液,配制营养液的关键是避免产生沉淀,保持营养液中各种元素的有效性。

一、营养液配方的调整

(一)硬水地区对营养液配方的调整

除特别说明外,普通的营养液配方均是按纯净水源(如中位软水、蒸馏水、去离子水)设计的,但中国北方部分硬水地区的地下水含有较多的钙离子、镁离子,还含有氯离子、硫酸根离子、碳酸氢根离子,因此,这些地区以地下水为水源时,在配制营养液前,有必要先对营养液配方加以调整,适当减少钙源、镁源等肥料用量,甚至不使用钙肥、镁肥。

在硬水地区,首先要分析水中 Ca^{2+}、Mg^{2+} 的含量,然后再从配方中扣除。例如,配方中的 Ca^{2+}、Mg^{2+} 分别由 $Ca(NO_3)_2 \cdot 4H_2O$ 和 $MgSO_4 \cdot 7H_2O$ 来提供,实际的 $Ca(NO_3)_2 \cdot 4H_2O$ 和 $MgSO_4 \cdot 7H_2O$ 的用量是根据配方量减去水中所含的 Ca^{2+}、Mg^{2+} 量计算出来的。扣除 Ca^{2+} 后,配方中 $Ca(NO_3)_2 \cdot 4H_2O$ 中氮用量会相应减少,可用 HNO_3 来补充,加入 HNO_3 既补充了氮又可以中和硬水的碱性,如果过酸,就要再加入 NaOH 中和,也有人试验用 NH_4NO_3 补氮,但要考虑硝态氮和铵态氮使用效果的差异性。

扣除配方中 Mg^{2+} 的用量,配制营养液所用 $MgSO_4 \cdot 7H_2O$ 量相应减少,也相应地减少了硫酸根(SO_4^{2-})的用量,但由于硬水中本身就含有较多的硫酸根,而且其他肥源也会带入多余的硫酸根,因此营养液中硫酸根通常是过量的,不需要另补。特殊情况下也可加入少量硫酸(H_2SO_4)补充,由此导致的过高酸性可用 NaOH 中和。

(二)肥料纯度及水中可利用营养的计算

无土栽培肥料多为工业用品和农业用品,常含有吸湿水和其他杂质,纯度较低,称量前有必要按实际纯度对用量进行修正。例如,配方要求称四水硝酸钙 450g,而农用四水硝酸钙的纯度只有 90%,则实际称取量应为 450g÷0.9=500g。微量元素肥料多为分析纯或化学纯试剂,而且实际用量很少,可直接按配方所写的用量称量。

二、营养液配制原则的认知

依据配制流程不同,可将营养液配制方法分为两种。其一,为浓缩液稀释法,即先配制浓缩液(又名浓缩储备液、浓溶液、母液),使用时再稀释成栽培用营养液,简称营养液或栽培液,也可以称作工作液、稀释液。大面积生产时,为了操作方便和满足自动调控的需要,一般采用此法。其二,为直接称量法(又称直接配制法),即称量各种肥料,依次溶解,加入水中,这种配制营养液的方法不常用。

营养液配制的最基本原则是不能产生沉淀,是否产生沉淀取决于浓度。根据溶度积原理,某些化合物在高浓度时混合,其离子会结合形成沉淀,但分别稀释一定倍数后再混合就不会产生沉淀。因此,在配制浓缩液时要先将容易产生沉淀的肥料分别溶解。容易产生沉淀的离子是 Ca^{2+} 和 SO_4^{2-}、PO_4^{3-},必须分开,也就是说在配制浓缩液时,硝酸钙不能和硫酸盐(如硫酸镁)、磷酸盐(如磷酸二氢铵)混在一起,否则容易产生硫酸钙、磷酸氢钙等沉淀。

三、按浓缩液稀释法配制营养液

如前所述，浓缩液稀释法是指先将肥料分组，配制成浓缩液，使用时再稀释成栽培液的配制方法。

配制前，先要确定浓缩倍数。通常是根据配方中各种肥料的用量及其溶解度来确定浓缩倍数，浓缩倍数太高，肥料溶解较慢，操作不便，溶解的肥料还会因过饱而析出。实践中，一般大量元素肥料配制成100倍、200倍浓缩液，而微量元素由于其用量少，可与大量元素浓缩倍数相同，也可以配制成高达500倍或1000倍浓缩液。浓缩倍数选取整数是为了计算和操作方便。

基本操作步骤如下。

（一）分罐

按照浓缩液稀释法配制营养液时，在配制浓缩液阶段，不能把所有肥料混合在一起溶解，而是要把相互之间不会产生沉淀的肥料放在一起，溶解于同一容器中，这种肥料的分组方案，习惯上称作分罐。

在没有自动加液装置的中小型无土栽培场地，一般采用三罐法；在具有营养液自动调控装置的大面积无土栽培基地，无需经常变动营养液配方的情况下，可采用两罐法。其中，三罐法至少需要3个贮液罐（容器），分别盛放浓缩液A、浓缩液B和浓缩液C（或称为A母液、B母液和C母液，简称A液、B液和C液）（图2-19）。另外，有时还额外需要一个酸罐或碱罐，用于调节营养液酸碱度。

浓缩液A——以钙盐为中心，凡不与钙盐反应而产生沉淀的肥料均可放置在一起溶解。

浓缩液B——以磷酸盐及硫酸盐为中心，凡不与磷酸盐、硫酸盐反应而产生沉淀的肥料可放置在一起溶解。

浓缩液C——将微量元素肥料放在一起溶解，使用螯合物时，要先将螯合剂与含待螯合金属离子的肥料配制成螯合物后，再与其他肥料混合配制浓缩液。

按上述方案对肥料进行分组，准备称量（图2-20）。

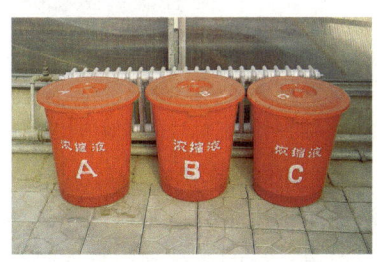

图2-19　三罐法的浓缩液盛装容器

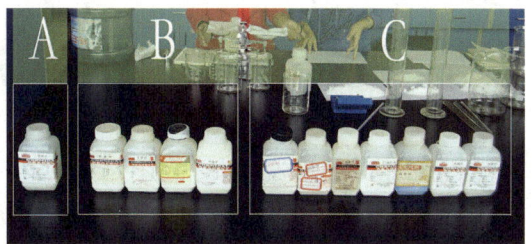

图2-20　将肥料分为3组

（二）称量

如果营养液配方所采用的浓度表示法不是"肥料质量/体积"表示法，则需要先进行浓度表示法转换，以便能直接称量肥料。

1. 小型化无土栽培肥料称量　进行家庭园艺、室内园艺、教育教学、科研实（试）验、小面积栽培等小型化无土栽培时，浓缩液用量少，需要称取的肥料量较少，但称量时要比大型化无土栽培更精确。

（1）分组摆放　　将肥料容器按分罐方案摆放成3组，即配制浓缩液A的肥料为一组，浓缩液B的肥料为一组，浓缩液C的肥料为一组。

（2）大量元素肥料称量　　通常使用精度0.1g以上的普通托盘天平或电子天平称量大量元素肥料，称量时注意先在托盘上铺硫酸纸、白纸或薄膜，不要让肥料直接接触托盘（图2-21，图2-22）。

图2-21　普通托盘天平　　　　　　图2-22　大量元素称量

（3）微量元素肥料称量　　应该使用较为精确的精度1/10 000~1/1000g的电子天平称量微量元素肥料（图2-23）。使用精密天平时，要注意操作规范，避免损坏仪器。

（4）摆放与核对　　每个肥料容器前放一张纸，其上标明肥料的用量、名称。称量后将肥料倒在对应的纸上。全部称完后检查一遍，做到名物相符，最后还要认真记录下每种肥料的用量，以备日后核查（图2-24）。

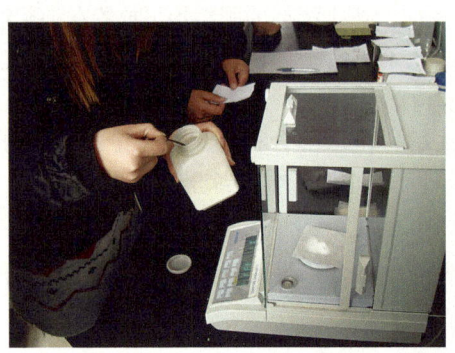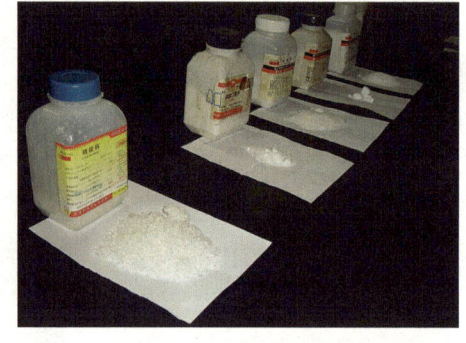

图2-23　微量元素肥料用精密　　　　图2-24　称量后的肥料与容器对应摆放
　　　　电子天平称量　　　　　　　　　　　　　以便核对

2. 大型化无土栽培肥料称量　　在设施中进行大面积无土栽培生产时，需要营养液量较大，应先根据配方和肥料用量准备一张称量记录单，标明各种肥料称取量。将肥料按配方次序或分罐方案依次摆放，以免混乱（图2-25）。按计算结果依次称取各种肥料，置于干净容器、塑料薄膜袋中，或平摊在铺于地面的塑料薄膜上待用。

大量元素肥料用量较少时，可以使用托盘天平、普通电子秤称量。微量元素视用量选择托盘天平或电子天平称量。称肥料时，一定要核实肥源，做到名物相符，切勿张冠李戴，尤其是化学名称相近的肥料更应注意。例如，千万不能将EDTA-Na_2当成EDTA-Na_2Fe。称量要准确，要反复核对配方要求的量与实际称量的量是否一致。将称好的各种肥料摆放整齐，再对照记录纸进行最后一次核对，确保没有疏漏，之后保存记录纸以便日后核对。配制营养液所用肥料较多,尤其是几个人同时操作时,很容易出差错,因此,最后一步的检查必不可少(图2-26)。

图2-25　配制营养液时依次摆放肥料

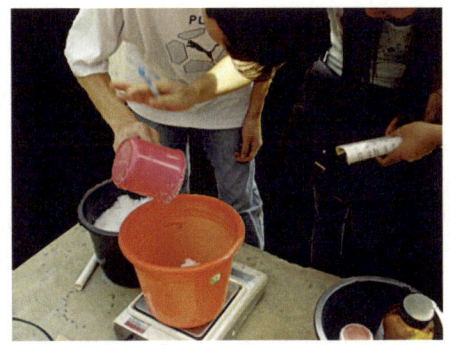

图2-26　大量元素肥料称量

称量操作虽然简单,但却是配制营养液的关键步骤,千万不能疏忽。实践中曾有这样的例子,栽培植物出现缺素症状,经反复核查,才发现竟然是由于配制营养液时遗漏一种肥料造成的。

(三)溶解

1. 小型化无土栽培肥料溶解

(1)容器准备　小型化无土栽培时,浓缩液用量少,对质量要求高,需要精确配制。可以用1~20L的塑料瓶、塑料桶作为容器,一般以一个人能搬动为宜。

(2)大量元素肥料溶解　准备多个干净的烧杯,烧杯中加入少量水。

可以将A、B液的每一种肥料分别放入一个烧杯中,用玻璃棒搅拌,分别溶解,这样可以观察每种肥料的溶解难易程度,了解其溶解特性。虽然配制营养液所用的基本都是易溶于水的肥料,但溶解速度有差异,有些肥料溶解起来较困难,需要较长时间搅拌,要有耐心,不要用玻璃棒碾压,避免杵破杯底。配制B液时,每种肥料的烧杯中不要多加水,以防多种肥料溶液混合后超出预计体积(图2-27)。另外,分别溶解还可以降低失误概率,减少因失误造成的损失。

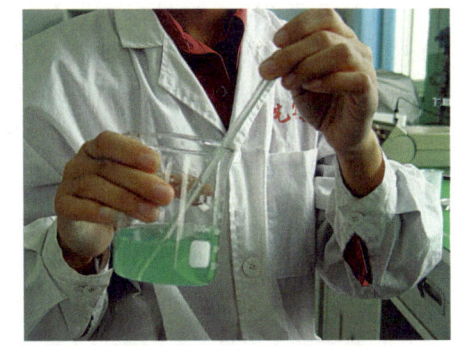

图2-27　各种肥料分别溶解

当然,在能熟练操作的前提下,也可以将同一种浓缩液的多种肥料混合在一起溶解,这样效率高,但长时间搅拌仍有少量肥料不能完全溶解时,可以直接定容,装入容器贮存,一般情况下,放置期间能让剩余的肥料缓慢溶解。

按一般配方,A液中可以只溶解硝酸钙,溶解后直接用容量瓶定容至预定体积。B液通常需要3~5种肥料配制,可以将已经溶解的各种肥料溶液汇集到大烧杯中,搅拌均匀,然后用容量瓶、量筒、烧杯定容至预定体积(图2-28)。

(3)微量元素肥料溶解

1)螯合铁配制:配制C液的过程要繁琐一些,取两个烧杯,加清水,分别放入$FeSO_4 \cdot 7H_2O$和$EDTA-Na_2$,不断搅拌至完全溶解。$EDTA-Na_2$较难溶解,搅拌多时仍

图2-28 汇集B液肥料溶液

呈不透明的乳白色,操作者必须耐心搅拌使之溶解成透明溶液后方可用于螯合。分别溶解后,将 $FeSO_4·7H_2O$ 溶液缓慢倒入 $EDTA-Na_2$ 溶液中,边加边搅拌,配制成螯合铁($EDTA-Na_2Fe$)溶液,溶液呈透明的浅黄色。

2)微量元素肥料溶解:将螯合铁作为一种肥料溶液,和配制C液的其他各种微量元素肥料溶液混合,边加边搅拌,习惯上最后加入钼酸铵。在加入钼酸铵前,溶液微黄,加入钼酸铵后,高浓度的C液立即变为暗蓝色。

3)定容:最后加清水至预计体积,搅拌均匀。C液加水定容后,呈蓝绿色,略显黄色。

(4)贮存 为了防止长时间存放过程中,浓缩液产生沉淀,可加入1mol/L的 H_2SO_4 或 HNO_3,将浓缩液pH调整到3~4,而后应将其置于阴凉、弱光或避光处保存。尤其是对于浓缩液C,最好用深色或不透明容器贮存。在浓缩液贮液容器上贴或挂标签,标签中信息要尽量丰富、明晰(表2-6)。

表2-6 浓缩液标签填写项目

配方名称		适用植物		备注
浓缩液种类		浓缩倍数		
浓缩液体积		配制人		
配制日期		核查人		
各肥料名称及浓度				

2. 大型化无土栽培肥料溶解

(1)容器准备 进行较大面积的生产性无土栽培时,需要浓缩液量较多,可以用50~200L塑料桶作为盛放浓缩液的容器,分别标记为A、B、C,分别用于盛装对应的浓缩液。

(2)大量元素肥料溶解 向各容器中加入最终浓缩液体积50%~80%的水;将浓缩液A的肥料倒入标号为"A"的容器中;将浓缩液B的各种肥料依次倒入标号为"B"的容器中。溶解后,加水定容至预定体积,搅拌均匀(图2-29)。

(3)微量元素肥料溶解 在配制C液时,先取所需配制体积80%左右的清水,分为两份,分别放入两个塑料容器中,称取 $FeSO_4·7H_2O$ 和 $EDTA-Na_2$ 分别加入这两个容器中,溶解后,将溶有 $FeSO_4·7H_2O$ 的溶液缓慢倒入 $EDTA-Na_2$ 溶液中,边倒边搅拌,配制成螯合铁($EDTA-Na_2Fe$)溶液。然后将配制浓缩液C的其他各种微量元素肥料分别在小塑料容器中溶解后,依次、缓慢地倒入螯合铁溶液中,定容,搅拌均匀(图2-30)。

图2-29 溶解

图2-30 将浓缩液贮存在塑料容器中

（四）稀释

1. 小型无土栽培浓缩液稀释　在欲盛装栽培液的容器中注入所需配制体积60%～70%的水，用量筒、烧杯或其他量器量取浓缩液A并倒入其中，搅拌均匀。然后量取浓缩液B，边倒边搅拌，避免局部浓度过高。也可先用较大量的清水将浓缩液B稍加稀释后再缓慢地倒入，边倒边搅拌。最后量取浓缩液C，按照浓缩液B的加入方法加入容器中。最后，加水至最终体积，搅拌均匀后即可用于栽培植物（图2-31，图2-32）。操作过程中，千万注意不能先把3种浓缩液混合，再加清水定容。

图2-31　浓缩液稀释

图2-32　加水定容

2. 大型化无土栽培浓缩液稀释　在大型化的营养液自动循环的栽培系统中，稀释时要先向贮液池中加入至少相当于最终体积50%的水，然后加入浓缩液A，循环或搅拌；再将浓缩液B略稀释后缓慢加入，同时循环或搅拌；然后用同样的方法加浓缩液C；最后加水至预定体积（图2-33）。

使用两罐法时的稀释过程与此类似。有pH仪和EC仪自动监控贮液池中的营养液，浓缩液贮液罐与注液泵连接，通过自控系统指令注液泵的开闭。也有的供液系统不设贮液池，利用水泵精量抽取水和各种浓缩液，混合后直接进入供液管道（图2-34）。

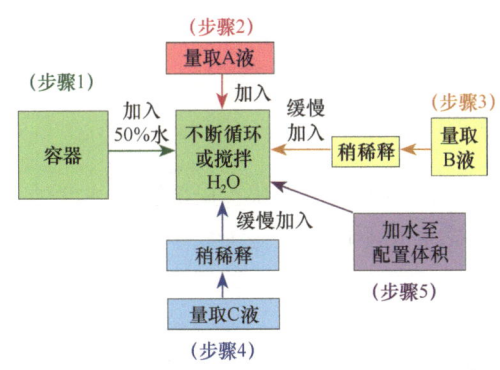

图2-33　生产中浓缩液稀释法的操作过程

图2-34　自动循环系统中的浓缩液贮液罐和供液装置

四、按直接称量法配制营养液

在大规模生产中，为节约空间，减少工作步骤，可称取各种肥料直接配制栽培用营养液。

配制时，先在包括贮液池、栽培槽的整个栽培系统中注入营养液总体积60%~70%的清水。然后，称取钙盐及不与钙盐产生沉淀的各种肥料（相当于浓缩液稀释法中配制浓缩液A的各种肥料）放在一个容器中溶解后倒入贮液池，开启水泵使营养液循环。

营养液循环30min后，再称取磷酸盐、硫酸盐及不与之产生沉淀的其他化合物（相当于浓缩液B的各种肥料），放入另一个容器中，溶解后用较大量清水稀释后缓慢地加入水源入口处，同时启动水泵注水，边稀释边混合。

称取硫酸亚铁和螯合剂（如EDTA-Na_2），分别放入两个容器，倒入清水溶解，此时铁盐和螯合剂的浓度不能太高，比栽培营养液中浓度高1000~2000倍，然后将硫酸亚铁倒入螯合剂溶液，边加边搅拌。将螯合物溶液倒入装有水的容器中。

另取一些小容器，分别称取其他微量元素肥料，加入清水溶解，缓慢倒入已混合了铁螯合物的容器中，边加边搅拌。

大量元素肥料加入一段时间后，将已溶解了所有微量元素肥料的溶液用大量清水稀释后直接倒入或从水源入口处缓慢倒入贮液池，总的营养液量达到预订量时停止注水。而营养液循环泵则需要运行2~3h才可保证营养液混合均匀（图2-35）。

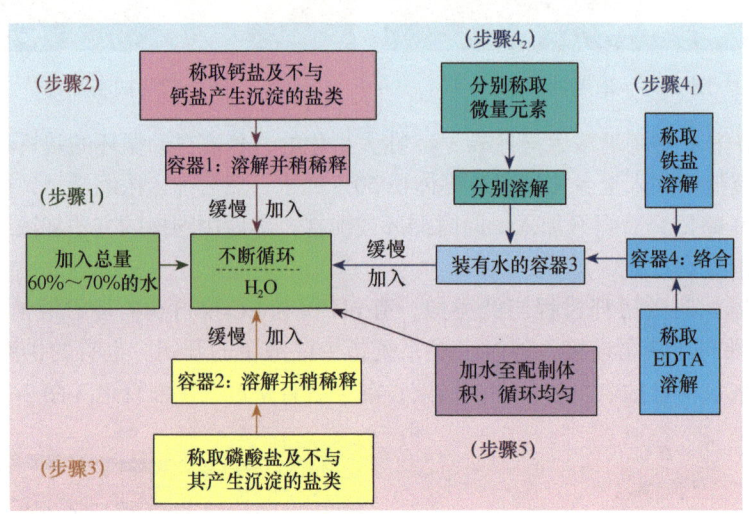

图2-35　直接称量法的操作过程

在配制营养液时，如果发现由于配制过程加入肥料的速度过快，局部肥料浓度过高而出现大量沉淀，并且经较长时间开启水泵循环之后仍不能使这些沉淀溶解时，应重新配制营养液。

【知识点】浓缩液稀释法，直接称量法，浓缩液，稀释液，栽培液，浓缩倍数，三罐法，两罐法，分罐，称量，溶解，稀释。
【技能点】根据水源水质对营养液配方进行调整，用浓缩液稀释法配制营养液，用直接称量法配制营养液。

> 【复习思考】
> 1. 为什么在小型化无土栽培中提倡用三罐法而不用两罐法配制浓缩液？
> 2. 浓缩液稀释法和直接称量法各有什么优缺点？

任务六　营养液管理

【知识目标】理解营养液管理的必要性；理解营养液的浓度、酸碱度、温度、溶解氧发生变化的原因。

【技能目标】能对营养液浓度进行检测并用关系曲线法确定浓缩液或水的加入量；能对营养液酸碱度进行检测并确定调整用的酸、碱的加入量。

营养液管理是指利用循环供液的封闭式系统进行植物栽培时，对营养液的浓度、酸碱度、溶解氧、液温等指标进行的各种调控作业。

一、浓度管理

（一）浓度发生变化的原因

在封闭式无土栽培系统中，由于植物在生长过程中对营养液中养分和水分的不均衡吸收，对养分的选择性吸收，以及营养液中水分的蒸发，营养液浓度会发生变化。

（二）浓度的调整原则

用测量营养液电导度（EC 值）的方法检测营养液总盐浓度。电导度最适值又因植物种类、发育阶段和栽培环境的不同而有差异，绝大多数蔬菜要求营养液电导度不应低于 2mS/cm，当光照充足、蒸腾旺盛时，则要注意不应超过 3mS/cm（表 2-7）。

表 2-7　几种蔬菜营养液的浓度管理标准

蔬菜	前期/（mS/cm）	后期/（mS/cm）
叶用莴苣	2.0	2.0~2.5
普通白菜	2.0	2.0
菜薹	2.0	2.0
芥蓝	2.0~2.5	2.5~3.0
番茄	2.0	2.5
甜瓜	2.0	2.5~3.0

（三）浓度调整方法

对于没有营养液自动监测和调控装置的设施，必须定期进行人工检测，通过补充水分或浓缩液的方法调整浓度，但通常不对单一元素的含量进行测量和补充。

1. 确定养分补充的时机　根据营养液浓度降低的程度，确定补充浓缩液或肥料的时机。对于少数的高浓度营养液配方，应每间隔 1~2d 测定 1 次营养液电导度，当总盐浓度降到 1/3~1/2 剂量时就补充养分，恢复到初始浓度。对于绝大多数的低浓度营养液配方，应每天检测营养液浓度，当营养液浓度下降到配方浓度的 1/3 时，即补充至原来的水平。

2. 用回归方程及关系曲线法推定营养液浓度　以营养液配方的 1 个剂量（配方规定的肥料标准用量）为基础浓度（S），然后以每隔 0.1~0.2 个剂量划分浓度级差，再按这一系列级差配制成相应浓度梯度差的营养液，然后用电导仪测定各个级差浓度的 EC 值。由于营养液的浓度（S）与营养液的 EC 值之间基本呈正相关的关系，这种正相关的关系可用线性回归方程表示。

$$EC = a + bS$$

式中，a、b 为回归系数。

得到回归方程后，通过测定电导度就可计算出浓度，而后再据此计算出需补充的浓缩液量。

表 2-8　园试标准配方各浓度梯度差营养液的电导度值

浓度梯度（S）	电导度（EC值）	大量元素含量/（mg/L）
2.0	4.465	4.80
1.8	4.030	4.32
1.6	3.685	3.84
1.4	3.275	3.36
1.2	2.865	2.88
1.0	2.435	2.40
0.8	2.000	1.92
0.6	1.575	1.44
0.4	1.105	0.96
0.2	0.628	0.48

资料来源：山崎，1987

例如，表 2-8 为按照园试标准配方配制的浓度梯度营养液的剂量（S）及对应的 EC 值，根据这些数据可以得出电导度与浓度关系的回归方程。

电导度与营养液浓度之间的线性回归方程为

$$EC = 0.279 + 2.12S \quad [r_{(10)} = 0.9994]$$

根据上述数值及回归方程可以做出营养液剂量（S）与 EC 值的关系曲线。

3. 依据营养液浓度确定浓缩液或水分补充量　　依据前述关系曲线法，可以根据测得的电导度，通过回归方程计算，或通过查关系曲线，得出当前营养液的剂量，进而可以很容易地计算出浓缩液或水分的补充量，而后向营养液贮液池中加入浓缩液或水就可以了。如果采用直接配制法配制营养液，也可以依据当前剂量，很容易地计算出需要补充的各种肥料的量，或加水量。

二、酸碱度管理

（一）酸碱度基本知识

1. 酸碱度的概念　　溶液的酸碱度是指溶液中氢离子（H^+）或氢氧根离子（OH^-）的浓度（以 mol/L 为单位）。

2. 酸碱度的表示方法　　一般采用索仑生（Sorensen）提出的 H^+ 浓度的负对数来表示酸碱度。这个负对数值称为氢离子指数或 pH（p 的含义即负对数），即 $pH = -\lg[H^+]$。

在 25℃时，纯水的离子积常数 $K_w = [H^+][OH^-] = 1 \times 10^{-14}$，即 $[H^+] = [OH^-] = 10^{-7}$ mol/L，即有 1×10^{-7} mol/L 的水解离为 H^+ 和 OH^-。

纯水的离子积常数 $K_w(H_2O)$ 会随温度的升高而升高。一般以 25℃时 $K_w(H_2O) = 1 \times 10^{-14}$ 作为计算的标准。

3. 酸性与碱性的界定　　溶液中的 H^+ 浓度和 OH^- 浓度之间存在着严格的比例关系，一般用 pH 来表示溶液中 H^+ 和 OH^- 之间的关系，这时称为酸度；偶尔也有人用 pOH 来表示，这时称为碱度。

因为，$[H^+][OH^-] = 1 \times 10^{-14}$，$pH + pOH = 14$。

所以，中性溶液：$[H^+] = 10^{-7}$ mol/L，即 $[H^+] = [OH^-]$，$pH = 7$；酸性溶液：$[H^+] > 10^{-7}$ mol/L，即 $[H^+] > [OH^-]$，$pH < 7$；碱性溶液：$[H^+] < 10^{-7}$ mol/L，即

$[H^+]<[OH^-]$,pH>7。

(二)酸碱度对植物生长的影响

不同植物的适宜 pH 不同,这是在进化过程中形成的,多数蔬菜最理想的酸碱环境为 pH5.5~6.8 的弱酸性环境,其在这种环境下生长良好。因此,在栽培过程中,应尽可能把营养液 pH 控制在这一范围之内(表2-9)。营养液酸碱度对植物的直接影响是,当 pH 过高或过低(一般在 pH4~9 之外)会损伤根系;间接影响是,pH 影响着营养液中多种元素的有效性,异常 pH 会导致营养元素有效性降低甚至失效,导致植物出现缺素症状(图2-36)。

表2-9 几种作物的适宜 pH

作物	适宜pH	作物	适宜pH
甜菜	7.0~7.5	白菜	7.0~7.4
萝卜	5.0~7.3	洋葱	6.4~7.5
番茄	5.0~8.0	南瓜	5.5~6.8
莴苣	6.0~7.0	马铃薯	4.5~6.3
豌豆	6.0~7.0	甜瓜	6.0~6.8
黄瓜	6.4~7.5	茄子	5.8~7.3
胡萝卜	5.6~7.0	辣椒	6.2~8.5
菜豆	6.4~7.1	蕹菜	3.0~6.6

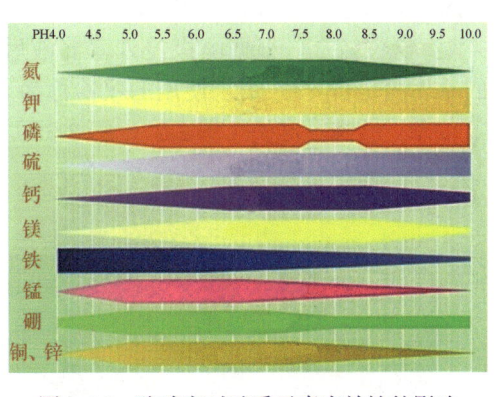

图2-36 酸碱度对矿质元素有效性的影响
线条的粗细表示对应元素有效性的高低,线越粗,有效性越高

(三)酸碱度发生变化的原因

即便是具有较强 pH 缓冲能力的且在栽培过程中酸碱性表现稳定的营养液配方,在使用过程中,营养液 pH 也会发生变化。酸碱度稳定性主要受以下因素影响。

1. 生理酸性盐和生理碱性盐的用量和比例 不同盐类的生理酸碱性反应的表现势必导致营养液 pH 变化,其中以氮源和钾源肥料所引起的生理酸碱性变化最大。例如,配方中的硝酸盐如 KNO_3、$Ca(NO_3)_2$ 的用量较多,则营养液大多呈生理碱性;如果配方主要用 NN_4NO_3、$(NN_4)_2SO_4$ 等铵态氮和尿素 $[CO(NH_2)_2]$ 作为氮源,用 K_2SO_4 作为钾源,则营养液大多会呈生理酸性。一般呈生理碱性的配方 pH 变化幅度小且易控制,生产上选用这类配方可减少调节 pH 的次数。

2. 每株植物所占有的营养液量 每株植物对应的营养液量越大,则酸碱度越稳定,变化越小。另外,植株生长过快,营养液被迅速消耗时也会引发 pH 的变化。

3. 营养液的更换频率 通过营养液的更换可以减轻 pH 变化的强度和延缓其变化的速度,但在生产中频繁更换营养液会提高成本,费时费力。只有在进行严格的科学试验时才会用这种频繁换液的方法维持酸碱性稳定。

4. 水源的水质 如果使用硬水配制营养液,其 pH 在栽培过程中会升高,这可通过适当调整配方中的 Ca^{2+}、Mg^{2+} 用量及用稀酸液中和的方法进行控制。

5. 根系的选择性吸收 植物根系对各种离子吸收具有选择性,会导致营养液中各种离子比例失衡,致使酸碱度发生变化。

6. 基质的化学稳定性 在进行基质栽培时，基质的化学性质不稳定，导致一些物质进入营养液，会影响营养液的酸碱度。例如，刚完工的砖混结构栽培槽，水泥中的碱性物质析出，就容易导致营养液的碱性增高。

（四）酸碱度的检测

对于循环供液系统，最好每天测定和调整1次pH，营养液非循环利用时只是在配制时调整1次pH。目前，检测的方法主要为比色法和电位法。

1. 比色法 主要指用pH试纸比色，此法操作简单，但准确性差。也可用溴甲酚紫、溴甲基红、溴甲酚绿、氢氧化钠、酚酞等药品配制指示剂，根据指示剂与营养液反应后的不同颜色判断营养液的pH，但操作略复杂。

2. 电位法 根据电极浸入营养液后，其内外溶液中H^+的活性不同而产生电位差的原理测定营养液pH。使用的仪器称为pH测定仪（或酸度计、pH计）。用此法检测pH，简单、快速、准确（图2-37，图2-38）。

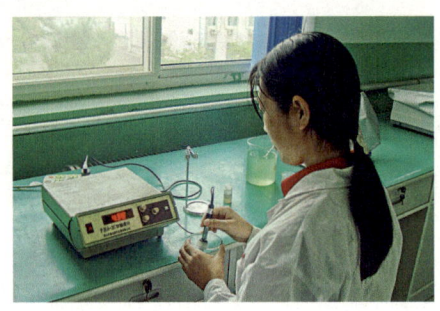

图2-37 电位法测量酸碱度

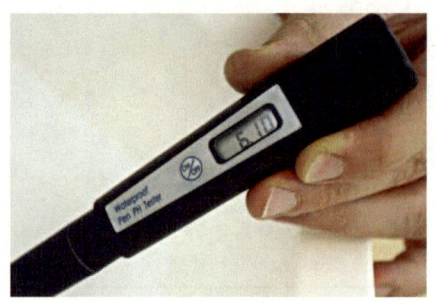

图2-38 便携式数字酸度计

（五）酸碱度的调整

1. 调整酸碱度所用酸碱种类 当营养液pH高于适宜值时，要用稀H_2SO_4（10%）或稀HNO_3中和，也可用H_3PO_4。当营养液的pH下降，酸性过强时，可用稀碱溶液（10%）如氢氧化钠（NaOH）、氢氧化钾（KOH）来调节。

2. 计算酸碱用量 精细管理时，应先进行小量的滴定试验，而后采用实际比例法计算出用酸量或用碱量。

方法是取一定体积（如1L）的营养液，用已知浓度的稀酸或稀碱滴定，用酸度计监测营养液pH变化，当营养液的pH达到预定的pH时，记录稀酸或稀碱的用量，而后推得中和总营养液量所需用稀酸或稀碱的量。计算公式为

$$V_a/V_b = V_A/V_B，即 V_B = V_A \cdot V_b/V_a$$

式中，V_a为滴定所用营养液体积（L）；V_b为滴定所消耗的稀酸或稀碱的量（ml）；V_A为整个种植系统中所有营养液的体积（L）；V_B为中和整个种植系统中所有营养液所需消耗的稀酸或稀碱的用量（ml）。

3. 加酸或碱调整酸碱度 将稀酸或稀碱缓慢倒入贮液池，同时搅拌，或开启水泵循环，或用分压水管循环，避免加入速度过快或局部溶液过浓，从而避免由于局部营养液过酸或过碱而产生$CaSO_4$、$Mg(OH)_2$、$Ca(OH)_2$等沉淀从而导致养分失效。另外，一般一次调整pH范围以不超过0.5为宜，以免酸碱度变化过于剧烈影响植物正常生长。

三、溶解氧管理

溶解氧（dissolved O_2，DO）是指溶解于营养液中的氧气。

营养液的溶解氧浓度，又称溶氧量，是指在一定温度和大气压条件下，单位体积营养液中溶解的氧气（O_2）的量，单位为 mg/L。在一定温度和一定压力下，单位体积营养液中溶解氧达到饱和时的浓度称为饱和溶氧量。营养液中溶氧量的数值可以用测氧仪测得。

（一）溶解氧的作用

植物要正常生长，根系就需要有足够的氧气供应，以维持其呼吸作用，获取能量，供吸收营养元素之用。

在进化过程中，根系利用土壤缝隙中的氧气进行呼吸，产生能量，为吸收营养提供动力。而营养液环境与土壤环境完全不同，水培的营养液不会像土壤一样有缝隙提供氧气，只能给植物提供少量溶解于其中的溶解氧。水培植物吸收营养液中的溶解氧，和鱼在水中呼吸是一样的道理。如果营养液的溶解氧含量不能达到正常水平，就会阻碍根系吸收营养，导致生长异常甚至死亡，相当于土壤栽培时发生涝害。因此，在无土栽培中氧的供给是否充分和及时，往往会成为植物能否正常生长的决定因素。

（二）植物对溶氧量的要求

不同种类、不同生长时期、不同气候条件，植物对营养液中溶解氧浓度的要求不同。有些沼泽性或半沼泽性植物（如豆瓣菜、水芹）、耐淹的旱地植物（芹菜、叶用莴苣、苦苣），可从地上部向根系大量输送氧气以满足根呼吸所需，水培时不强调对营养液增氧，甚至可以进行不供氧的静止水培。而大多数的十字花科和豆科植物，对营养液低氧环境较为敏感，因此增氧是栽培能否成功的关键。

处于生长旺盛时期、单株占有营养液量少时，溶解氧的消耗速率快。

不同天气，植物对营养液中溶解氧的消耗量也不同，晴天时，温度越高，光照越强，植物对溶解氧的消耗越多；反之，在阴天、温度低或光照弱时，植物对溶解氧的消耗少。

水培条件下，一般植物要求营养液中溶解氧的浓度维持在 4mg/L 以上，相当于在 15~27℃时饱和溶氧量的 50% 左右。

（三）影响营养液溶氧量的因素

营养液中的氧气含量受多种因素影响，尤其与温度的关系最为密切。当营养液的温度达到一定限度时，温度越高，饱和溶氧量越低；反之，温度越低，饱和溶氧量越高。因此，夏季高温季节水培植物根系最容易缺氧，就如同夏天鱼儿浮到水面呼吸是因为水中因高温缺氧一样。其次，营养液的供氧方式也影响营养液中氧气含量。

（四）提高营养液溶氧量的方法

增氧的基本原则是增加营养液和空气的接触面积，栽培过程中可通过空气自然扩散和人工增氧两种途径增氧。

1. 自然扩散　自然扩散是指在无外界动力的情况下，依靠液面与空气的自然接触，让空气中的氧气扩散到营养液中的增氧方式。

某些静止水培，营养液不循环流动，也不采用曝气装置，营养液增氧主要依靠自然扩散。通过改善栽培装置及设施的结构可以达到增氧的目的。例如，营养液膜技术是通过薄层营养液来增加营养液与空气的接触面积，浮板毛管水培技术是通过无纺布吸水，让营养液与空气大面积接触。

2. **人工增氧** 人工增氧指通过有动力的机械、物理方法来增加营养液与空气的接触机会，增强氧在营养液中的扩散能力，或用人工操作的化学方法增加溶氧量。

（1）**搅拌** 用机械或人工搅拌的方式，增加营养液与空气的接触机会，增氧效果好，但现实中难以实施。

（2）**曝气** 采用压缩空气泵将空气直接以小气泡的形式打入营养液，效果好，适于小规模水培。

（3）**化学反应** 利用物质之间化学反应产生氧气，增氧效果好，但价格昂贵。

（4）**循环流动** 营养液的循环流动，结合落差增氧，有利于提高整体营养液的溶氧量，使溶氧量保持稳定，这种方法在生产上普遍应用。

（5）**制造落差** 营养液循环时落差大，溅泼面分散，增大营养液与空气的接触面积，有利于提高增氧效果，此法采用较多。

（6）**增氧器** 在循环管道中加上空气混入器增氧，此法在水培中应用较多。

（7）**喷射（雾）** 适当增大水泵的压力以形成射流提高增氧效果，此法在水培、雾培中采用较多。

（8）**分流** 在贮液池至种植槽的主管道处设一个分压管道，使水泵抽出的营养液有一部分回流到贮液池，减小因水压过大对水泵的伤害。同时经分压水管回流的营养液有一定的压力，对贮液池中的营养液进行冲击，产生对营养液的搅拌效果，加大营养液与空气的接触面积，使氧气尽可能多地溶解到营养液中，增加营养液含氧量。

（9）**降温** 因温度与溶氧量成反比关系，降低营养液温度有利于增加溶氧量，夏天气温高，可将贮液池建在地下来降温，并加盖，以免热量传向营养液。

3. **创造富氧环境**

（1）**间歇供液** 当供液停止时，液位降低，植物大量根系暴露在空气中，创造了氧气丰富的环境，让根系进行呼吸。比如番茄营养液膜栽培，在夏季供15min，停45min，供氧效果很好。

（2）**避免基质积液** 避免基质长期持有过多营养液，这样可以让基质有更多的孔隙容纳空气，从而有利于根系呼吸。

（3）**调节液面** 降低液面，可以锻炼呼吸根，提高吸氧速率。根系在空气中比在水中吸氧速度快2倍以上。

四、温度管理

营养液温度，简称液温。液温是否适宜直接影响植物的生长发育。由于在漫长的进化过程中，植物根系适应了温度相对稳定的地下环境，与地上的茎、叶、花、果相比，根系对温度变化更敏感，适宜温度的范围更狭窄，这就要求液温要尽量适宜而稳定。

（一）植物对营养液温度的要求

液温直接影响根系对水分、养分的吸收，影响着根系的呼吸作用，影响着植物的生长发育。植物根系对温度敏感，以黄瓜为例，试验环境下，根生长的最低温度为8℃，最适温度为32℃，最高温度为38℃。根毛发生的最低温度为12℃，最高温度为38℃。土壤栽培条件下，黄瓜生育的最好的地温为25℃左右，地温低于12℃生长受阻，因此，土壤最低温度应保持在15℃，但不能超过35℃。地温过低时，根系生长不良，甚至发生花打顶现象。

借鉴植物对土壤温度的要求，可见，维持营养液温度稳定在一定范围之内十分重要。如果液温长期超过28℃，多数植物会出现生长缓慢、发育受阻现象。一般黄瓜、番茄、辣椒、菜豆等喜温性蔬菜的适宜液温为15~25℃，芹菜、韭菜、樱桃萝卜、白菜的适宜液温为15~22℃。综合这些数据，结合栽培经验，可以粗略得出，在营养液管理中，夏季的液温不应超过28℃，冬季的液温不应低于15℃。

（二）营养液温度调控

一般的无土栽培设施没有温度调控设备，难以人为地控制液温，但利用设施的结构材料、增设辅助设备，在一定程度上可控制液温。

1. **稳定液温** 利用泡沫塑料或水泥砌块等保温隔热性能较好的材料建造种植槽，尽量减小因气温的变化带来的影响。这类材料，在冬季温度较低时可对营养液起到保温作用，在夏季高温时可以隔绝太阳光直射而使液温不至于过高。建造地下贮液池，可以借助地温来维持液温的稳定。加大植株的供液量，提高营养液对温度的缓冲能力。

2. **提高液温** 指低温季节对营养液加温，在贮液池中安装不锈钢螺纹管，通过循环热水加温，也可用电热管来加温，并可加装温度自控仪实现自动控制。

3. **降低液温** 在高温季节，用制冷机组产生的冷气进行强制降温，或抽取深层井水、冷泉水通过设在贮液池中的螺纹管进行循环降温。

五、供液时间和次数

依据栽培形式，确定供液时间与次数。在栽培过程中应适时供液，使植物得到充足的营养液供应，但是应考虑到经济用液，最好定时供液。如果供液过于频繁，不仅容易过多地消耗能源和营养液，对根的吸收环境也不好，还会增加成本，缩短水泵使用寿命。

供液的原则是，根系得到充分的营养液供应，但又节约能源。具体供液时间和次数，依据具体栽培方式、蔬菜种类、营养液溶氧量而定。以普通的深液流水培为例，供液时间一般在白天，每天供液2~3次即可，每次营养液循环时间最多不超过4h，以观测到的营养液溶解氧含量的数据为调控依据。夜晚可以将槽内营养液放回到贮液池，以解决根系因缺氧而腐根的问题。

六、消毒

无土栽培系统分为开放式与封闭式两大类，封闭式无土栽培的营养液循环使用，提高了系统中病害传播的风险，因此，营养液消毒十分必要。营养液消毒方法主要包括高温消毒、氧化剂消毒、紫外线消毒及过滤消毒。

（一）高温消毒

高温消毒（heat treatment）是第一种用于无土栽培生产的营养液消毒方法，应用广泛。1987年，受牛奶巴氏灭菌法的启发，荷兰农业环境工程研究所（IMAG）的科学家开发了该技术。

高温消毒的原理是利用高温使病原微生物机体的蛋白质变性，从而杀死营养液里的致病微生物。

具体方法是，经植物吸收后的多余营养液回流到贮液池，然后被泵到热交换器里，预加热到80℃左右。在热交换器里，用于预热营养液的能量来自高温消毒后营养液冷却释放的热能。预热后的营养液送入加热器，在这里营养液被加热到消毒温度（90℃以上）。加热器使用的是外部能源，一般使用天然气。消毒后的营养液流回热交换器进行冷却，冷却过程中释放的热能用于预热新的有待消毒的营养液。冷却后的营养液储存在净液池（clean water tank）。

试验表明，营养液温度达到95℃保持10s即可杀死所有病菌，为安全起见，一般保持95℃ 30s。研究发现，降低温度、延长时间也可以达到相似的效果，如90℃保持2min，或85℃保持3min。而60℃保持2min只能选择性地杀死真菌、细菌和线虫，但优点是降低了设施投入及运行成本。

（二）氧化剂消毒

氧化剂消毒（oxidizer treatment）的原理是，氧化剂在营养液中发生氧化还原反应，迅速分解溶液中的病原微生物。

1. 臭氧消毒　　臭氧（O_3）是强氧化剂，在溶液中产生氧化能力很强的单原子氧和羟基，可以和所有的活有机物（也包括螯合铁）发生反应，杀灭微生物。杀菌效果与暴露时间及臭氧浓度有关。营养液用臭氧消毒前需要过滤，以减少有机物的含量，提高杀菌效率。同时降低营养液的pH，以提高臭氧的稳定性。在回液量大的情况下，营养液需要分批进行消毒，每批1~2m^3。营养液被送入密闭的容器里，同时注入臭氧。研究表明，每立方米溶液中每小时注入10g臭氧，暴露时间1h就可以杀灭所有病原菌。

臭氧消毒的成本较高，营养液需要一些预处理及防护措施，虽然消毒效果较好，但在生产中的应用并不普遍。

2. 过氧化氢消毒　　过氧化氢价格低廉，作为替代物也用于营养液消毒。过氧化氢是弱氧化剂，单独使用杀菌效果较差，可以通过添加催化剂（弱酸）提高杀菌效果。

（三）紫外线消毒

紫外线消毒（ultraviolet radiation treatment）杀菌原理是通过紫外线对微生物的照射，破坏其机体内核蛋白或DNA的结构，使其立即死亡或丧失繁殖能力。

具有杀菌效果的紫外线波长为200~280nm，以254nm的杀菌效果最好，这是因为DNA对254nm的紫外线吸收最强。

紫外线消毒的使用剂量因杀灭对象的不同而有差异。杀死细菌和真菌需要的剂量是100mJ/cm^2；杀死病毒的剂量是250mJ/cm^2。隐藏在悬浮颗粒背后的病菌难以被杀死。因此，营养液在消毒前要经过50~70nm的过滤器过滤，以去除植物残骸或其他颗粒物，提高杀菌效果。

（四）过滤消毒

用于消毒的过滤方法分为膜过滤（membrane filtration）和慢砂过滤（slow sand filtration）两种。

1. 膜过滤　　根据所用膜的不同，又分为反渗透过滤、高滤、极细滤、超滤和微滤消毒等。

反渗透过滤可以滤除溶液中的所有离子，因此主要用于消毒水源，包括消毒收集的雨水。高滤或微滤虽然从原理上可以滤除病菌，但生产上使用成本较高，而且由于堵塞或破漏造成性能不稳定，也会滤掉部分有盐分积累的营养液，所以，膜过滤在生产上很少使用。

2. 慢砂过滤 原理是，浮于砂层上部的营养液慢慢滴过砂层，滤除病菌。这种方法不会改变营养液的化学组成。慢砂过滤可以消灭所有疫霉属和腐霉属的真菌，但镰刀菌、病毒和线虫只能去除 90.0%～99.9%。慢砂过滤使用的过滤介质不仅有砂，还可以用珍珠岩、粒状岩棉、玻璃丝、砾石等。研究发现，灭菌效果较好的过滤速度是 100～300L/（$m^2·h$）。

慢砂过滤的具体步骤是，回收的营养液被泵到高处的容器里，然后流入过滤器上部，经过过滤层的过滤，营养液流过控制过滤速度的流量计，重新收集使用。

七、更换

长期种植植物，会由于各种原因造成营养液中积累过多有碍于植物生长的物质，当这些物质积累到一定程度时就会妨碍植物生长，严重时可能导致养分失衡、病菌繁衍和累积、根系生长受阻，甚至导致植株死亡。而且这些物质在营养液中的积累也会影响到电导度的准确性。因此，种植一定时间之后需更换营养液。

营养液使用多长时间需更换，可以通过测定营养液总盐浓度或主要营养元素的含量来判断，也可根据经验判断。

要尽可能选用较平衡的营养液配方，在种植过程中就不需要经常用酸和碱来中和，从而延长营养液使用时间，一般，生长期长的植物（每茬 3～6 个月，如黄瓜、番茄等）在整个生长期可不更换营养液，水分和养分消耗后只要补充即可。生长期较短的作物（每茬 1～2 个月，如叶菜类）一般不需每茬都更换，可连续种 3～4 茬更换 1 次，这样可以节约养分和水分。

总之，营养液管理技术主要是针对营养液的浓度、酸碱度、溶解氧和温度。营养液日常管理要做到"三勤"：勤观察，根据植物生长状况和表现特征判断是否与营养液有关；勤思考，根据一些现象，从多方面去考虑以找到合理方便的解决问题的措施；勤动手，认真测量与营养液有关的数据，如有异常及时调整。

【知识点】营养液管理，浓度管理，根系选择性吸收，营养液剂量，回归方程，关系曲线法，酸碱度管理，生理酸性盐，元素有效性，生理碱性盐，比色法，电位法，溶解氧，溶解氧管理，溶氧量，饱和溶氧量，自然扩散增氧，人工增氧，液温，营养液循环，营养液消毒，高温消毒，氧化剂消毒，臭氧消毒，过氧化氢消毒，紫外线消毒，过滤消毒，膜过滤，慢砂过滤，换液。

【技能点】营养液浓度的检测及调整，滴定法确定营养液酸碱度调整所需酸碱量，营养液增氧，供液时间和供液次数的确定。

【复习思考】
1. 为什么营养液在使用过程中浓度会发生变化，如何调控？
2. 营养液消毒有何必要性？有哪几种消毒方法？

单元三　基　质

【教学要求】理解并掌握基质理化性质各指标的概念；掌握基质的分类方法和主要基质的特点；掌握基质选择、混配和管理的方法。
【重点难点】复合基质配制的原则与方法；基质的管理方法。

任务一　基质的理化性质认知

【知识目标】理解基质物理性质、化学性质各个指标的意义；理解基质气水比这一指标对基质栽培特性的重要性。
【技能目标】能够测定基质的容重；能够测定和计算基质总孔隙度、通气孔隙、持水孔隙和气水比。

基质是无土栽培的基础材料，是无土栽培的介质，基质培、部分水培及育苗都需要基质。

基质的主要作用是支撑植株、保持水分、透气，有些基质还能提供营养并具有对养分和酸碱的缓冲作用。

一、物理性质

（一）粒径

1. **粒径的概念**　粒径是指基质颗粒的直径，反映基质颗粒的大小，即基质的粗细程度。当被测颗粒的某种物理特性或物理行为与某一直径的同质球体（或组合）最相近时，就把该球体的直径（或组合）作为被测颗粒的等效粒径。通常以 mm 作单位。

2. **粒径与其他物理性质的关系**　粒径直接影响基质的容重、总孔隙度、通气孔隙度、持水孔隙度、气水比等其他物理性质。同一种固体基质，其颗粒越细，则容重越大，总孔隙度越小，通气孔隙度越小，持水孔隙度越大，气水比越小；反之，如果颗粒越粗，则容重越小，总孔隙度越大，通气孔隙度越大，持水孔隙度越小，气水比越大。

粒径会影响栽培效果，粒径小，持水性强，通气性差，易导致基质内积存水分过多，影响根系呼吸，抑制根系生长。粒径大的基质则相反。

（二）容重

1. **容重的概念**　基质容重指单位容积（体积）内干燥基质的重量，用基质干重与基质体积之比表示，单位为牛/立方米（N/m^3），但实际生产中仍习惯用 g/cm^3、g/L 或 kg/m^3 作单位。

基质容重与密度、相对密度（比重）不同。密度是指单位体积固体基质在完全密实状态下的重量，单位为 g/L、g/cm^3 或 kg/m^3。就测量中所涉及的体积指标而言，密度与容重的区别在于，容重把基质孔隙所占的体积也计算在内，而密度只计基质本身的体积，不包括空气或水分所占的体积。

2. **测定方法**　　用一个已知容积的容器（如量筒或带刻度的烧杯）装入待测基质，测出基质的体积，再将基质倒出称其重量（质量，在地球引力下重量和质量等值，但单位不同，实际生产中常混用或通用），以基质的重量除以基质的体积，即得出基质的容重。

3. **容重与其他物理性质的关系**　　不同的基质由于其组成不同，因此在容重上有很大的差异。同一种基质由于受到颗粒粒径大小、紧实程度等的影响，其容重也有一定的差别。

容重反映了基质的松紧程度。容重大者，总孔隙度则小，基质紧实，透气性差，易产生渍水。容重过小，基质过轻，过于疏松，通气性好，有利于根系伸展，有些基质在浇水时易漂浮，不利于锚定植株，植株易倾倒。

4. **适宜的容重**　　低容重基质，小于 0.25g/cm³；中容重基质，0.25~0.75g/cm³；高容重基质，大于 0.75g/cm³。一般认为，基质容重以 0.1~0.8g/cm³ 时栽培效果较好（表 3-1）。

表 3-1　几种常用固体基质的容重和密度

基质种类	容重/（g/cm³）	密度/（g/cm³）	基质种类	容重/（g/cm³）	密度/（g/cm³）
沙	1.30~1.50	2.62	岩棉	0.04~0.11	—
蛭石	0.08~0.13	2.61	蔗渣	0.12~0.28	—
珍珠岩	0.03~0.16	2.37	泥炭	0.05~0.20	1.55

（三）总孔隙度

1. **总孔隙度的概念**　　总孔隙度反映基质的孔隙状况，指基质中持水孔隙和通气孔隙的总和，以孔隙体积占基质总体积的百分数（%）表示。

2. **总孔隙度的计算方法**　　计算方法如下。

$$总孔隙度 = (1 - 容重/密度) \times 100\%$$

例如，某基质容重为 0.1g/cm³，密度为 1.55g/cm³，则总孔隙度 =（1-0.1/1.55）×100%=93.55%。

由于基质的密度测定较为麻烦，可按下列方法进行粗略估测：取一个已知体积（V）的容器，称其重量（W_1），在此容器中加满待测的基质，再称重（W_2），然后将装有基质的容器放在水中浸泡一昼夜（加水浸泡时要让水位高于容器顶部，如果基质较轻，可在容器顶部用一块纱布包扎好，称重时把包扎的纱布去掉），称重（W_3），然后通过下式来计算这种基质的总孔隙度。重量单位为 g，体积单位为 cm³。

$$总孔隙度 = [(W_3 - W_1) - (W_2 - W_1)]/V \times 100\%$$

3. **总孔隙度与基质栽培特性的关系**　　总孔隙度大，基质较轻，容纳空气与水的量大，有利于根系发育。但固定和支撑作物的效果较差，容易造成植物倒伏。反之，水分和空气的容纳量小，则要增加供液次数。

4. **适宜的总孔隙度**　　一般基质总孔隙度在 54%~96% 即可。岩棉、蛭石的总孔隙度均在 95% 以上，沙的总孔隙度小，只有 30%。为了克服某一种单一基质总孔隙度过大或过小所产生的弊病，在实际应用时常将 2 种或 3 种不同颗粒大小的基质混合制成复合基质来使用。

(四)气水比

1. 通气孔隙与持水孔隙的概念

(1)**通气孔隙** 又称大孔隙,是指基质中空气能占据而水不能占据的空间,通气孔隙直径在 0.1mm 以上,灌溉后的水分不能被基质依靠毛细管作用吸持在这些孔隙中,而会在重力作用下很快流出基质。这种孔隙的作用是贮气。

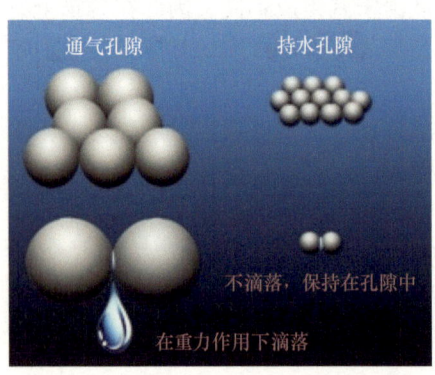

图 3-1 通气孔隙与持水孔隙示意图

(2)**持水孔隙** 又称小孔隙、毛管孔隙,指基质中水分所能占据的空间,水分在这些孔隙中会由于毛细管作用而被吸持在基质中。存在于这些孔隙中的水分称为毛管水。持水孔隙直径为 0.001~0.1mm。持水孔隙的作用是贮水,当然在干燥情况下,空气也能占据持水孔隙(图3-1)。

2. 通气孔隙度和持水孔隙度测定

方法是:取一已知体积(V)的容器,装入固体基质后按照上述方法测定其总孔隙度后,将容器上口用一已知重量的湿润纱布(W_4)包住,把容器倒置,让容器中的水分流出,放置 2h,直至容器中没有水分渗出为止,称其重量(W_5),通过下式计算通气孔隙和持水孔隙所占的比率,即通气孔隙度和持水孔隙度。计算时,重量通常以 g 为单位,体积以 cm^3 为单位。

$$通气孔隙度 = [(W_3 + W_4 - W_5)/V] \times 100\%$$
$$持水孔隙度 = [(W_5 - W_4 - W_2)/V] \times 100\%$$

其中,W_3 为浸水后容器+基质的重量;W_2 为浸水前容器+基质的重量。

3. 气水比的概念
气水比又称大小孔隙比,指通气孔隙度和持水孔隙度的比值。这一特性是基质固有的。

4. 气水比计算
计算公式为

$$气水比 = 通气孔隙度 / 持水孔隙度$$

基质适宜的气水比应保持在 1:(2~4)。

二、化学性质

(一)化学组成及其稳定性

1. 化学组成 基质的化学组成指基质形成自身结构的物质及所含有的化学物质的种类及含量,其中有些化学物质是能被植物吸收的有机营养和矿质营养。

2. 化学稳定性 化学稳定性是指基质发生化学变化的难易程度。无土栽培要求基质在使用过程中不产生有毒有害物质,水培则要求定植杯中的基质具有化学稳定性,以避免或减少分解产物或溢出物对营养液的干扰。

根据化学稳定性,可以将基质分为惰性基质和活性基质。无机惰性基质,如沙、砾石,化学稳定性最强,不会产生影响养分平衡的物质。有机活性基质,如草炭、锯末、稻壳等,化学组成复杂,稳定性差,对营养液影响较大。

(二)酸碱度

1. 适宜的酸碱度 为适于蔬菜生长,基质应呈中性或微酸性。基质适宜的 pH 为

6.5（微酸性）～7.0（中性）。

  2. 酸碱度的影响　　pH 过高或过低，可能会影响到营养元素的平衡性、稳定性和对作物的有效性，也会影响植物根系生长。生产上最常用的草炭多呈酸性。

  3. 酸碱度的检测　　检测基质酸碱度的简易方法是：取 1 份基质，加入其体积 5 倍的蒸馏水，充分搅拌后用试纸或酸度计测定水的 pH，以此反映基质的酸碱度。

  4. 酸碱度的调节　　如发现基质过酸（pH＜5.5）或过碱（pH＞7.5），则需采取适当的措施来调节。

（三）电导度

  1. 基质电导度的概念　　基质的电导度又称电导率，指未加入营养液前基质自身原有的电导度，表示基质内部已经电离盐类的各种离子的总浓度，反映基质含有的可溶性盐类的量。一般用毫西门子/厘米（mS/cm）表示。

  2. 电导度的影响　　电导度反映基质中原来带有可溶性盐的多少，因此直接影响着无土栽培营养液的平衡性。

  3. 适宜的电导度　　可溶性盐含量不宜超过 1000mg/kg，最好＜500mg/kg，树皮、锯末的电导度较高，炉渣含代换钙 9247.5mg/kg，处理后方可使用，草炭的电导度较低。

  4. 电导度的测量　　可用电导仪测定，测前处理方法同测定酸碱度。

  5. 电导度的调节　　电导度过高，可水洗。例如，受海水影响的砂，水洗后方可使用。

（四）酸碱缓冲能力

  1. 酸碱缓冲能力的概念　　是指基质使用过程中在加入肥料后，基质本身所具有的缓冲酸碱性（pH）变化的能力。

  2. 影响酸碱缓冲能力的因素　　酸碱缓冲能力的大小取决于阳离子代换量、基质中弱酸及其盐类的含量。

  阳离子代换量高的，其酸碱缓冲能力强，反之，则酸碱缓冲能力就较弱。如果基质含有较多的腐殖质，则酸碱缓冲能力也较强，而如果基质含有较多的有机酸，则对碱的缓冲能力较强，对酸性没有缓冲能力。如果基质含有较多的钙盐和镁盐，则对酸的缓冲能力较强，但对碱没有缓冲能力。植物性残体基质都有一定的酸碱缓冲能力，如草炭的酸碱缓冲能力要比堆沤的蔗渣大；而有些矿物性基质，如蛭石，有很强的酸碱缓冲能力，但大多数矿物性基质没有酸碱缓冲能力或酸碱缓冲能力很小。

  酸碱缓冲能力大小排序为：有机基质＞无机基质＞惰性基质＞营养液。酸碱缓冲能力的大小可用酸碱滴定方法测量。

（五）阳离子代换量

  1. 阳离子代换量的概念　　在一定酸碱条件下，基质含有可代换性阳离子的数量称为阳离子代换量，反映基质对养分的吸附保存能力。

  2. 阳离子代换量的测量　　通常在 pH＝7 时测定，以 100g 或 100cm³ 体积基质能够代换吸收阳离子的毫摩尔数（mmol）表示（毫摩尔数＝毫克当量/离子价数）。

  3. 适宜的阳离子代换量　　基质适宜的阳离子代换量一般以 10～100mmol/100cm³ 为宜。阳离子代换量大的基质，不利的方面是：对阳离子产生较强烈的吸附，影响营养液的平衡，难以了解基质中易被植物吸收的那部分养分的实际数量，也就较难对所需的养分浓度和组成进行有效的控制。有利的方面是：可在基质中保存较多的养分，提高肥料利用率；缓冲基质的酸碱反应和浓度变化。

（六）营养元素含量

基质中主要元素有氮、磷、钾、钙、镁，这些元素是可以被利用的。

【知识点】粒径，容重，总孔隙度，通气孔隙，持水孔隙，气水比，化学稳定性，基质酸碱度，基质电导度，阳离子代换量。
【技能点】基质容重测定，基质总孔隙度测定，基质通气孔隙度测定，基质持水孔隙度测定，气水比计算，基质电导度测定，基质酸碱度测定。

【复习思考】
1. 描述某种基质的理化性质的指标有哪些？
2. 如何测定某种基质的酸碱度、电导度？

任务二　基质种类和特性认知

【知识目标】掌握基质分类的依据与分类方法；了解常用基质的栽培特性。
【技能目标】能够从不同角度对基质进行分类；能够描述无土栽培常用基质的特征特性。

一、基质分类

可以从多个角度对无土栽培所用的固体基质进行分类。按基质来源，可以分为天然基质（如沙子、砾石）、人工合成基质（如岩棉、泡沫塑料）；按基质化学性质稳定性，可以分为活性基质（如草炭、蛭石）、惰性基质（如岩棉、泡沫塑料）；按基质是否经过混配，可以分为单一基质和复合基质；按基质化学成分，可以分为无机基质（如沙子、岩棉、蛭石，主要指无机矿物基质）、有机基质（如草炭、稻壳，主要指植物残体基质）、化学合成基质（如泡沫塑料）。实践中，以最后一种分类方法应用较广泛。

二、常用基质

（一）无机基质

1. **蛭石**　是云母类次生矿物在1000℃炉体中受热膨胀而形成的多孔的海绵状物质，质地较轻，容重较小，一般为80～160kg/m³。总孔隙度大，持水孔隙数量多，具有良好的透气性和保水性。阳离子代换量较高，可达1mol/kg，保肥力和酸碱缓冲能力强。含钙、镁、钾、铁，可被作物吸收利用。常与草炭混合使用进行复合基质栽培，单独使用时如pH偏高需加酸调整。缺点是易破碎，导致孔隙度变小，运输或栽培过程中不能重压。栽培上应选用颗粒状蛭石，而不使用粉末状蛭石（图3-2）。

2. **珍珠岩**　由硅质火山岩在1200℃条件下膨胀而成，白色、质轻，呈颗粒状，粒径为1mm左右，容重为80～130kg/m³，总孔隙度为93%，可容纳自身重量3～4倍的水。易于排水和通气，化学性质稳定。呈中性，阳离子代换量小，含有硅、铝、铁、钙、锰、钾等氧化物。不分解，易破碎。可单独使用，但质轻，浇水过猛易飘浮。多与草炭等有机基质混合使用（图3-3）。

图 3-2　蛭石　　　　　　　　　　　　图 3-3　珍珠岩

3. **岩棉**　农用岩棉为人造矿物纤维，是辉绿岩、石灰岩和焦炭按3∶1∶1或4∶1∶1的比例在1500～2000℃的高温炉里熔化，然后喷成直径0.005mm的纤维，再压成片，冷却至200℃后，加上苯酚树脂，减小表面张力，使其能吸持水分，同时固定成形而形成的基质。成形的大块岩棉可以被切割成小的定植块甚至育苗块（图3-4）。岩棉最早于1969年出现于丹麦，丹麦Grodania公司生产的岩棉最为著名。岩棉质地较轻，容重为70～100kg/m³，总孔隙度大，达95%，透气性好，吸水性强。处于吸水饱和状态时，气水比为6∶13。岩棉化学性质稳定，因含少量石灰，在使用初期呈弱碱性。

4. **火山岩**　由火山爆发的熔岩凝固而成，是一种次生矿物。一般呈灰褐色、红褐色，多孔蜂窝状的块状物，像炉渣，经破碎后使用。容重为0.7～1.0g/cm³，粒径为3～15cm，总孔隙度为27%，持水量为19%。火山岩不易破碎，结构良好，但持水能力较差。可单独使用，但常与草炭或沙混合使用（图3-5）。

图 3-4　岩棉育苗块及定植块　　　　　　图 3-5　火山岩

5. **陶粒**　又称多孔陶粒，是用大小比较均匀的团粒状火烧页岩（陶土），在800～1100℃高温下制成的。内部为蜂窝状的孔隙构造，容重为200～500kg/m³，化学成分受原料影响，pH 4.9～9.0，有一定的阳离子代换量。陶粒排水通气性能良好，可单独或混合使用。在连续使用后，颗粒内部及表面吸持的盐分会导致通气和养分供应困难，且难以用水洗去（图3-6）。

此外，无机基质还有炉渣、沙、砾石等，不再一一表述（图3-7）。

图3-6 陶粒

图3-7 砾石

（二）有机基质

1. **草炭** 又称泥炭，来自泥炭藓、灰藓、苔草和其他水生植物的分解残留体。我国草炭资源分布得很不均匀，北方多，南方少。根据草炭形成的地理条件、植物种类和分解程度的不同，可分为低位、中位和高位3类。草炭质地细腻，持水力强，具有良好的通气性和较高的阳离子代换量。富含有机质，并含有丰富的营养物质，具有较强的缓冲能力。草炭呈酸性，pH通常小于4。草炭多与其他基质混合使用，其用量为25%～75%（体积）（图3-8）。

2. **椰糠** 即椰子壳纤维粉末，是目前世界上十分流行的一种有机基质。有人乐观地认为这种基质能代替不可再生的草炭。椰糠通气保水能力强，即使在干燥时，柔软的纤维也不会损伤根系。椰糠中还含有某些可促进根系生长的激素，并对根部病害有抑制作用。与草炭混合制成的砖状压缩块，在吸水后能膨胀，体积可增大5倍（图3-9）。

图3-8 草炭

图3-9 椰糠基质栽培

3. **炭化稻壳** 稻壳加温炭化后称为炭化稻壳，多用于无土育苗。炭化稻壳容重小，质地轻，总孔隙度较高（82%），通气性好，保水力强，不易发生过干或过湿现象。pH为6.5，如果使用前未经水洗，因炭化形成碳酸钾的缘故，pH常达9.0以上。炭化稻壳含有蔬菜生长需要的多种营养成分，如氮、磷、钾、锰、锌、硼等，尤其是钾的含量十分丰富，每100g中含可溶性钾190～300mg。炭化稻壳使用时应加入适量的氮，以调节碳氮比。作盆栽基质时，其用量不能超过25%（体积）（图3-10）。

4. 菇渣　菇渣是以棉籽壳为主要成分的食用菌培养料，种过食用菌后即淘汰，可作无土栽培基质用。容重为240kg/m³，使用前要消毒（图3-11）。袋装菇渣因有大量菌丝，纠结成块状，对此，可大量灌水，然后覆盖塑料薄膜，当菌丝腐烂后菇渣会自然破碎。如急于使用，也可用工具或机械破碎，然后过筛。

图3-10　用炭化池进行稻壳炭化

图3-11　废弃的食用菌培养基（菇渣）

有机基质来源丰富，除上述几种基质以外，还有锯末、树皮、刨花、蔗渣、玉米秸、向日葵秆、玉米芯等。

【知识点】天然基质，人工合成基质，活性基质，惰性基质，单一基质，复合基质，无机基质，有机基质，草炭，蛭石，珍珠岩。
【技能点】基质分类体系描述，常用基质特性描述。

【复习思考】
1. 草炭、蛭石、珍珠岩、岩棉分别有哪些特点？
2. 除本部分内容列举的基质外，还有哪些基质，或还有哪些材料可供制作基质之用？

任务三　基质利用

【知识目标】理解基质混合的必要性；掌握基质混合的方法；掌握基质消毒的方法。
【技能目标】能够根据栽培目的确定复合基质的组分和比例；能够正确进行基质消毒。

一、基质混配

（一）基质混合的必要性

由两种或两种以上单一基质按一定的体积比混合而成的基质称作复合基质，也称混合基质。

由于每种基质都有独特的理化性质，气水比、pH、微量元素含量、分解速度（有的则不分解）各不相同，因此使用单一基质并不一定正好符合栽培需要，而复合基质组分互补，与单一基质相比，总的理化性能得以改善，性能当然会更优良。

（二）基质混合的要求

为使容重适宜，增加总孔隙度，提高水分和空气的含量，理化性质优良，生产上一般以 2～3 种基质相混合。最常用的复合基质多由草炭、蛭石、珍珠岩等混配而成，种植者也可以因地制宜，就地取材，探索适宜当地的复合基质配方。

（三）复合基质配方

以下是国内外常用的一些复合基质配方。

配方 1：1 份草炭、1 份珍珠岩、1 份沙。
配方 2：1 份草炭、1 份珍珠岩。
配方 3：1 份草炭、1 份沙。
配方 4：1 份草炭、3 份沙，或 3 份草炭、1 份沙。
配方 5：1 份草炭、1 份蛭石。
配方 6：4 份草炭、3 份蛭石、3 份珍珠岩。
配方 7：2 份草炭、2 份火山岩、1 份沙。
配方 8：2 份草炭、1 份蛭石、1 份珍珠岩，或 3 份草炭、1 份珍珠岩。
配方 9：1 份草炭、1 份珍珠岩、1 份树皮。
配方 10：1 份刨花、1 份炉渣。
配方 11：2 份草炭、1 份树皮、1 份刨花。
配方 12：1 份草炭、1 份树皮。
配方 13：3 份玉米秸、2 份炉渣，或 3 份向日葵秆、2 份炉渣，或 3 份玉米芯、2 份炉渣。
配方 14：1 份玉米秸、1 份草炭、3 份炉渣。
配方 15：1 份草炭、1 份锯末。
配方 16：1 份草炭、1 份蛭石、1 份锯末，或 4 份草炭、1 份蛭石、1 份珍珠岩。
配方 17：2 份草炭、3 份炉渣。
配方 18：1 份椰子壳、1 份沙。
配方 19：5 份向日葵秆、2 份炉渣、3 份锯末。
配方 20：7 份草炭、3 份珍珠岩。

（四）混合方法

混合时，如果用量较小，可将各个组分置于水泥地面上，用平锹搅拌，量大时应使用搅拌机（图 3-12）。干燥的草炭一般不易弄湿，需提前 1d 喷水，或加入非离子润湿剂。例如，每 40L 水中加 50g 次氯酸钠配成溶液，能把 $1m^3$ 的草炭弄湿。同时，要将大的草炭块尽量弄碎，以利于植物根系生长。配制时，可预混肥料。例如，氮磷钾复合肥（15-15-15）以 0.25% 比例加水混入，或按硫酸钾 0.5g/L、硝酸铵 0.25g/L、过磷酸钙 1.5g/L、硫酸镁 0.25g/L 的量加入。用预混肥料的方法补充基质养分，栽培前期就可以不浇灌营养液或少浇灌营养液（图 3-13）。

（五）复合基质检测

如有条件，在使用前应测定复合基质盐分含量，以防肥害。方法是：取风干的复合基质 10g，加入饱和硫酸钙溶液 25ml，浸泡、振荡 10min，取过滤液测电导度。如电导度小于 2.6mS/cm，对各种蔬菜均无害；如为 2.6～2.7mS/cm，某些蔬菜会受到轻微伤害；如为 2.7～2.8mS/cm，所有蔬菜的根系均会受害，生长受阻；超过 2.8～3.0mS/cm 蔬菜不能生长。

图 3-12　基质混配

图 3-13　混配后的复合基质

（六）育苗基质的特殊性

育苗基质与栽培基质略有差别，用于穴盘育苗的复合基质总孔隙度小，保水力强，移栽时幼苗根部基质不易散开。基质中通常都含草炭，当幼苗被从穴盘中取出时，可保证形成"苗坨"，如果基质中没有草炭或草炭含量小于50%，容易"散坨"，定植时易损伤根系。复合基质中含草炭时，要加入适量石灰石来提高pH。为了保证幼苗生长期间充足的养分供应，配制育苗基质时应加入适量的氮、磷、钾养分。

以下是4个常用的育苗基质配方。

其一，美国加州大学育苗基质。$0.5m^3$ 细沙（粒径 0.05～0.50mm），$0.5m^3$ 粉碎草炭，145g 硝酸钾，145g 硫酸钾，4.5kg 白云石或石灰石，1.5kg 石灰石，1.5kg 20% 过磷酸钙。

其二，美国康乃尔大学育苗基质。$0.5m^3$ 粉碎草炭，$0.5m^3$ 蛭石或珍珠岩，3.0kg 石灰石（最好是白云石），1.2kg 过磷酸钙（20% 五氧化二磷），3.0kg 复合肥（氮、磷、钾含量 5-10-5）。

其三，中国农业科学院蔬菜花卉研究所育苗基质。$0.75m^3$ 草炭，$0.13m^3$ 蛭石，$0.12m^3$ 珍珠岩，3.0kg 石灰石，1.0kg 过磷酸钙（20% 五氧化二磷），1.5kg 复合肥（15-15-15），10.0kg 消毒干鸡粪。

其四，草炭矿物质育苗基质。$0.5m^3$ 草炭，$0.5m^3$ 蛭石，700g 硝酸铵，700g 过磷酸钙（20% 五氧化二磷），3.5kg 磨碎的石灰石或白云石。

二、基质消毒

基质在长时间使用后会聚集病菌和虫卵，每茬栽培前应进行消毒。

（一）蒸汽消毒

蒸汽消毒是利用水蒸气高温杀死基质中的病菌和虫卵。方法是，将基质装入铁皮柜内或箱内（容积 1～$2m^3$），用通气管通入蒸汽进行密闭消毒。一般在70～90℃条件下持续30min 即可。在进行蒸汽消毒时要注意每次消毒的基质体积不可过多，否则处于内部基质中的病菌或虫卵不能被完全杀灭。另外，消毒时基质含水量应控制在35%～45%，过湿或过干都可能降低消毒效果。生产面积较大时，可将基质铺至20cm 高，长度不限，用防水防高温的材料盖住，通入蒸汽，灭菌效果良好，也比较安全（图 3-14）。

（二）化学药剂消毒

化学药剂消毒是指利用一些对病原菌和虫卵有杀灭作用的化学药剂进行基质消毒的方

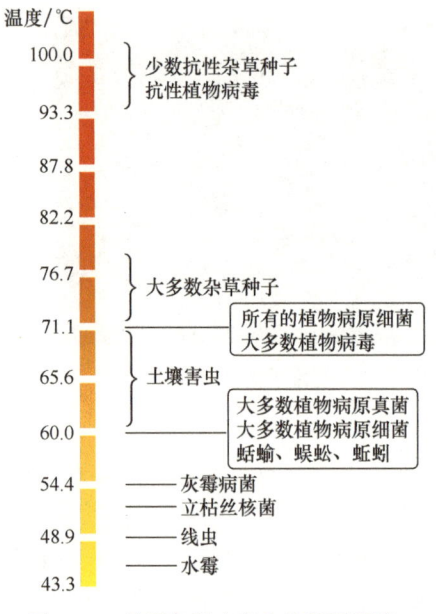

图 3-14 杀死各种有害生物所需温度

法。此法效果不及蒸汽消毒好，但操作简单，成本较低，消毒时要注意人身防护。常用的药剂有溴甲烷、氯化苦、硫酰氟、1,3-二氯丙烯、威百亩、棉隆、敌线酯、磷化氢、碘甲烷、二甲基二硫、氰氨化钙、阿维菌素、噻唑磷、丙烯醛、甲醛、环氧乙烷、甲酸乙酯、二氯异丙醚等。

1. **甲醛消毒**　　40%的甲醛俗称福尔马林，杀菌效果好，杀虫效果较差。将40%的原液稀释50~100倍，地面上垫一层干净的塑料薄膜，其上平铺基质，约10cm厚，用喷壶按每立方米基质2~4L药量将基质均匀喷湿，接着再铺上第二层，再喷湿，以此类推，最后用塑料薄膜覆盖封闭，1~2d后去掉薄膜，将基质摊开，暴晒2d以上，或风干14d，直至基质中没有甲醛气味后方可使用。甲醛挥发性和毒性都很强，工作人员应注意防护。

2. **氯化苦消毒**　　氯化苦能有效地杀灭线虫、昆虫、一些杂草种子和具有抗性的真菌。先把基质平铺，厚30cm，长宽自定。在基质上每隔30cm打1个深为10~15cm的孔，每孔用注射器注入氯化苦5ml，随即用一些基质将孔堵住。第一层打孔放药后，再在其上平铺一层同样厚的基质，打孔放药，共2~3层，然后盖上塑料薄膜，保温15~20℃，7~10d后揭膜，晾7~8d后即可使用。操作时务必注意安全。

3. **溴甲烷消毒**　　溴甲烷的正常状态为气态，消毒用的溴甲烷是贮藏在钢瓶中的液化气体。溴甲烷对于病原菌、线虫和许多虫卵具有很好的杀灭效果。但溴甲烷有强烈的刺激性气味，剧毒，还是强致癌物质。使用方法是：种植槽中基质的湿度控制在30%~40%，稍加翻动，滴灌管道上盖塑料薄膜，用重物将薄膜四周密闭，用特别的施入器将溴甲烷通过施药管道施入基质中，按每立方米基质用溴甲烷100~200g的量施入，封闭3~5d后，打开塑料薄膜让基质暴露于空气中4~5d，以使基质中残留的溴甲烷全部挥发。

（三）太阳能消毒

此法廉价、安全、简单、实用。于高温季节，把基质堆至20~25cm高，堆放的同时喷湿基质，使其含水量达到80%，然后覆盖塑料薄膜。如是槽培，可将基质铺在栽培槽中，加水后覆盖薄膜。密闭温室或大棚，提高温度，晴天中午膜下温度达70℃以上，经10~15d即可完成消毒。

三、基质更换

基质使用1~3年后，各种病菌、根系分泌物和烂根等大量积累，物理性状变差，特别是植物残体为主体材料的基质，由于微生物的分解作用，这些有机残体的纤维断裂，导致基质通气性下降，保水性过高，因而要更换基质。多数消毒方法不能彻底杀灭病菌和虫卵，更换基质更保险。旧基质要妥善处理，岩棉、陶粒等难分解基质可进行填埋处理，较易分解的基质如草炭、蔗渣、木屑等，可经消毒处理后，配以一定量的新材料反复使用，也可施到农田中用于改良土壤。

【知识点】单一基质，复合基质，基质混合配方，育苗基质，栽培基质，溴甲烷，甲醛，氯化苦。

【技能点】基质混合，基质消毒，蒸汽消毒，化学药剂消毒，太阳能消毒，基质更换。

【复习思考】
1. 如何进行基质混合？
2. 基质消毒有哪些方法，各有什么优缺点？
3. 基质在使用一定时间后为什么要进行更换？

单元四 无土育苗

【教学目标】 理解并掌握无土育苗的概念；了解各种无土育苗方式的特点；掌握各种无土育苗方式的技术指标和操作要点。

【重点难点】 穴盘育苗的操作方法；岩棉育苗的技术流程。

任务一 穴盘育苗

【知识目标】 理解穴盘育苗的概念和特点；了解常用穴盘的规格；掌握穴盘育苗的基本操作流程；掌握苗期管理的基本技术指标与管理方法。

【技能目标】 能够按蔬菜种类正确选择穴盘规格，并进行基质混配、基质装填、播种、覆盖等操作；能够进行苗期营养液管理，从而培育出健壮幼苗。

穴盘育苗是指用穴盘作育苗容器，通常以草炭、蛭石、珍珠岩混配的复合基质作为育苗基质，通过加入预混肥料或浇灌营养液来为幼苗提供养分的一种无土育苗方式。

穴盘育苗的突出优点是：由于穴盘分格，幼苗根系与基质紧密缠绕，根坨不易散落，移栽时基本不伤根，定植后缓苗迅速；幼苗密度大，适合商品化生产，适于长距离运输和机械移栽。

穴盘育苗主要用于无土栽培中的各种基质栽培，也适宜用于以手工操作为主的小规模的育苗场为土壤栽培培育幼苗，同时，穴盘育苗也是工厂化育苗的基本形式，只是与小规模无土育苗相比，工厂化穴盘育苗规模更大，机械化、自动化程度更高。

一、准备

（一）穴盘选择

穴盘为定型的塑料制品，其上有整齐排列的小穴（孔），小穴上大下小。每穴可育1~2株幼苗。每个穴的底部有小孔，供排水通气之用。有的穴盘表面的穴间，有排水孔，便于在浇灌时排出多余的水或营养液（图4-1）。

穴盘有多种规格，常用的穴盘外型尺寸为54.9cm×27.8cm。通常把每个苗盘上的穴数作为分类依据。最常用的有：72孔穴盘，规格为每穴4cm×4cm×5.5cm，主要用于培育番茄、茄子等茄果类蔬菜和甜瓜、黄瓜等瓜类蔬菜幼苗；128孔穴盘，规格为每穴3cm×3cm×4.5cm，主要用于培育甘蓝类、白菜类、叶菜类蔬菜幼苗；200孔穴盘，规格为每穴2.3cm×2.2cm×3.5cm，主要用于培育芹菜、苦苣等较小的叶菜类蔬菜幼苗（图4-2）。

（二）基质混配

1. 配比确定 可选用多种基质作为配制复合基质的原料，如蛭石、珍珠岩、炉渣、炭化稻壳、草木灰、锯末、草炭、甘蔗渣等，但当前生产中最常用的基质是蛭石、

图 4-1 上部有排液孔的穴盘

图 4-2 各种规格的穴盘

珍珠岩、草炭。基质材料可单独使用,但穴盘育苗时使用最多的是复合基质,即按适当的比例将 2~3 种基质混合后使用。例如,草炭、蛭石按 1∶1(体积比)或 2∶1 混合,草炭、珍珠岩按 2∶1 混合,草炭、蛭石、锯末按 1∶1∶1 混合。与栽培基质相比,复合基质成分中无机基质所占比例稍高,这样有利于幼苗根系呼吸,但无机基质比例过高,不利于形成根坨。

2. **混配操作**　可以使用基质混合机械进行基质混配,也可采用人工方法混合。人工混合时,采用倒堆的方法,将单一基质拆开包装后分别堆放,每堆对应 1 名操作者,各操作者同时铲起基质,置于一处,堆成新堆,然后再对混合基质倒堆两遍。倒堆的同时喷水,防止干燥基质飞散。对于草炭这种不易吸水的基质,应在前一天大量喷水,使之有足够的时间湿润(图 4-3,图 4-4)。

图 4-3 用草炭、珍珠岩混配基质

图 4-4 少量基质的混配

经过预湿,基质含水量被调至 55%~60%,即用手紧握基质,有水印而不形成水滴。堆置 1~3h 使基质充分吸足水,即可使用。

(三)种子处理

种子要符合 GB 16715.3—2010 中二级以上要求。播种前,可对果菜类蔬菜的种子进行消毒、浸种、催芽等种子处理操作。为播种方便,也可不进行处理。例如,叶用莴苣、苦苣、甘蓝、木立花椰菜等叶菜类、甘蓝类种子通常直接播种,这样可保持较高的发芽势。

1. **消毒**　种子消毒采用药剂消毒、温汤浸种等方法,其中,以温汤浸种最为常用。

(1)**温汤浸种**　温汤浸种是一种物理消毒方法,利用热水的高温杀死种子表面的大部分病原物。以瓜类蔬菜种子处理为例,操作方法:用大约两份开水一份凉水,混合成 55~60℃ 的温水(图 4-5);将种子倒入其中,不停地搅拌,保持这一温度

10～15min（图4-6）；如果消毒过程中水温降低，需补入热水；到预定时间后加入凉水，使水温降至30℃。

图4-5　兑热水

图4-6　温汤浸种

（2）药剂消毒　　药剂消毒指利用化学药剂，杀灭或减少种子所带病原物。根据易发病害种类选择消毒药剂，以瓜类蔬菜种子消毒为例，方法如下。

一是用50%多菌可湿性粉剂800倍液加50%扑海因可湿性粉剂800倍液浸种50～60min，或用50%福美双可湿性粉剂500倍液浸种20min，或用冰醋酸100倍液浸种30min，或用40%甲醛200倍液浸种30min，可预防瓜类蔬菜炭疽病、蔓枯病、枯萎病等。

二是用72.2%普力克水剂800倍液，或25%甲霜灵可湿性粉剂800倍液，或97%恶霉灵可湿性粉剂3000倍液，浸种30min，可预防瓜类蔬菜猝倒病、立枯病、疫病等。

三是用次氯酸钙300倍液浸种30min，或40%甲醛200倍液浸种60min，或用100万单位硫酸链霉素500倍液浸种2h，或在1%高锰酸钾的溶液中浸15min，最后用清水冲洗，可预防瓜类蔬菜细菌性角斑病等细菌性病害（图4-7）。

四是用10%磷酸三钠溶液浸种15～20min，可钝化种子内外的大部分病毒，预防病毒病。

2. 浸种　　也称普通浸种，是指用适宜温度的水浸泡种子，目的是让种子充分吸水，以促进发芽。不同种子浸种所要求的水温不同，一般果菜类温度稍高，叶菜类温度稍低。种子结构不同，浸种时间也有差异，以黄瓜为例，浸种时间一般为3～4h。如果在药剂消毒期间浸泡时间较长，浸种时间则可相应缩短。

3. 催芽　　浸种到预定时间后将种子捞出，清水洗净，用湿布包好（图4-8）。放在

图4-7　高锰酸钾消毒

图4-8　用布包裹保湿

容器中，加盖保湿，置于28~30℃的环境下催芽（图4-9）。

在催芽过程中注意保温保湿。当80%的种子破口露出胚根，呈现"芝麻白"时即可播种（图4-10）。催芽时间切勿过长，否则胚根相互缠绕，播种时容易折断，给操作带来困难。如果因遇低温天气不宜播种时，应将种子摊开，上盖湿布，置于10~15℃条件下抑制生长，天气好转立即播种。

图4-9　置于温暖处催芽

图4-10　催芽后的砧木南瓜种子

二、播种

（一）装填

在手工操作的情况下，把用木板锹等工具铲混合均匀且预湿好的复合基质，置于穴盘之上。用刮板从穴盘的一方刮向另一方，使每个孔穴都装满基质。装盘后各个格室应能清晰可见，要求确保每个穴都被基质填满（图4-11，图4-12）。一人装填，一人刮平，两人相互配合。操作时要注意安全，不要让锹伤到操作者的手。

图4-11　用板将基质刮入格室

图4-12　将基质刮平

（二）摁压

在装填好基质的穴盘上面叠放一个同型号穴盘，用双手摁住上面的穴盘，用力向下压，这样，上边穴盘的底部会在下面穴盘基质表面的相应位置压出深约0.5cm的凹坑，以供播种之用（图4-13，图4-14）。注意，不要将基质压得太实，以防影响未来幼苗根系伸展。可将多个装填好基质的穴盘摞起来一起摁压，累叠高度不应超过0.5m。

也可将装满基质的穴盘整齐排放在苗床上，用喷壶或自动喷水器喷水后，再用自制压盘工具压穴。一种工具为铁质压穴板，制作材料为铁板、膨胀螺栓、门把手等，这种

图 4-13　铺基质后叠盘摁压

图 4-14　摁压后基质表面出现凹坑

工具适宜小规模的穴盘育苗操作（图 4-15，图 4-16）。另一种工具是根据穴盘的规格制作的压穴"木钉板"，木钉圆柱形，直径 0.8～1cm，高 0.6cm。

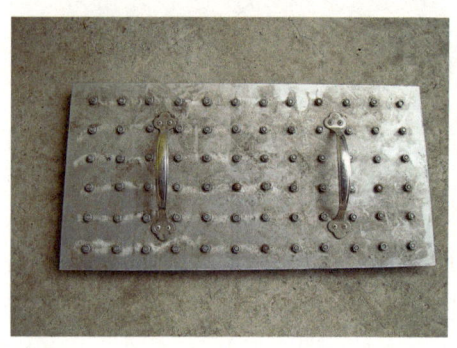
图 4-15　压盘工具正面

图 4-16　压盘工具背面

（三）点种

　　要求双株定植的蔬菜（如辣椒），每穴播种两粒，将来长出 2 株幼苗。采用单株定植的蔬菜（如黄瓜、番茄），每穴播种 1 粒，没有必要多播。如果干籽直播，种子发芽率又很低，每穴可以播种两粒，如长出两株，要用剪刀将多余的一棵幼苗从茎基部剪断，不要用手拔苗（图 4-17）。

（四）覆盖

　　播种后，在种子表面覆盖潮湿蛭石，既能保湿，通气性又好，利于发芽（图 4-18）。

图 4-17　播种

图 4-18　覆盖蛭石

用刮板将多余基质刮去，使基质与穴盘格室相平（图4-19）。蛭石要提前拌湿，覆盖蛭石后不再喷水，如果蛭石较干燥，可以用喷雾器喷水，以穴盘底部渗出水为宜（图4-20）。

图4-19　刮平

图4-20　喷水

三、苗期管理

（一）环境调控

播种后覆盖地膜或无纺布，保温保湿（图4-21）。出苗后及时除去覆盖物，防止幼苗徒长（图4-22）。不同蔬菜幼苗期温度管理标准见表4-1。温度管理，夏秋育苗晴天10:00~15:00，棚顶盖遮阳网降温，冬春育苗采用"二膜一帘"，可安装地热线加温。尽可能增加光照强度和延长光照时数，夏秋育苗，晴天每天下午15:00后和阴雨天要揭去遮阳网。冬春育苗，小棚上的草帘要早揭晚盖，在阴雨天也应揭开，增加棚内光照。也可配以农用荧光灯、生物效应灯等补充光照。

图4-21　覆盖地膜保温保湿

图4-22　出苗后揭去覆盖物

表4-1　幼苗期温度管理标准

蔬菜种类	白天/℃	夜晚/℃	蔬菜种类	白天/℃	夜晚/℃
茄子	25~28	18~21	芦笋	25~30	18~21
辣（甜）椒	25~28	18~21	大白菜	18~22	12~16
番茄	20~23	15~18	西甜瓜	25~28	17~20
黄瓜	25~28	15~16	西葫芦	20~23	15~18
甘蓝	18~22	12~16	西瓜	25~30	18~21
青花菜	18~22	12~16	生菜	15~22	12~16
抱子甘蓝	18~22	12~16	芹菜	18~24	15~18

（二）营养液管理

1. 配方与浓度 选用所培育蔬菜的专用育苗配方，或该类蔬菜的通用栽培配方，采用栽培配方时，浓度适当降低。前期使用低浓度营养液，通常为栽培用营养液浓度的25%，逐渐增加到50%，育苗后期逐步恢复为1剂量的标准浓度。幼苗生长期间，营养液供应对幼苗的生长发育速度和质量影响很大，要掌握好浇液浓度、浇液量或浇液次数。

2. 浇液量与浇液频率 苗期用喷雾或喷淋的方式向幼苗供应水或营养液，称作浇液。出苗后及时喷营养液，勤浇少浇。大量育苗时，使用行走式喷雾机灌溉。少量育苗时，在幼苗生长前期，最好用喷雾器喷灌营养液，以免将基质冲起，后期可用喷壶或淋浴喷头浇灌（图4-23）。

供液和供水相结合。夏季气温高，每天喷水1次，每隔1d喷营养液1次。冬季每2～3d喷1次水或营养液，水和营养液交替喷洒。

如果育苗基质中草炭所占比例较高，由于其本身含有丰富的营养，苗期也可用简易的肥料配方。最简单的方法是，用复合肥（$N-P_2O_5-K_2O$含量为15-15-15）浸提液，在子叶期可喷洒0.1%浓度浸提液，第一片真叶出现后浓度提高到0.2%～0.3%。注意调整pH，以pH5.8～6.5为宜。此外，整个育苗期都要注意观察和防止缺素症（图4-24～图4-28）。

图4-23 喷营养液

图4-24 穴盘培育的叶荙菜幼苗

图4-25 穴盘培育的落葵幼苗

图4-26 穴盘培育的木立花椰菜幼苗

图4-27 根系与基质缠绕在一起的叶恭（甜）菜穴盘苗

图4-28 辣椒穴盘苗

【知识点】育苗基质，复合基质，草炭，蛭石，珍珠岩，穴盘，穴盘苗，营养液剂量，育苗营养液，缺素。

【技能点】种子处理，药剂浸种，温汤浸种，浸种，催芽，基质混配，装填，播种，覆盖，保温保湿，营养液管理。

【复习思考】
1. 如果育苗基质中含有大量草炭，幼苗生长前期，为何可以不浇灌标准育苗营养液，而采用浇灌复合肥浸提液这种简单、粗放的方法供应营养？
2. 与普通的土壤育苗方式相比，使用复合基质的穴盘育苗方式有何优点？

任务二　平底盘育苗

【知识目标】了解平底盘育苗的概念和特点；掌握平底盘育苗的基本操作流程。

【技能目标】能够完成苗盘选择、基质混配、种子处理、播种等平底盘育苗操作；能够正确进行平底盘育苗期间的营养液管理。

以平底育苗盘为育苗容器的无土育苗方式称作平底盘育苗。

其优点是，可以采用撒播的方式播种，播种速度快，便于手工操作，种子分布密集，单位面积出苗量大。缺点是，幼苗根系相互缠绕，移栽时容易伤根，延长缓苗期。

这种育苗形式主要为各种水培提供幼苗。

一、准备

（一）苗盘选择

常用的平底育苗盘规格为长60cm，宽24cm，高3.5～6cm。底部有孔，要求大小均匀，不堵塞；底部背面有拉筋，能防止长期使用后扭曲变形；边缘有沿，装基质后可以叠放催芽（图4-29）。有的苗盘底部没有拉筋或拉筋少，壁薄，易变形，部分底孔堵塞，使用前需要修整、钻孔。有的平底育苗盘开口上大下小，不宜叠放，这样的苗盘不宜选用（图4-30）。旧苗盘在使用前要先清洗，必要时要进行药剂消毒。

图 4-29　平底育苗盘　　　　　图 4-30　不能进行叠放催芽的苗盘

（二）基质准备

1. 单一基质　采用蛭石、沙等一种基质。使用这样的基质进行平底盘育苗，主要是为各种水培提供幼苗，定植时便于清洗根系。使用前可将基质喷水拌湿，也可在铺基质后喷水。对于蛭石，应选用颗粒状蛭石，尽量不选用破碎的或粉末状蛭石。

2. 复合基质　可用草炭、蛭石混配成复合基质，方法参见穴盘育苗部分。

（三）种子处理

种子处理主要指种子消毒、浸种、催芽，方法参见穴盘育苗部分。

二、播种

（一）铺基质

以蛭石作基质的育苗方式为例阐述。将蛭石置于平底育苗盘中，用板刮平（图 4-31，图 4-32）。然后喷清水，水要喷透，直至苗盘底孔有水渗出，则表明基质已经完全湿润（图 4-33）。然后，用板稍摁压基质，使之平整而紧实（图 4-34）。

图 4-31　装填基质　　　　　　图 4-32　刮平

图 4-33　喷水　　　　　　　　图 4-34　摁压基质

（二）撒播与点播

1. 撒播　对于较小的叶菜类种子，需要密集播种，宜采用撒播的方式。以手指尖捏住种子，轻捻，让种子自然坠落，种子间距以2cm左右为宜（图4-35）。

2. 点播　平底盘上播种果菜类种子，主要是为移栽到营养钵提供小苗。果菜类，如瓜类蔬菜的种子较大，应采用点播的方法。将种子平放，胚根朝下，间距5cm左右，种子朝向尽可能一致（图4-36）。

图4-35　播种叶菜类种子

（三）覆盖

播种后覆盖一层潮湿的蛭石，用板刮平，厚度因蔬菜种类不同而有差异（图4-37，图4-38）。例如，叶用莴苣覆盖厚度应为0.5cm，而对于瓜类、茄果类蔬菜种子，覆盖厚度应在1cm左右。覆盖基质之后一般不再浇水，以免冲起基质。如果覆盖的蛭石较干燥，要用喷雾器喷水（图4-39）。

图4-36　点播瓜类蔬菜种子

图4-37　覆盖蛭石

图4-38　覆盖蛭石后刮平

图4-39　喷水

三、苗期管理

（一）环境调控

播种后将苗盘整齐摆放好。低温季节播种，要覆盖塑料薄膜保温保湿（图4-40）；高温期播种，可覆盖无纺布保湿、遮光、降温。

图 4-40　覆盖薄膜保温保湿

（二）营养液管理

使用蛭石或沙子作为基质时，因基质中可利用养分极少，必须浇灌营养液，不能随意浇灌氮磷钾复合肥浸提液或其他随意配制的肥料溶液。前期，所用营养液浓度为栽培用营养液的 0.25～0.5 剂量，定植前可以提高到正常的 1 剂量。如果采用含有草炭的复合基质育苗，可以喷灌复合肥浸提液。营养液的管理方法参见前述穴盘育苗部分（图 4-41，图 4-42）。

图 4-41　平底育苗盘培育的番茄幼苗

图 4-42　平底育苗盘培育的京水菜幼苗

【知识点】平底育苗盘，基质，单一基质，复合基质，蛭石。
【技能点】铺基质，播种，撒播，点播，覆盖基质，保温保湿，营养液管理。

【复习思考】
1. 为水培提供幼苗，以蛭石作为单一育苗基质有什么优点？
2. 除前述平底盘育苗的操作流程外，还可以采用其他操作流程吗？

任务三　岩棉育苗

【知识目标】了解岩棉育苗的特点和适用范围；掌握岩棉育苗的操作流程；掌握育苗基质消毒的方法。
【技能目标】能够根据栽培目的，正确选择适宜规格的岩棉育苗块；能够正确进行播种操作；能够正确进行营养液管理。

岩棉育苗是指用岩棉块作为基质的育苗方式。可以为岩棉培、水培、陶粒培等多种无土栽培形式提供幼苗，工厂化育苗也广泛使用岩棉育苗方式。

岩棉育苗的特点是：可以直接播种，无需浸种催芽；岩棉化学性质稳定，质地轻，浸水后不变软,能很好地解决水分、养分和氧气的供应问题;岩棉具有多种缓冲作用,其吸水、保水、保肥、通气和固定根群等作用,可以为根系创造一个稳定的生长环境;岩棉本身不传播病虫害,育苗期间很少发生病害。

一、岩棉块准备

(一)岩棉块选择

根据蔬菜种类或预定苗龄,选择确定岩棉块的形状和大小。一般有以下几种规格的商品化岩棉块供选:3cm×3cm×3cm、3cm×3cm×3.4cm、4cm×4cm×3.5cm、4cm×4cm×4cm、5cm×5cm×3.5cm、5cm×5cm×5cm、7.5cm×7.5cm×7.5cm、8cm×8cm×7.5cm、10cm×10cm×7.5cm,其中应用最多的是与穴盘配合使用的小型岩棉块(图4-43,图4-44)。此外,还可自行用100cm×50cm的岩棉毡切成育苗块。

(二)岩棉块浸泡

播种前,要用清水或低浓度营养液浸泡岩棉块24h,这样可以使岩棉块的酸碱环境达到理想状态(图4-45,图4-46)。

图4-43 最常用的小型岩棉育苗块

图4-44 小型岩棉育苗块与穴盘配合使用

图4-45 使用前用清水浸泡

图4-46 浸泡后的岩棉块

二、播种

选用穴盘或平底育苗盘作育苗容器。还可以选用可盛放营养液的箱子或水泥槽作容器。如果直接在苗床上育苗,要在苗床底部铺一层塑料薄膜,防止营养液渗漏。

播种时,可以直接将种子播入育苗块中央的小孔中(图4-47,图4-48)。如果是小型化栽培,也可直接把种子播在较大的岩棉定植块中,减少移栽环节。

 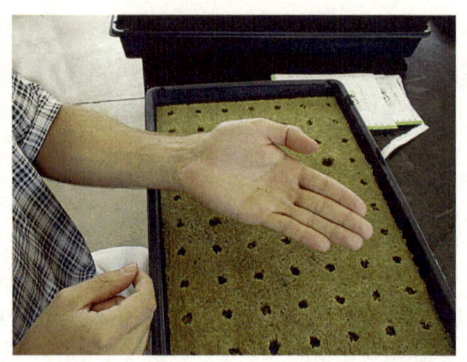

图 4-47 将种子插入单独放置的岩棉小块　　图 4-48 平底盘中岩棉块的播种方法

三、营养液管理

(一) 营养液浓度

出苗前只喷清水,出苗后,开始每天浇灌营养液。初期,使用低浓度营养液,通常为 0.25~0.5 标准剂量。如配方总盐浓度为 2.5g/L 左右,则用 0.25 剂量,如在 1.5g/L 左右,可用 0.5 剂量,如配方本来的浓度较低,即小于 1.0g/L,则用 1 剂量。后期,浓度适当提高,但对所有配方来说,都不应高于 1 剂量。

(二) 浇液方式

可以把苗盘放在铺有塑料薄膜的栽培槽中。每次浇液要全部浸湿基质,以育苗块底部开始渗出液滴为宜。让苗盘底部维持深度 0.5cm 以下的液层,通过岩棉块底部的毛细管作用供水供肥 (图 4-49)。

(三) 浇液频率

在温度低、日照短的气候条件下,以少量多次浇液为宜,每天或每 2d 供液 1 次。在高温干燥的环境下,每天可以增喷 1~2 次清水,不必固定供液、供水时间,可以根据天气阴晴、温度高低、通风大小、基质干湿确定时间,要勤供少供,既要避免低温水多沤根,也要防止高温缺水干旱。冬春育苗,前期温度是主要限制因素,浇水要根据每天早晨 9:00~10:00 的天气决定,对根系没有充分发育的幼苗,不要浇水太多,以免降低根际温度 (图 4-50)。

图 4-49 用育苗小块培育的幼苗　　图 4-50 岩棉育苗小块培育的西瓜苗

四、移栽

（一）水培用苗移栽

为深水培育苗时，成苗后将幼苗塞入塑料定植杯，然后插入水培寄养板的孔中即可，经过渡槽寄养后，即可用于栽培（图4-51，图4-52）。

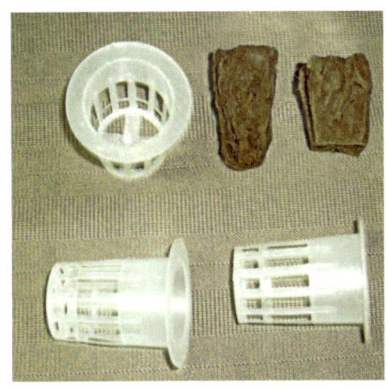

图4-51　育苗块与水培定植杯配合使用

图4-52　可移入定植杯的叶用莴苣幼苗

（二）岩棉培用苗移栽

如果幼苗用于岩棉培，当育苗块中的幼苗长到一定大小时，就可以移栽到定植块中，栽培时，再将定植块与栽培垫配合使用。这种定植块四周包裹有乳白色不透光塑料薄膜，防止水分蒸发、滋生藻类及在四周积累盐分。定植块上面没有薄膜一面的中央有1个方孔或圆孔，正好可以嵌入小岩棉块，小苗长到一定大小达到移栽标准时，把育苗块塞入定植块的小孔中即可（图4-53，图4-54）。让小苗继续生长，根系从育苗块伸出进入定植块，使两者连为一体。因此，这种育苗方法俗称"钵中钵"育苗。

图4-53　将育苗块移入定植块

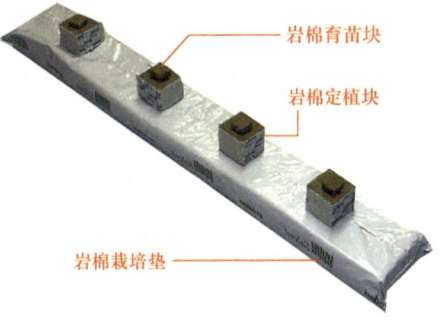

图4-54　育苗块在岩棉培中的应用方法

【知识点】岩棉，岩棉育苗块，岩棉定植块，岩棉栽培垫。
【技能点】岩棉浸泡，岩棉育苗播种，苗期管理，水培用苗移栽，岩棉培用苗移栽，水培幼苗寄养，苗期营养液管理。

【复习思考】
1. 如何进行岩棉育苗的播种操作？
2. 如何进行岩棉育苗期间的营养液管理？

任务四　营养钵育苗

【知识目标】了解营养钵育苗的概念、特点和适用范围；掌握营养钵育苗的基本操作流程。

【技能目标】能够根据蔬菜种类和栽培要求选择适宜规格的营养钵；能够正确进行营养钵育苗的基本操作。

一、准备

（一）营养钵选择

这种育苗方式一般用于复合基质栽培中的大株蔬菜育苗。塑料营养钵多由黑色聚乙烯材料制成，价格低廉。规格较多，主要有6cm×6cm（钵口直径×高）、8cm×8cm、9cm×9cm、10cm×8cm、10cm×10cm、13cm×13cm等多种（图4-55）。

（二）基质混配

通常将使用草炭等有机基质和蛭石、珍珠岩等无机基质配制而成的复合基质作为育苗基质。基质中还可以掺入黄粉虫粪、蚯蚓粪、烘干鸡粪等有机肥料，播种后，由于基质中含有丰富的养分，前期可以只浇清水，不浇营养液，只在育苗后期养分减少时，才浇灌营养液或复合肥浸提液（图4-56）。

图4-55　各种规格的营养钵

图4-56　蚯蚓粪

（三）种子处理

种子先进行消毒、浸种、催芽等常规处理。

二、播种

（一）装钵与摆钵

向营养钵中装入基质，不要装满，以基质表面距离钵沿2cm左右为宜，以便浇水时能存水（图4-57，图4-58）。将装好的营养钵整齐地摆放在苗床上，钵与钵之间尽量不留空隙，以减少苗床水分蒸发。

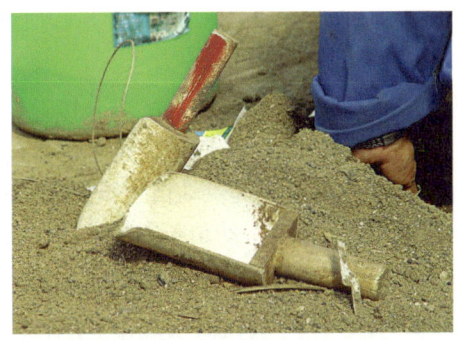
图 4-57 装钵工具

图 4-58 装钵操作

（二）点播与覆盖

向营养钵中浇水，水要浇透，以底孔有水流出为度（图 4-59）。播种时要将种子播在营养钵基质表面中央位置，种子平放，对于经过浸种催芽处理后的发芽种子，其胚根要朝向下方（图 4-60）。然后覆盖湿润的蛭石，蛭石既保湿又透气，有利于促进种子发芽和出苗，并能减轻苗期病害。

图 4-59 浇水

图 4-60 播种

（三）保温保湿

播种后覆盖地膜或无纺布保温保湿，出苗后揭开覆盖物，以免影响幼苗生长（图 4-61，图 4-62）。

图 4-61 覆盖地膜保温保湿

图 4-62 出苗后除去地膜

三、苗期管理

营养钵育苗在播种后至出苗前这一阶段的管理与常规土壤育苗方法十分接近。可以说，营养钵育苗是一种操作简单、经济实用的无土育苗方式。苗期管理技术可参照穴盘育苗。如果育苗基质中含有草炭，前期可只浇灌清水，由基质提供幼苗生长所需的养分，育苗中期浇灌 0.5 剂量营养液，后期逐渐转用正常剂量营养液。幼苗长大后，拉大营养钵间距，以免郁闭遮光，影响幼苗生长（图 4-63，图 4-64）。

图 4-63　健壮生长的黄瓜幼苗　　　　图 4-64　拉大营养钵间距的辣椒幼苗

【知识点】塑料营养钵，草炭，蛭石，复合基质，营养液剂量。
【技能点】基质混合，装钵，摆钵，播种，育苗管理，保温保湿，营养液管理，拉大营养钵间距。

【复习思考】
1. 营养钵育苗方式适合为哪些无土栽培形式提供幼苗？
2. 营养钵育苗的苗期管理有哪些关键技术？

任务五　其他育苗方式

【知识目标】了解采用不同基质的多种育苗方式的特点；了解采用不同基质进行育苗的关键技术。
【技能目标】能够利用聚氨酯、蛭石等基质，在不同容器中育苗；能够开发新基质并进行育苗尝试。

除前述几种育苗方式外，还可以采用其他基质和容器的育苗方式，下面列举几种不常用的育苗方式，供开拓思路用。

一、聚氨酯育苗

（一）准备

1. 容器　　选择平底育苗盘作为容器，底部铺塑料薄膜防止渗漏。

2. 基质 选择厚4cm的低密度聚氨酯（俗称"海绵"）。聚氨酯的密度一定要适宜，过于致密，根系不宜下扎，过于疏松，持水量太少。切成60cm长、24cm宽的小片，与苗盘大小相同。将聚氨酯铺在平底育苗盘中。再将其切成边长5cm左右的小块，切口底部留一点不要切断。在小块中央切"十"字形切口，不要切到底，不要让聚氨酯断开。

（二）播种

如果所播的种子较大，可进行消毒、催芽，播种时把种子插入聚氨酯小块的十字缝中，胚根朝下，顶部没入聚氨酯表面。如果播种叶菜类种子，可以不进行浸种催芽，直接将种子塞入十字缝，并且可以多播几粒。

（三）保温保湿

必要时可以在播种后覆盖地膜保温保湿，出苗后覆盖塑料拱棚保温保湿。

（四）浇液

播种后立即喷营养液，以后每天喷营养液。喷洒营养液的量要适宜，应以少量多次为原则，苗盘底部积液过多容易沤根，浇液间隔时间过长发芽前种子容易干燥（图4-65，图4-66）。

图4-65 用聚氨酯培育的黄瓜幼苗

图4-66 用聚氨酯培育的叶菜幼苗

二、蛭石苗床育苗

如果水培用苗量很大，可以不用苗盘育苗，而在地面铺薄膜，四周用砖、木杆、木板做边框，防止营养液外流。苗床内铺蛭石，浇透水，然后刮平蛭石，在上面撒播种子，然后再覆盖一层蛭石。出苗后用喷雾器或淋浴喷头喷营养液。此法成本低，易于管理，出苗量大（图4-67，图4-68）。详细技术参见平底盘育苗。

图4-67 用蛭石苗床培育的生菜幼苗

图4-68 木槽中填充蛭石育苗

三、丝瓜纤维育苗

用丝瓜纤维（丝瓜瓤）为基质进行育苗。所育幼苗进行水培或基质培，拉秧后的废弃物可以分解，对环境没有污染，符合环保理念。但丝瓜纤维不易获取，只适合小型化无土栽培使用，不适宜大面积推广。

育苗时，将种子播在丝瓜纤维中央，喷营养液。育苗期间，幼苗对营养液要求严格，喷液过多，丝瓜纤维容易滋生白色真菌，严重时会腐烂；喷液过少，丝瓜纤维容易干燥，导致育苗失败（图4-69）。此技术尚不成熟，有待进一步研究。

四、纸卷育苗

用吸水性较强的报纸、吸水纸把种子包卷起来，然后把捏扁的纸卷密集地竖立在苗盘内，喷营养液。种子发芽，长出较长根系后，去掉纸卷，用聚氨酯夹住根系，安插到穴盘上，继续培育（图4-70）。当幼苗长到一定大小时，再定植到各种水培设施中。

图4-69 用丝瓜纤维培育苗

图4-70 纸卷育苗

【知识点】聚氨酯，丝瓜纤维，蛭石苗床。

【技能点】聚氨酯育苗，丝瓜纤维育苗，纸卷育苗。

【复习思考】
1. 发挥想象力，除前述育苗方式外，还有其他可行的无土育苗方式吗？
2. 无土育苗的关键技术是什么？

任务六　工厂化育苗

【知识目标】理解工厂化育苗的概念；了解工厂化育苗所需的设施、设备的种类和主要功能；掌握工厂化育苗的基本流程。

【技能目标】能够对工厂化育苗温室进行规划、布局；能够对工厂化育苗设施建设、育苗过程进行监督、指导。

工厂化育苗是指在人工控制的环境条件下，充分利用自然资源，依据科学化、标准化技术指标，运用机械化、自动化或半自动化手段，使幼苗生产达到快速、优质、高产、高效、成批而稳定的生产水平的一种育苗方式。工厂化育苗的特点是：育苗时间短，产苗量大，幼苗质量高，适于大批量、商品化幼苗生产。

一、工厂化育苗设施、设备及其功能

选择清洁、无污染、远离村庄和工厂、周边没有垃圾场等污染源的地方作为育苗场所，建设育苗设施，并与普通菜田之间保持一定的空间距离，要求地面要平整干燥，不能积水。应符合 GB/T 18407.1—2001《农产品质量安全无公害蔬菜产地环境要求》的规定。

（一）基质处理车间

1. 基质存放空间　　可搭天棚存放基质。天棚周围既能通风，又利于搬运，还不易受雨淋。雨淋易导致基质营养成分损失，而且容易污染基质。也可以在温室等育苗场地内隔离出一定空间用于存放基质（图 4-71）。

2. 混合与消毒机械　　工厂化育苗通常使用复合基质，为提高工作效率，需要配备基质混合搅拌机，有时还需要消毒机，因此，基质处理车间不但要存放一定量的育苗基质，而且要能容纳相关机械，并留有作业空间（图 4-72）。视情况，可在天棚或通风良好的车间进行基质混配与消毒。经消毒后的基质要避免与未消毒的基质接触，确保不被污染。

图 4-71　简易基质处理车间

图 4-72　基质混合搅拌机

（二）装盘、装钵及播种车间

1. 操作空间　　混合、消毒后的基质即可运到装盘、装钵车间。工厂化育苗的装盘、装钵操作一般都是机械完成，即使是营养块育苗方式也是由机械完成制块过程的。有一定规模的育苗场所，基质混合搅拌机和装盘、装钵一般是与播种流程机械连接在一起的，因此，要求作业场所要宽敞，至少要有（14～18）m×（6～8）m 的作业场地。在车间内完成自基质搅拌、装盘、装钵至播种后覆盖、洒水等全过程。同时，要求车间通风良好，有水源（图 4-73）。

2. 播种机械　　精量播种机是工厂化育苗生产线的核心。根据播种机的作用原理不同，可分为真空吸附式和机械转动式两种类型。真空吸附式播种机对种子粒径没有严格要求，可直接播种，但价格较高，效率低。机械转动式播种机对种子粒径的大小和形状要求比较严格，播种之前必须把种子丸粒化（在种子表面包裹肥料、农药等物质，做成大小一致的丸粒）。但价格便宜，效率较高（图 4-74）。

图 4-73　工厂化育苗流水线

图 4-74　真空吸附式穴盘播种机

（三）催芽室

催芽室内设有层架，其上可密集摆放苗盘。催芽室的主要功能是促进播后的种子尽快发芽、出苗（图 4-75）。蔬菜工厂化穴盘育苗，一般采用丸粒化种子播种或包衣种子干播，播种后向穴盘基质洒透水，然后把穴盘放进催芽室。催芽室空间要充足，室内温度和湿度条件要能调控，以便根据各种蔬菜发芽所要求的最适温、湿度条件进行调节。

有时，为减少搬运工作量，节约空间，降低成本，可直接将苗盘摆放在温室苗床上，保持适宜温度、湿度，不另设催芽室（图 4-76）。还有的虽然一次性播种盘数较多，但播种前对种子经过了催芽处理，采用的是人工播种，所以，无须设置催芽室。

图 4-75　层架

图 4-76　播种后苗盘直接放置在苗床上

1. 专用催芽室　　建造专用催芽室，可砌双层砖墙，中间填满隔热材料或用一层 5cm 泡沫塑料板保温，出入口的门应采用双重保温结构，内设加温空调或空气电加热线加温。空气电加热线加温布线间距应大于 2cm，离开墙壁 5～10cm。若以外界温度 0℃、催芽室温度 30℃为标准，用线功率应按每立方米 100～110W 计算。电器设备开头、控温仪（感温探头应放在室内）、电表、交流接触器等都应设在室外，室内不能有暴露的电源线或接头，以免漏电造成事故。摆放育苗盘的层架的规格要与催芽室相匹配，每层间距 10～15cm。层架下面应装万向轮，以便于推运。也可将苗盘呈"十"字形摆放在床架上。

2. 简易催芽室　　可以自行设计建造简易催芽室。

其一，在北方寒冷地区，可利用保温性能良好的日光温室作为催芽室。为避免阴天、雨雪、低温天气导致的冷害，催芽室内应设临时加温装置。

其二，如果日光温室不能满足催芽对温度的要求，可在其内部隔离出部分空间，进行室内多层覆盖，建造催芽室。可采用钢筋或竹木骨架，覆盖单层或双层塑料薄膜，两层薄膜间有7～10cm空间。这种多层薄膜覆盖形式既能提高温度，又对透光无明显影响。

（四）培育设施与设备

1. **温室** 经过催芽室催芽，种子萌动出苗，此时应立即将苗盘转移到光照充足并能保持一定温、湿度的培育设施内，幼芽变成绿色，这一过程称作绿化。提供绿化环境的设施称作绿化设施。如不及时绿化，幼芽会黄化，影响幼苗的生长，降低质量。

大规模工厂化育苗时，培养设施通常是现代化大型连栋温室（图4-77）。现代化大型连栋温室应结构坚固，抗风、抗暴雨能力强。环境条件能被有效调控，冬季能加温，夏季有较好的通风降温性能。为达到这一目标，可以选择安装通风系统、外遮阳系统、无纺布内保温系统、二层膜系统、风机湿帘降温系统、燃油或燃煤加温系统、喷灌系统、环流风机、补光灯及内部照明系统、智能测温测湿系统、地布、防虫网等辅助设施设备。

小规模工厂化育苗时，培育设施通常为保温性能良好的日光温室或塑料大棚（图4-78，图4-79）。

营养钵育苗时，可以把播了种的营养钵摆放在光照、温度和湿度条件都很适宜的培育设施内，不经过催芽室的催芽过程（图4-80）。

图4-77 以现代化大型连栋温室为培育设施

图4-78 以多层覆盖日光温室为培育设施

图4-79 以普通日光温室为培育设施

图4-80 培育设施中的营养钵幼苗

穴盘、营养钵培育嫁接苗时，嫁接后有一个嫁接口愈合的过程，有人称之为"驯化"，这一过程也是在培育设施中完成的，只是温、湿度调控指标有所不同。

2. **移动育苗床架** 移动育苗床架简称移动苗床、苗床、育苗床。这里以最常用的苗床类型的结构参数、材料为例进行阐述。

苗床通常长 20m、宽 1.8m、高 0.8m。苗床支架及支脚采用焊接连接，苗床与枕墩采用螺栓连接。苗床网片采用热镀锌电焊网，构件全部经过热镀锌处理。苗床边框材质为铝合金。枕墩采用膨胀螺栓与内部道路连接，承载力大于 $40kg/m^2$。苗床所用铁件不能有明显的锐角毛刺，钢管应符合 GB/T 13793—2008《直缝电焊钢管》的要求（图 4-81）。

苗床结构参数如下：

支架上档：采用 30mm×30mm×2mm 角钢。

支架下档：采用 30mm×30mm×2mm 角钢。

支架立柱：采用 30mm×30mm×2mm 角钢。

支架斜撑：采用 25mm×25mm×2mm 角钢。

网片支撑横梁：采用 40mm×20mm×2mm 方管。

边框：采用 65mm×40mm×1.5mm 专用铝合金型材。

网片支撑管：采用 ϕ19mm×1.5mm 镀锌管。

侧面斜撑：采用 30mm×30mm×2mm 角钢。

转动轴管：采用 ϕ40mm×2mm 镀锌管。

网片：采用菱形镀锌钢板网片或电焊网片。

转动轴管限位：采用 30mm×30mm×2mm 角钢。

苗床安装技术要求：温室内所有苗床排列整齐，高低一致，通常方向排列直线误差不超过 10mm，苗床外观不得有明显的质量缺陷。苗床工作台四周不得有毛刺。整个苗床宽度误差不超过 10mm。手柄应转动灵活，工作台移动平稳（图 4-82）。

图 4-81　育苗床架　　　　图 4-82　温室内育苗床架的摆放

3. **地布**　在温室内没有铺水泥道路的地面都采用地布覆盖。地布由优质聚丙烯窄条编织而成，具有良好的渗水性，可防止在地布表面形成水洼，从而保持地面清洁。使用地布还可以有效抑制杂草生长。

4. **环流风机**　冬季温室环境相对封闭，相对湿度可达 80% 以上，叶面附近的相对湿度常会达到 90% 以上，这样的环境会明显抑制光合作用；同时，在加热设备和 CO_2 施肥设备工作时，温室各处温度、CO_2 浓度也不易均匀。使用环流风机，可以提高温室内温度、CO_2 浓度、空气湿度的均匀性。

环流风机的适宜参数为：通风量 6100m^3/h；转速 870r/min；功率 0.15kW；电压 220～230V。

每间隔 15～20m 配置 1 台，采取相互对吹方式安装。

二、蔬菜工厂化育苗

（一）基质准备

1. 基质种类选择 进行蔬菜工厂化育苗时，一般使用由 2~4 种基质复配而成的复合基质作为育苗基质。生产中，可选用已经混配好的商品育苗基质，有的商品基质中有预混肥料，有的会随基质提供营养液配制肥料。也可自行用多种单一基质配制复合基质，还可因地制宜、就地取材混配基质。

2. 基质配比确定 配制复合育苗基质的常用原料有草炭、蛭石、珍珠岩、炉渣、充分腐熟的农业废弃物等。常用配方有：草炭：蛭石＝2：1（体积比）；草炭：珍珠岩：蛭石＝6：3：1；草炭：牛粪：蛭石＝1：1：1；草炭：菇渣：蛭石＝1：1：1。草炭、干牛粪和废菇渣过筛成细小颗粒，均匀混合后进行蒸汽消毒，95℃以上蒸 4h。

3. 对基质的要求 选用高位草炭（白草炭、藓类草炭，纤维长度一般在 0.5~1.0cm），颗粒状蛭石。为确保安全，育苗前应检测草炭 pH、EC 值等指标。使用过的基质再利用时，应进行严格的消毒处理。所有基质材料都必须无污染、无病菌、无虫害、无成活草种。pH 高时可用腐殖酸或磷酸二氢钾溶液进行调节，pH 低时可用石灰、碳酸钙粉进行调节。基质混配、消毒后装盘。

（二）播种

1. 装盘揿压 以人工播种为例，基质装盘前应均匀拌湿，以手握成团而不出水为宜。用工具将基质置于盘上，刮去多余基质，露出每孔的孔沿，使穴盘表面平整一致。叠放揿压，或用制作的专用压穴工具揿压。一般揿压后的凹坑深 0.5~1.2cm；小粒种子凹坑宜浅，如叶用莴苣的凹坑深以 0.5cm 为宜，种子粒大，凹坑宜深，瓜类、豆类可压 1.2cm 深。

2. 点播与覆盖 每穴点 1 粒，居中摆放。经过催芽的较大的种子，胚根应朝下，深浅应一致。用混拌均匀的湿润基质均匀覆盖穴盘，或用潮湿蛭石覆盖，刮去多余基质。

（三）催芽

如种子未曾经过催芽处理，要将播种后的苗盘放入催芽室，必要时用地膜覆盖。白天温度基本保持 25.5℃，各种蔬菜催芽温度参照表 4-2。空气湿度维持 85% 以上。也可不使用催芽室，而把穴盘直接放于育苗床架上，用薄膜覆盖保湿。夏季育苗时，为防高温，可覆盖遮阳网降温。待 50% 以上种子出芽后，应立即去除覆盖物。覆盖薄膜时，一定要注意温度的变化，以防出苗后烧苗。

表 4-2 主要蔬菜育苗中对温度的要求

蔬菜	发芽适宜温度/℃	干籽直播时适宜温度/℃	苗期白天适宜温度/℃	苗期夜间适宜温度/℃	能忍受最低温度/℃
番茄	20~25	25~30	20~25	10~13	6
茄子	25~30	25	25~26	12~15	7
辣椒	20~30	25	23~30	12~15	8
黄瓜	25~35	25~30	22~25	12~15	5
西瓜	25~35	25~30	25~30	15~18	8

资料来源：葛晓光，2004

(四)绿化

出苗后,将苗盘从催芽室移到绿化温室,放在可移动苗床上,通过摇动苗床一端的手轮移动苗床的位置,在苗床之间形成通道,供管理者通行(图4-83)。目前,多数育苗单位直接将幼苗置于幼苗培育设施中,不经过绿化设施。

(五)成苗培育

幼苗出齐后,应喷洒防治猝倒病的药剂,并及时浇灌营养液。苗期管理过程中,调节好各种环境因素,防止温度过低或过高、光照不足或过强、水分过多或缺少、空气湿度过大或过小、各种营养元素的不足与过量、二氧化碳浓度的过低或过高、有害气体的积累等。特别注意:一要防止菜苗徒长,培养壮苗,切不可通过控水控肥的方法来控制秧苗的徒长;二要积极预防病虫害。

1. 温度调控 严寒季节温度过低时可适当加温,高温季节温度过高时要适当降温。子叶展平前应保持较高温度,并给予充足的光照。子叶展平后适当降温,尤其注意夜温的控制,适当保持低夜温,白天以25℃、夜间以15℃左右为宜。在保持适度低夜温时,应缩小白天平均温度与夜间平均温度的差值;注意降低早晨2~3h的气温(从日出前半个小时算起),可有效防止徒长。

定植前7~8d,进行低温炼苗,以白天气温20℃,夜间10~15℃为宜。严寒季节可在保护设施内增温、保暖;高温季节可通过遮光降温(图4-84)。

图4-83 可移动苗床

图4-84 培育设施中健康生长的辣椒幼苗

2. 湿度调控

(1)空气湿度 一般蔬菜要求湿度为70%,个别蔬菜要求湿度稍高,以黄瓜为例,白天一般为70%~80%,夜间为90%。管理过程中注意防止高湿,高湿会助长徒长及病害。

(2)基质湿度 因基质理化性质不同,基质湿度管理无一定标准。只能以经验而定,使用排水保水性能好的基质时,对湿度管理大致要求:水质符合要求,液温与苗根部温度接近;高温天气多喷,阴雨低温天气应适当减少浇液次数及浇液量。

保持基质湿润。以番茄为例,湿度管理经验是,从子叶展开到二叶一心期,保持基质水分含量为最大持水量的70%~75%,三叶一心后,水分含量为最大持水量的65%~70%。

3. 光照调控 尽量增强光照,以增加生长量,防徒长。冬、春育苗时,特别是阴雨天,应注意补光;苗期,日照时间应为16~18h;冬季,补光时间一般从下午4:00开始至午夜;使用高压钠灯,平均光强应达4300~5400lx,补光要综合考虑幼苗需要、成本等。

4. 二氧化碳施肥 应注意二氧化碳的补充,特别是环境密闭的条件下,晴朗天气时，从上午9：30或10：00开始，持续4～5h，使温室内二氧化碳浓度达到1.2ml/L。

5. 营养液管理　可以采用相应蔬菜的低剂量栽培配方。以下为参考配方（以1000L营养液中所含肥料量计）。

配方1：尿素450g，磷酸二氢钾500g，硫酸镁500g，硫酸钙700g，硼酸3g，硫酸锰2g，钼酸钠3g，硫酸铜0.05g，硫酸锌0.22g，螯合态铁40g。

配方2：复合肥（N、P、K为15-15-12）2000g，硫酸钙500g，硼酸3g，硫酸锰2g，钼酸钠3g，硫酸铜0.05g，硫酸锌0.22g，螯合态铁40g。

配方3：高质量复合肥（N、P、K为15-15-15，含有足量的微量元素，按0.3%的浓度施用）。

可以采用自走式喷灌机械喷灌营养液，晴朗天气每天施用营养液1次，每浇3次营养液浇1次清水（图4-85，图4-86）。

图4-85　自走式喷灌机械

图4-86　苗期喷灌营养液

【知识点】工厂化育苗，基质处理车间，移动育苗床架，基质混合搅拌机械，穴盘播种机，自走式喷灌机械，环流风机，现代化大型连栋温室，催芽室，绿化室，育苗营养液配方。

【技能点】浸种，催芽，播种，基质装盘，覆盖基质，绿化处理，成苗培育，环境调控，苗期浇液，营养液管理。

【复习思考】
1. 进行工厂化育苗都需要哪些设施与设备？
2. 成苗培育期间主要涉及哪些管理内容？

单元五　水　培

【教学要求】理解并掌握各种水培技术的概念及特点；掌握各种水培设施的结构及建造方法；掌握利用各种水培设施进行蔬菜栽培的操作与管理技术。

【重点难点】营养液膜水培设施的大株蔬菜栽培槽的结构；深液流技术设施的建造及蔬菜栽培管理。

项目一　营养液膜水培

营养液膜水培，即营养液膜技术（nutrient film technique，NFT），是1970年由英国温室作物研究所的库柏（A. J. Cooper）教授发明的。该水培形式的栽培槽有一定坡度，营养液从栽培槽较高的一端流入，从较低的一端流出，植物根系在宽度约30cm的沟状栽培槽底部展开，始终在流动着的、呈薄层的（0.5～1.0cm厚）、饱含氧气的营养液中生长。因循环流动的营养液呈极浅如膜的液流状，故该技术称作营养液膜技术。

营养液膜水培的优点是：设施结构简单，营养液溶氧量高，很好地解决了根系供氧问题。缺点是：第一，对栽培槽的坡降要求严格，而且栽培槽底面要平整，否则营养液会形成乱流；第二，营养液量少，缓冲能力弱，养分组成、浓度及酸碱度易发生变化，根际温度受气温影响大；第三，每日供液次数多，耗能大，遇到停电停水，管理比较困难。

根据供液方式的不同，此技术又可分为连续式供液和间歇式供液两种类型。

任务一　营养液膜水培设施的结构认知与建造

【知识目标】了解营养液膜水培设施的结构特点；掌握营养液膜水培设施贮液池、栽培槽的建造流程及方法。

【技能目标】能够根据所栽培蔬菜种类，规划、设计营养液膜水培设施的结构；能够指导建造大株蔬菜、小株蔬菜的营养液膜水培设施。

一、贮液池

贮液池是用于存放栽培植物所需营养液的设施，供液管道、回流管道均汇集于此。通常采用经济、实用的砖混结构，并尽量建在地下。

（一）准备

1. **位置确定**　多数情况下要将贮液池建在地下，这样有利于栽培槽中流出的营养液在重力的作用下自然回流，也利于最大限度地维持营养液温度稳定。但由于小株蔬菜栽培槽通常设在支架上，高于地面，因此，个别时候也可以把贮液池建于地面之上。

2. **容积确定**　贮液池的容积要根据所栽培蔬菜种类及株数确定，可以按大株蔬菜如番茄、黄瓜等每株对应营养液 5L，小株蔬菜每株对应营养液 1L，推算拟建的贮液池容积。通常，每 667m² 栽培面积设置 1 个容积 15～20m³ 的贮液池。

（二）挖基坑

首先确定贮液池深度，一般的中小规模栽培场所，贮液池深度都在 2m 以内，这一深度易于施工，且使用过程中不易发生人员溺水事故，较为安全。然后，再根据预定容积，确定长、宽尺寸。之后，对拟建贮液池的场地进行测量放线，然后开挖土方，挖出长方体形基坑，基坑长、宽、深都要至少大于预定容积计算值 30cm 以上，以预留出池壁宽度、池底的厚度（图 5-1）。

（三）池底处理

1. **砌筑小坑** 准备水泥砌块或黏土砖。使用黏土砖时，先将其喷湿待用，以利于附着沙灰（图 5-2）。在坑底中央或一角挖一个宽 90cm、深 60cm 的小坑，底部和内壁用砖砌筑，内表面抹水泥砂浆。砌筑完成后，坑净宽 30～40cm，净深 50cm，将来用于放置潜水泵。此坑既可保持潜水泵呈直立状态，又能提高贮液池营养液有效储量，否则，实际使用过程中，当池内液位低于潜水泵自身高度时，潜水泵有可能空转烧毁，为避免这种情况发生，底层深约 50cm 的营养液就不能再使用了（图 5-3）。

图 5-1　土方开挖

图 5-2　喷水浇湿黏土砖

2. **浇筑池底** 用水平尺对池底找平，也可用一条细长的塑料软管灌满水，根据水管两端的水位"找平"，用铁锹修整，使池底水平。进行混凝土垫层施工，在池底平铺 1 层 20cm 厚的石子（粒径 3～5cm）与水泥制作的混凝土，注意选用高标号水泥（图 5-4）。绑扎钢筋，详细检查钢筋的直径、间距、位置、搭接长度，然后浇筑混凝土。

图 5-3　砌筑放置潜水泵的小坑

图 5-4　铺池底混凝土垫层

(四) 砌筑池壁

1. 砌砖 用黏土砖或水泥砌块砌筑贮液池的池壁，厚度约 24cm（图 5-5）。砌池壁时，每砌 1~2 层砖，都要用水泥砂浆罐充贮液池外壁与基坑侧壁之间的空隙，确保没有空洞；砖缝也用砂浆填充，防止留有空隙导致营养液渗漏（图 5-6）。施工时要特别注意，对砌筑池壁操作的要求与砌筑普通砖墙不同，必须确保砂浆饱满，切不可留有缝隙。砌至最后，池壁要高出地面 10cm。

图 5-5 用黏土砖砌筑池壁　　　　图 5-6 侧壁与基坑土壁之间的空隙要灌浆

2. 抹面 砌完砖后，贮液池内壁迎水面可采用传统的五层防水作业法（五层交叉抹面法）抹面，采用防水砂浆进行抹灰处理，其中最外一层用防水液与水泥（不加水）混合抹面，压实抹平，表面压光（图 5-7）。也可用铺贴防水卷材的方法防渗，之后抹砂浆保护层。完工后，注入清水养护，并浸泡掉水泥中的碱性物质。使用前将水排干，清洗干净（图 5-8）。

图 5-7 内壁用水泥砂浆抹面　　　　图 5-8 养护后清洗干净

(五) 修饰

1. 标记 贮液池建好后，在贮液池内壁上用油漆做出水位标记，以便在栽培过程中随时直观地观察池中的存液量。

2. 加盖 贮液池要加盖，防止营养液因见光而滋生绿藻。可以用角铁、钢管框架包铁皮制作铁盖，也可用厚木板制作木盖，坚固程度以能撑住成人重量为准，防止有人不慎落入池中溺水。不可以用聚苯乙烯泡沫塑料板、聚碳酸酯（PC）板作池盖（图 5-9）。

(六) 使用

1. 加液 回流管预先埋入地下，其进入贮液池处的入口位置高于贮液池营养液液面，有一定落差，在营养液回流时，能通过溅射作用提高营养液溶氧量。配制营养液前，将输水管接通水源，向贮液池中注水（图5-10）。

图5-9 不可用泡沫塑料板作贮液池盖板

图5-10 贮液池水流分布

2. **清洗** 每次更换营养液时，要彻底清洗贮液池，由于池底有放置潜水泵的方坑可作集水坑用，清洗工作十分便捷。

二、栽培槽

按株型大小，可以把蔬菜分为大株蔬菜和小株蔬菜两类。瓜类蔬菜如黄瓜、甜瓜等，茄果类蔬菜如番茄、辣椒等，株型高大，属于大株蔬菜。株型较小的蔬菜称作小株蔬菜，通常指叶菜类蔬菜。对应的营养液膜栽培槽分别称作大株蔬菜栽培槽和小株蔬菜栽培槽。

（一）大株蔬菜栽培槽

大株蔬菜栽培槽，槽体截面呈等腰三角形，用塑料薄膜围合而成，结构简单，造价低廉。

1. **平整沟槽** 建造时，先挖长10～20m、底宽25～30cm、深2～10cm的沟槽，要求坡降1:（75～100），建造沟槽的关键是坡度精确，槽底平整（图5-11）。

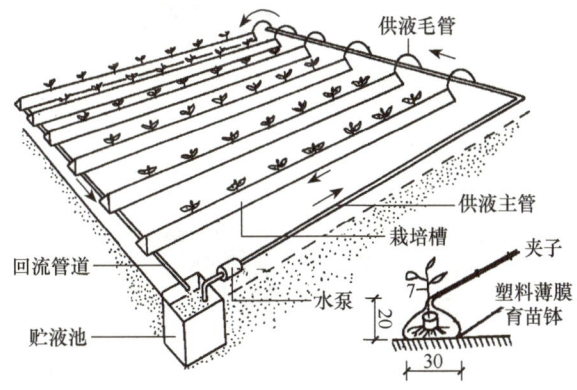

图5-11 大株蔬菜营养液膜水培设施（单位：cm）
箭头表示液流方向

2. **铺薄膜** 沟槽上铺一层宽75～80cm、厚0.1～0.2cm的黑白双色聚乙烯塑料薄膜，白色面在下，黑色面在上，中部25～30cm紧贴地面。将来定植蔬菜时，薄膜两边兜起，缝隙处用夹子固定，叶片之下茎段露出约7cm，此时槽高约20cm。

3. **铺垫层** 定植后，蔬菜经过一段时期的生长，根系互相交织，互相纠缠，以这种状态呈现的蔬菜根系集合称作根垫。根垫会妨碍营养液流动，导致氧气和养分供应不足，严重时会引发烂根。为此，在槽底要铺设1层3～5mm厚的塑料网，然后在这上面再铺1层无纺布，也可以直接在槽底铺上1层无纺布，无纺布会通过毛细管作用将营养液输送给与之接触的蔬菜根系（图5-12，图5-13）。

图5-12　大株蔬菜栽培槽　　　　图5-13　温室内的大株蔬菜栽培槽分布状态

（二）小株蔬菜栽培槽

小株蔬菜栽培槽的结构与大株蔬菜栽培槽完全不同。

1. 管状槽体　用聚氯乙烯（PVC）塑料管材制成，要求材料防紫外线，耐老化。截面为圆形、椭圆形、长方形、梯形或不规则形，有些为分体式，槽上有与槽体配套的塑料盖板，便于清理蔬菜残体（图5-14）。栽培槽长度应在20m以内，坡降为1:100。栽培槽顶部或盖板上打出定植孔，定植孔间距根据所栽培蔬菜成龄植株的开展度确定，一般为15～30cm。用专用的塑料定植杯或岩棉块定植蔬菜，每孔定植1株（图5-15）。为了减轻劳动强度，避免弯腰作业，一般把栽培槽架设在高度为80cm左右的支架上。

图5-14　管状栽培槽　　　　图5-15　槽面定植孔内定植蔬菜

2. 曲面板材槽体　曲面板材槽体由石棉水泥瓦、硬质塑料板、彩钢板、聚苯乙烯泡沫塑料板等材料制作，每条沟槽宽20cm，较浅，多槽连体（图5-16）。上盖2～3cm厚的聚苯乙烯泡沫塑料定植板，定植板的长、宽要同槽体相匹配，其上打定植孔。有的设施沟槽较浅，但定植板被支撑起来，距离槽底有3cm左右的距离，栽培效果与前者相近（图5-17）。

三、营养液循环系统

营养液循环系统由供液管道、回液管道（槽）、水泵、定时器、流量调节阀门等构

单元五 水 培

图 5-16 带定植板的小株蔬菜栽培槽

图 5-17 浅沟槽体及定植板

成。一般由定时器控制水泵按一定的间歇时间，定时从贮液池中抽出营养液，通过供液管道进入栽培槽，供蔬菜吸收，然后再经回液管道流回贮液池。

（一）水泵

选用耐酸碱、耐腐蚀的自吸泵或潜水泵。一般每 $667m^2$ 栽培面积选用 1 台功率为 550～1000W、流量为 6～$8m^3/h$ 的水泵即可。

（二）供液管道

1. 大株蔬菜栽培槽供液管道 采用耐腐蚀的聚氯乙烯（PVC）管或聚乙烯（PE）塑料管，避免使用镀锌钢管，以防被腐蚀。在安装时要注意严格密封，防止渗漏。为了不妨碍田间操作，防止日晒老化，应尽量把管道系统埋于地下。供液管道分为几级，即主管、支管和毛管，逐级变细。

2. 小株蔬菜栽培槽供液管道 栽培槽一端有供液管供液。材料为 PVC 管或 PE 管，主管、各支管上都要安装阀门，以调节流量（图 5-18，图 5-19）。在每个栽培槽较高的一端，在支管上安装紊流器，每个紊流器引出 1 条毛管，每个栽培槽由 2～3 条毛管供液，毛管管径 3～5mm，供液量控制在每槽每分钟流量为 2～5L（图 5-20，图 5-21）。安装多条毛管可保证当有 1～2 条堵塞时仍能有 1～2 条维持供液。

图 5-18 管道栽培槽的供液方式

图 5-19 供液管道上的阀门及支管、毛管

（三）回流管道

回流管道是指营养液从栽培槽流回到贮液池的各级管道。回流管道埋在地下部分的主管道规格要视设施中栽培槽数量而定，一般采用直径 110～160mm 的硬聚氯乙烯（UPVC）排水管，关闭水泵最多 20min 后营养液能全部流回贮液池，则说明管道直径适

图 5-20　小株蔬菜栽培槽供液端的毛管

图 5-21　栽培槽供液口

宜。回流管道地上部分因栽培槽类型不同而有差异。

1. 大株蔬菜栽培槽的回流管道　在栽培槽的低端设排液槽或排液管，每个栽培槽供液端流量在 5L/min 以下时，每个槽的排液管直径应不小于 25mm。

2. 小株蔬菜栽培槽的回流管道　在栽培槽低端设回流槽或回流管道，收集各栽培槽回流的营养液，最后汇集到埋于地下的排液管，流回贮液池（图 5-22，图 5-23）。

图 5-22　栽培槽低端的回流槽

图 5-23　栽培槽低端的回流管道

（四）自控装置

NFT 系统的液层浅，营养液总量少，营养液的浓度、组成、酸碱度变化快，因此，其营养或水分的补充、酸碱度的调节都比其他栽培方式频繁。为了及时进行营养液调节，可采用一些电导度、酸碱度自控装置。这类装置由电导率及酸碱度传感器、检测及控制仪表、浓缩营养液注入泵及与水源连接的电磁阀等部分组成（图 5-24）。供液时，部分营养液流经传感器，当传感器感应到营养液的浓度、酸碱度超出设定范围时，就会由控制仪器发出指令，开启浓缩液注入泵或酸、碱罐，或连接水源的电磁阀，将贮液池中的营养液各指标调整到设定范围。

NFT 系统多采用间歇供液方式，用定时器控制供液时间和频率。

【知识点】贮液池，大株蔬菜栽培槽，小株蔬菜栽培槽，供液管道，回流管道，自控装置。

【技能点】贮液池建造，大株植物栽培槽建造，小株植物栽培槽建造，供液管道组装。

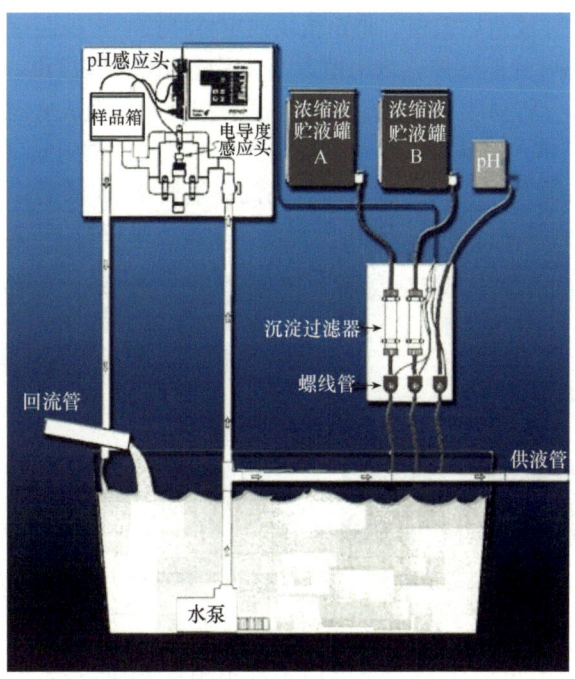

图 5-24 营养液自控装置示意图

【复习思考】
1. 大株蔬菜栽培槽和小株蔬菜栽培槽在结构上有何不同？
2. 为什么不采用金属材质的管道而选用塑料材质的管道？

任务二　蔬菜营养液膜水培

【知识目标】了解营养液膜水培适宜栽培的蔬菜种类；掌握蔬菜营养液膜水培过程中的育苗及定植方法；掌握蔬菜营养液膜水培的营养液管理方法。
【技能目标】能够进行大株蔬菜、小株蔬菜的育苗和定植操作；能够按照营养液膜技术的要求正确进行营养液管理。

一、蔬菜选择

除了以块根、块茎、肉质根为产品的蔬菜之外，均可采用营养液膜技术栽培。在营养液膜水培的生产实践中，番茄、黄瓜、甜瓜、茄子、草莓等果菜栽培得较少，而叶用莴苣、鸭儿芹、茼蒿、芹菜、叶荟菜、小白菜等叶菜采用此方式较多。

二、育苗与定植

（一）大株蔬菜育苗与定植

1. **育苗**　用岩棉小块作基质进行无土育苗，幼苗稍大后移栽到体积较大的岩棉定植块中，或移入定植杯（定植钵）中。

2. **幼苗摆放**　成苗后定植，将定植块或定植杯按一定株距摆放在槽体中间，排成一行。幼苗的高度以叶片能够伸出栽培槽为度，因此苗龄不宜过小。

3. **夹薄膜**　将薄膜两边拉起，用夹子夹在一起，做成底宽25～30cm、高约20cm的等腰三角形栽培槽，植株露在外面，根系置于不见光的槽内底部（图5-25）。

4. **安插供液管**　在每个栽培槽较高的一端设2～3根毛管（内径3～5mm的细塑料管），保证每分钟流量2～4L。槽内营养液层的深度维持在1～2cm（图5-26）。

图5-25　大株蔬菜定植法　　　　图5-26　横截面为三角形的栽培槽及供液毛管

（二）小株蔬菜育苗与定植

1. **岩棉育苗＋坐底定植**　采用小型岩棉育苗块育苗，成苗后，直接经由定植板或盖板上的定植孔插入栽培槽，岩棉底部接触槽底，叶片伸出盖板或定植板（图5-27，图5-28）。

图5-27　岩棉块育苗直接定植　　　　图5-28　田间状态

2. **岩棉育苗+悬杯定植**　用岩棉育苗，成苗后放入定植杯（图5-29）。为便于固定，把定植杯卡在塑料管上方的定植孔上，营养液呈薄层流动，由杯底或侧壁伸出的根系在自然状态下可接触到营养液（图5-30）。需要说明的是，很多学者认为，如果采用悬杯方式，营养液较浅，属于营养液膜水培；如果营养液较深，则应归入管道式深液流水培一类。

3. **岩棉育苗+坐杯定植**　用岩棉小块育苗，成苗后将岩棉育苗块移栽到定植杯中。或用珍珠岩、蛭石育苗，成苗后洗净根系，移入定植杯，用陶粒、珍珠岩、砾石等大颗粒基质固定。将定植杯在过渡槽中寄养一段时间，然后插入定植孔，杯底接触槽（管）底，这种状态称作"坐杯"（图5-31，图5-32）。有学者认为，定植杯接触槽底是NFT的特征。

图 5-29　岩棉育苗块

图 5-30　使用定植杯时的定植方法

图 5-31　坐杯定植方式

图 5-32　定植杯底部接触槽底

三、营养液管理

（一）配方选择

由于营养液膜水培技术所用营养液总量较少，导致营养液的浓度、成分、酸碱度变化较快，因此要选择稳定性较好的配方，如荷兰的 NFT 配方和日本山崎配方。

（二）供液方式

有两种供液方式。

1. 连续供液　　每个栽培槽的供液速率为 2～4L/min。根据植株长势或环境条件调节流量，植株较大、气候炎热、天气晴朗，流量可较大；而植株较小、阴天、夜晚时的流量可较小，但夜间必须维持一定的供液量。水泵连续运行易出故障，为此，可在较高的位置建一个高位营养液贮液池或贮液罐，用水泵把营养液从地下贮液地抽至高位贮液池或贮液罐中，让营养液在重力作用下自动流到各栽培槽。由于液层厚度只有 1cm 左右，养分和氧气很容易被消耗。一般而言，蔬菜在溶氧量为 4mg/L 以上时均能较好地生长，这一标准相当于在长度为 25m 的种植槽中定植 60 株番茄，连续供液每分钟 2～4L。

2. 间歇供液　　每间隔一段时间供液 1 次，这是解决因栽培槽过长而使根系缺氧的有效方法。在供液停止时，根系之间大孔隙里的营养液逐渐流出，空气进入孔隙，使根系直接吸氧。间歇供液的供液时间和间隔时间要灵活掌握。例如，如果槽体长、密度大、植株高大、空气干燥、气候炎热,而供液时间过短,间歇时间太长,则会影响到出口附近植株水肥的供应,甚至出现作物缺水凋萎的状况,但供液时间太长,间歇时间过短,则起不到补充氧气的作用(图 5-33,图 5-34)。

图 5-33　蔬菜根系状态

图 5-34　健康生长的结球叶用莴苣

(三)补液与换液

营养液膜水培系统的营养液总量较少,导致营养液的组成和浓度变化剧烈,要经常补充养分和水分。如果没有自控装置,则每天要测定 1 次贮液池营养液的电导度,及时补充养分和水分。定期更换营养液,生长期为 6 个月或以上的蔬菜,如番茄、辣椒等,每 2~3 个月更换 1 次,整个生长期更换 2~3 次,而生长期短的矮生叶菜,每种植 1~2 茬后更换 1 次营养液。

【知识点】岩棉块,定植杯,悬杯,坐杯,根垫,营养液循环,连续供液,间歇供液,高位贮液池,补液,换液。

【技能点】岩棉育苗,移栽,小株蔬菜定植,大株蔬菜定植,配方选择,补液,换液。

【复习思考】
1. 营养液膜技术的核心理念是要解决栽培中的什么问题?
2. 大株蔬菜定植方式和小株蔬菜定植方式有何不同?
3. 连续供液和间歇供液各有什么优缺点?各自需要注意哪些问题?
4. 如何解决因栽培槽过长引发的缺氧问题?

项目二　深液流水培

深液流水培,即深液流技术(deep flow technique,DFT),是指植物大部分根系浸泡在较深(5~10cm)的营养液中,通过营养液循环流动的方式来提高营养液的溶解氧含量,从而满足根系呼吸需要的一种水培技术。

各种形式的深液流水培系统的共同特征可以概括为"深、流、悬"三字。"深"是指栽培槽中营养液较深,大部分根系可伸入到营养液中,因营养液总量较多,所以营养液浓度、组成、酸碱度、温度较为稳定;"流"是指营养液通过循环流动提高溶氧量;"悬"

是指多采用悬杯定植方式，植株悬于液面之上，上部根系裸露在潮湿的空气中，下部根系浸泡在营养液中，通过调整液位改变根系的空间分布的方法，在一定程度上解决根系吸氧和吸收养分、水分的矛盾。

深液流水培设施的核心部分是栽培槽，无论采用什么材料建造，基本建造要求都是：其一，栽培槽深度通常在10cm以上，这样既可以维持5~10cm的营养液深度，又能保证植株处于"悬"的状态；其二，要采用各种方式防止渗漏；其三，要坚固耐用。

任务一　泡沫塑料栽培槽深液流水培

子任务一　泡沫塑料栽培槽深液流水培设施的结构认知与建造

【知识目标】理解深液流技术的概念；掌握泡沫塑料栽培槽、贮液池、循环系统等设施对材料的要求与结构参数；熟悉泡沫塑料栽培槽深液流水培设施的建造工序。
【技能目标】能够按栽培需求指导施工者建造泡沫塑料深液流水培设施；能够按图纸切割建造栽培槽槽体的聚苯乙烯泡沫塑料板材；能够正确进行定植板的打孔操作。

一、贮液池

根据栽培需要、场地条件、经济状况、施工能力，可以采用多种方式和工艺建造深液流水培设施的贮液池。贮液池通常采用砖混结构，地下式，其建造工序、工艺可参考营养液膜水培设施的贮液池。

（一）容积确定

根据栽培面积、水泵功率、蔬菜种类及建设的经济性确定贮液池容积，其原则是贮液量能使水泵维持一定的运行时间，营养液不能很快被抽干而导致水泵空转。相对于营养液膜水培来讲，深液流水培的贮液池容积应更大一些。通常每667m^2栽培面积，水泵功率为550W时，贮液池容积应达到20m^3。确定贮液池容积时要掌握宁大勿小的原则。

（二）定位放线

确定贮液池基坑长、宽、高尺寸，按图纸定位，用经纬仪放出轴线。标出贮液池四角位置，钉木桩，拉线。之后测量两对角线，保证对角线长度相等，以确保贮液池口为长方形而不是平行四边形（图5-35）。之后，撒滑石粉，做出明显标记（图5-36）。

（三）挖掘基坑

采用机械挖掘方式，当温室内不便使用小型挖掘机时，采用人力开挖土方。土方应运至指定位置，不可随意堆放（图5-37）。

（四）铺池底

池底找平后，铺10~15cm厚混凝土（图5-38）。为提高坚固性，也可绑扎、铺设直径10mm的钢筋。

（五）砌筑池壁

1. **准备**　使用水泥砌块或黏土砖。选用的黏土砖要棱角整齐，颜色均匀，规格一

图 5-35　定位放线

图 5-36　撒滑石粉标线

图 5-37　挖掘土方

图 5-38　池底铺完混凝土状态

致，无弯曲、裂纹。黏土砖（或砌块）砌筑前一天提前淋水湿润，以水浸入砖四边 1.5cm 为宜，含水量为 10%～15%。冬季浇水有困难时，则必须适当增大砂浆稠度。

砂浆随搅拌随使用，一般水泥砂浆必须在 3h 内用完，水泥混合砂浆必须在 4h 内用完，不得使用过夜砂浆。

砌筑前，用水平仪测出基础设计表面标高。

2. 砌砖　　单面挂线砌筑。上下错缝，内外搭砌。砌筑时上口拉线采用一铲灰、一块砖、一挤揉的"三、一"砌砖法进行作业。砌筑时，首先应将灰打匀打平，砖要放平，一定要跟线，左、右相邻砖块要对平，做到"准确尺码边角正，浆满缝直墙面平"。水平灰缝厚度和竖向灰缝宽度应控制在 10mm，但不应小于 8mm，不应大于 12mm。灰缝不得出现透明缝、瞎缝和假缝。砖砌体施工临时间断处补砌时，必须将接槎处表面清理干净，浇水湿润，并填实砂浆，保持灰缝平直。分次砌筑，每次砌筑高度不应超过 1.5m。待前次砌筑砂浆终凝后再继续砌筑。池壁转角处和交接处应同时砌筑（图 5-39，图 5-40）。

3. 防水施工　　防水层的制作方法有多种，比较常用的是用聚乙烯丙（涤）纶卷材贴铺。施工环境温度应控制在 5～25℃。

（1）做垫层　　池壁砌筑完成后，用 1∶3 水泥砂浆做防水垫层、找平。之后做防水层。

（2）混配胶合剂　　按胶浆的配比（重量比）100∶1∶50（水泥∶胶粉∶水），将胶粉放入容器内，再加水泥搅拌至均匀无凝块、无沉淀的糊状流体，制成的胶粘剂应在 4h 内用完。

（3）贴铺卷材　　分别涂刷基层和卷材底面，涂刷应均匀，不露底、不堆积。将卷材沿标准线铺贴，操作时卷材不要拉得太紧，并注意方向，要沿标准线进行，以保证卷

图 5-39　砌筑池壁初期状态

图 5-40　砌筑池壁基本完成时状态

材的搭接宽度（图 5-41）。操作中注意排气，每铺完一张卷材，应立即用干净的滚刷从卷材的一端开始向另一端横向滚压一遍，将空气排出。排出空气后，为使卷材粘结牢固，应用外包橡皮的铁滚滚压一遍。卷材铺好压实后，应将搭接部位的结合面清除干净，用毛刷在接缝处均匀涂刷胶黏剂。指触不粘手后，用压辊滚压一遍。全面检查，是否粘合牢固，有无翘边、起鼓现象。最后，全部用毛刷清扫干净，涂刷一遍胶合剂。

4. 防水保护层施工　在防水层外，用 1∶2.5 水泥砂浆抹光面，最后抹素灰压光（图 5-42）。贮液池上沿和露出地面的外壁，也要抹砂浆并抹素灰压光（图 5-43）。

（六）加盖

贮液池要加盖，防止营养液因见光而滋生绿藻（图 5-44）。

图 5-41　防水层施工

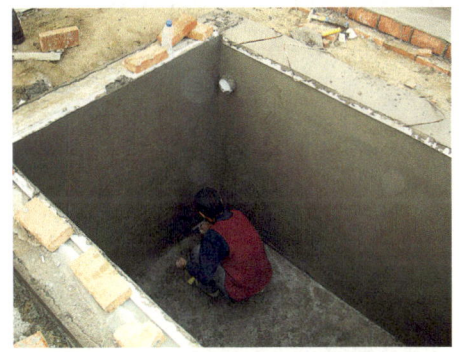
图 5-42　防水保护层施工

图 5-43　贮液池上沿抹素灰压光

图 5-44　贮液池加盖

二、营养液循环系统

营养液循环的过程是,由水泵把地下贮液池中的营养液抽入栽培槽,当栽培槽中的营养液达到预设水位时就会在重力作用下进入排液口,经回流管道流回贮液池,循环往复。按这一流程设计、建造营养液的循环系统。

(一)供液系统

供液系统由水泵、供液主管、供液支管组成。水泵选用潜水泵或自吸泵,供液主管可以用无规共聚丙烯(PPR)热熔管,规格为外径32mm、壁厚3.6mm,或外径40mm、壁厚4.5mm,或外径50mm、壁厚5.6mm等(图5-45)。支管是外径20mm、壁厚2.3mm,或外径25mm、壁厚2.8mm的PPR热熔管。也可使用PVC管或PE管。每个栽培槽用的供液支管都与栽培槽等长,沿栽培槽走向平铺在槽底,支管上每隔1.5~2m钻1个直径3mm的小孔,营养液可均匀地加入栽培槽中,也可只在栽培槽一端开供液口。

(二)回流管道

回流营养液没有压力,但为了及时回流,管道应粗些,因此回流管多采用直径90mm或110mm的UPVC排水管,埋入地下,保持1%以上的坡降(图5-46)。

图5-45 自吸泵及PPR供液主管

图5-46 用胶水粘合组装营养液回流管道

三、栽培槽

栽培槽用聚苯乙烯泡沫塑料板制作,由槽体、定植板两部分组成。聚苯乙烯泡沫塑料板材重量轻,保温隔热性能好,便于组装和移动,修补、更换也较为容易。

(一)地面

在温室内田间通道位置的地面上铺塑料薄膜或水泥砖,隔开土壤。安放栽培槽的地面要整平,不沉陷。

(二)槽体

1. 切割板材 聚苯乙烯泡沫塑料板材(简称泡沫板)密度要大于20kg/m³,密度越高越坚固,密度低易破碎,使用寿命短。一般厂家最初制成的泡沫塑料块的规格为100cm×50cm×200cm,需切割成2cm×100cm×200cm的泡沫板。取一半数量的泡沫板,从100cm×200cm的一面切割,将每块板都分成宽度分别为11cm、11cm和78cm的3块板,长度都是200cm,厚度都是2cm;取另一半,将每块板都分成宽度分别13cm、13cm

和 74cm 的 3 块板,长度都是 200cm,厚度都是 2cm。用窄板作槽壁,用宽板作槽底和定植板(图 5-47)。

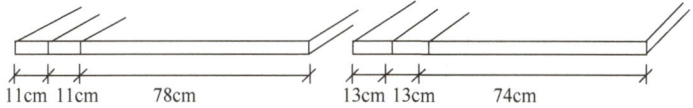

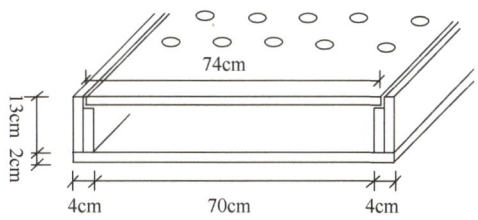

图 5-47　泡沫塑料板切割与栽培槽组装示意图

2. **粘合**　准备好槽壁、槽底,材料不符合要求时,可以用裁纸刀临时切割泡沫板(图 5-48)。之后,用聚苯专用胶粘合成栽培槽单元(图 5-49～图 5-51)。拼接摆放后,内衬 0.1～0.15mm 厚的透明、黑色或黑白双色聚乙烯塑料薄膜防渗,铺黑色膜是为了遮光。由于平时薄膜被划破的可能性很低,因而也可以铺薄而廉价的普通地膜。

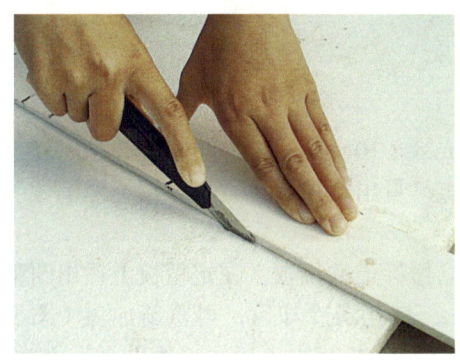

图 5-48　切割泡沫板

图 5-49　粘合槽壁

图 5-50　用胶水粘合成栽培槽单元

图 5-51　制成的栽培槽单元

(三)定植板

1. 定植板打孔　　栽培槽上部用于定植蔬菜的聚苯乙烯泡沫塑料板称作定植板。定植板厚2～3cm。在定植板上打圆孔，用于安放定植杯或直接定植蔬菜，这种圆孔称作定植孔。定植孔间距依据所栽培蔬菜的种类而定，小株叶菜的定植孔可密些，大株果菜可稀些，也可按小株叶菜所要求的间距打定植孔，在种植大株果菜时用泡沫塑料塞把不用的定植孔堵上，这样的定植板即可通用。

（1）小株蔬菜定植板打孔　　对于小株蔬菜（以及部分大株蔬菜），通常用聚氨酯、岩棉块或小型定植杯定植，定植孔直径一般为2～3cm。打孔方法如下。

依据栽培槽长度和宽度，用裁纸刀、直尺切割泡沫板，做成定植板。切割时，裁纸刀要尽量放平，与板材的夹角尽量小，让更多的刀刃接触泡沫板（图5-52）。

切割一段长20～30cm，直径20mm或25mm的薄壁钢管，一端插木棍或塑料管作手柄，制成打孔器。将有钢管的一端放在电炉上加热，操作时注意安全，身体各部不可接触钢管、电热丝（图5-53）。注意清理烫下的泡沫塑料，防止其燃烧，避免污染空气。

图5-52　切割泡沫板做定植板　　　　图5-53　加热打孔器

叶菜类蔬菜的株行距一般为（10～20）cm×（10～20）cm，可根据栽植密度，自行调整植株的株行距。按株行距，在板材上用直尺量出定植孔位置，并用记号笔做明显的标记。定植孔要按一定的规则排列。

手持经充分加热的打孔器，垂直按压在已做标记的位置，在定植板上烫出圆整的定植孔，每加热1次，可以连续烫出3～5个孔，打孔器冷却后，再重新加热（图5-54）。打孔完成后，把定植板覆盖在槽体上。

当完成一块定植板后，即可以此为模板，在另一块板材上标记定植孔位置，这样既可提高工作效率，又能保障所有定植板的定植孔位置相同（图5-55）。

图5-54　烫定植孔　　　　图5-55　用模板在另一块定植板上做标记

（2）大株蔬菜定植板打孔　　用直径50mm左右的定植杯定植，需要打大孔，方法有两种：其一，选一个直径50cm左右的铁皮饮料罐，用型材切割机切去一端，将切口打磨锋利，将切口对准预定位置，用力旋转、下压，即可打出一个圆整的定植孔。其二，选一截长约10cm、直径50mm的厚壁钢管，用车床将一端切削锋利，另一端焊一个手柄，用电炉加热后，垂直戳在定植板上的预定位置，即可烫出一个定植孔（图5-56，图5-57）。这种定植孔也适用于部分小株蔬菜悬杯定植。

图5-56　打孔器及用电炉加热方法

图5-57　打大型定植孔

2. **定植板安放**　　将定植板安放在槽体上，要保持定植板水平，否则有些蔬菜幼苗会出现沤根或干枯现象（图5-58）。如果定植板较宽，定植蔬菜后容易弯曲塌陷，可在栽培槽的中央砌一道支撑墙，还可在槽内中央每隔1m左右放置一截长度与栽培槽深度相等的UPVC塑料管作支撑物（图5-59）。

图5-58　安放定植板

图5-59　定植板的支撑方法

（四）液位调节装置

通过液位调节装置，槽中可保持5～8cm深的水位，超过预设水位的营养液会沿回流管流回贮液池。排液口与槽底连接处要注意防漏，在排液口上可套橡胶套管调节营养液深度（图5-60，图5-61）。排液口外套直径110cm的PVC管，以阻挡烂根、植株残体等杂物进入回流管（图5-62）。

还有一种更为简易的液位调节方法，就是在槽底薄膜下面垫有孔泡沫板，薄膜上打孔，让营养液直接流入回流管，通过增减泡沫板的层数调节液位（图5-63）。

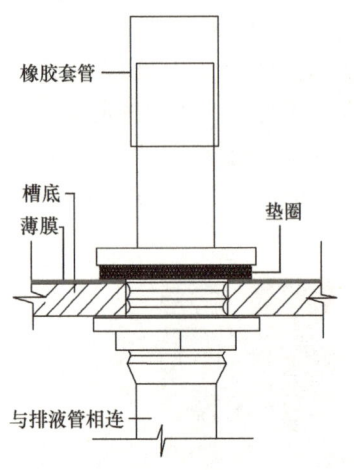

图 5-60　液位调节装置示意图

图 5-61　排液口

图 5-62　排液口外加套管

图 5-63　简易的液位调节装置

【知识点】深液流水培，贮液池，栽培槽，聚苯乙烯泡沫塑料板，槽壁，槽底，定植板，定植孔，定植杯，打孔器，循环系统，供液管道，排液口，液位调节装置，回流管道。

【技能点】贮液池建造，防水层施工，供液管道组装，回流管道组装，泡沫塑料板材切割，栽培槽组装，定植板打孔，液位调节装置组装。

【复习思考】
1. 用聚苯乙烯泡沫塑料这种材料制作的栽培槽有何优缺点？
2. 如何调节栽培槽中的营养液液位？

子任务二　蔬菜泡沫塑料栽培槽深液流水培

【知识目标】理解利用灯芯法进行蔬菜移栽的原理；掌握蔬菜移栽操作时的注意事项及技术指标。

【技能目标】能够正确进行蔬菜的移栽和寄养操作；能够根据蔬菜的生长发育时期进行寄养期间及定植后的营养液管理。

利用泡沫塑料栽培槽深液流水培设施进行蔬菜栽培时，由于建造栽培槽的材料强度较低，因此适宜栽培重量较轻的叶菜，并最适宜采用灯芯法移栽和定植，当然，还可以采用悬杯法栽植。这里以灯芯法为例，对蔬菜栽培技术加以阐述。

一、育苗

根据不同定植方式，可以选择用岩棉、聚氨酯育苗，也可用蛭石，或用蛭石与草炭混合的复合基质，以穴盘、平底盘为容器育苗。为便于清洗根系，以用蛭石育苗为好（参见本书单元四无土育苗部分）。

二、移栽

深液流水培过程中的移栽是指将育苗盘中的蔬菜幼苗暂时移植到具有密集孔洞的泡沫塑料寄养板上。之所以先进行寄养而不直接定植到定植板上，是因为此时幼苗体型尚小，定植板株行距是按成株设计的，比较大，直接定植会造成栽培空间的浪费。

采用灯芯法移栽，该法又称无纺布加聚氨酯法。主要原理是：利用无纺布自身材质所具有的、像"灯芯"一样的毛细管作用，将水分和养分输送给蔬菜上部没有侵入营养液的根系，并利用聚氨酯的弹性固定根系，从而使蔬菜能够呈深液流水培所要求的"悬"的状态，同时保障对根系的氧气、养分和水分的供应。

1. 材料裁剪 用剪刀将无纺布剪成宽 2cm，长 10cm 的布条（图 5-64）。将 2cm 厚的聚氨酯片剪成 2cm 宽、4～6cm 长的小条，其实际长度根据寄养板上孔洞的直径调整，以固定蔬菜时刚好充满孔洞为准，不可过紧和过松（图 5-65）。

图 5-64 剪无纺布条

图 5-65 剪聚氨酯条

2. 清洗根系 将穴盘或平底盘倒扣在盛有水的容器中，轻轻拍打盘底，让基质和幼苗落入水中，基质、幼苗与苗盘不能完全分离时，可以用细木棍从盘底的小孔捅一下（图 5-66，图 5-67）。

拿开苗盘。基质遇水后，会与幼苗根系逐渐分离，尽量用较长时间浸泡的方法让基质自然脱落，而不要用手揉搓根系，以免伤根（图 5-68）。基质基本脱落后，更换清水，再次清洗，彻底洗净幼苗根部的基质。如果基质中含有草炭，幼苗生长过程中，根系容易与草炭颗粒纠缠在一起，很难洗掉，定植后草炭脱落至营养液中，容易堵塞管道，这就是尽量不用草炭作水培育苗基质的原因（图 5-69）。

图 5-66　蛭石育苗

图 5-67　将苗盘倒扣于水中

图 5-68　洗净根系

图 5-69　育苗基质中的草炭不易被清洗掉

3. 包裹根系　　将无纺布浸泡一下，挤去多余水分。再用无纺布条包裹根系，只需一折即可，不要卷成卷，且无纺布只包根系，不能包胚轴或茎，这是因为无纺布通过毛细管作用发挥吸水功能，胚轴和茎不具备吸水能力，被无纺布包裹后很容易腐烂（图 5-70）。然后，用聚氨酯条包裹茎基部，下部夹住无纺布，上部尽量不要包住叶片，并注意包裹得不可过紧，操作时不能过分挤压（图 5-71）。

图 5-70　无纺布和聚氨酯的包裹位置

图 5-71　包裹聚氨酯

4. 插入板孔　　供蔬菜临时生长用的泡沫塑料板，称作寄养板、移栽板或过渡板，孔洞密集，有别于定植板。用聚氨酯包裹幼苗茎基部后，将幼苗带无纺布塞入寄养板的孔洞中，要求聚氨酯上表面与寄养板表面相平。聚氨酯利用自身弹力撑开，充满孔洞，不留空隙，从而将幼苗固定在孔洞中（图5-72）。然后从寄养板背面拉一下无纺布条，避免其下端呈团缩状态被聚氨酯夹在孔中（图5-73）。

图5-72　塞入寄养板上的孔洞

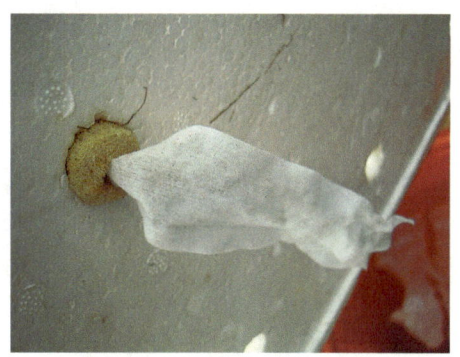

图5-73　无纺布应呈舒展状态

三、寄养

寄养是指让蔬菜幼株在过渡槽（用于寄养的栽培槽）或过渡箱（用于寄养的栽培箱）中密集地、临时性地生长一段时间。

由于幼株弱小，通常使用浓度较低的0.5剂量营养液。液位要高，液面距离寄养板底部约1cm，有时甚至可以让寄养板直接漂浮在营养液上。移栽初期，蔬菜叶片颜色偏黄，并伴有萎蔫现象，部分外叶甚至会干枯，这都是缓苗过程中的正常现象（图5-74，图5-75）。移栽后7d左右，叶色转绿，植株长大，发生新叶，根系伸长，长出新根，此时即可定植。当然，也可再过几天，等植株更大后再行定植。

图5-74　过渡槽寄养

图5-75　过渡箱寄养

四、定植

深液流水培的定植是指将蔬菜幼苗移植到栽培槽上的定植板上，进入正常生长阶段，直至采收结束，不再移动蔬菜位置的栽培步骤。

（一）营养液加注

1. 浓缩液稀释　在贮液池中加拟配制营养液体积50%以上的水，依次、缓慢倒入浓缩液，边倒边搅拌，然后加水定容至预定体积，将浓缩液稀释成栽培用营养液。

2. 栽培槽注液　　打开营养液循环系统水泵和各级阀门，向栽培槽加注营养液，液位深度以营养液表面距离定植板底部 2cm 为宜。

（二）定植操作

将寄养板，连带蔬菜，从过渡槽或过渡箱中拿起，用手指捏住蔬菜基部的聚氨酯，将蔬菜连带无纺布一起拔出，轻轻从定植板上面按原样塞入定植孔中。操作过程中尽量避免伤根，完成后再检查一遍，确保无纺布和根系顺直，而不是卷缩在定植孔中（图 5-76，图 5-77）。

图 5-76　定植完成时蔬菜生长状态　　　图 5-77　刚完成定植时的蔬菜根系状态

（三）灯芯式直接定植法简介

灯芯式直接定植法是指不经过移栽和过渡槽寄养，用无纺布、聚氨酯等材料包裹根系，将蔬菜幼苗直接定植到定植板上的定植方法。

操作时，可以将定植板安放在栽培槽上后定植（图 5-78）。为便于操作和检查定植质量，也可以将定植板呈直立状态靠在墙上或其他支撑物上，定植后再将其安放于栽培槽上（图 5-79）。直接定植法的优点是减少了移栽的操作环节和寄养的管理环节，缺点是占用栽培槽空间的时间较长，降低了空间利用率。

图 5-78　将定植板安置在栽培槽上后定植　　　图 5-79　定植蔬菜后再安放定植板

（四）岩棉块加定植杯法简介

用岩棉作基质育苗（图 5-80），然后将育成的幼苗塞到定植杯中，定植杯较长时，可在下部再塞一节岩棉（图 5-81）。再有，可以用蛭石育苗，定植时把根系洗净，然后用岩棉块夹住，塞入定植杯固定（图 5-82，图 5-83）。总之，深液流水培的定植方法有很多，可以因地制宜选择最适合的方式。

图 5-80 岩棉育苗

图 5-81 塑料定植杯与岩棉块

图 5-82 带缝隙的岩棉块

图 5-83 用岩棉夹住幼苗定植

五、营养液管理

(一) 配方选择

可使用专用配方,也可采用通用配方,无论选择哪类或哪种配方,都要先经小面积试验后再大面积推广使用。如使用地下水配制营养液,还需要根据水的硬度对配方进行调整。

(二) 液位调节

蔬菜深液流水培的关键是根据蔬菜生长进程调节营养液液位,这是因为液位直接影响根系呼吸和养分吸收。

使用无纺布条定植者,栽培初期,营养液液位要高,液面距离定植板底部不超过 2cm,以保证幼小的根系能够吸水,如果初期液位低,根系下部会产生大量分枝,形成强大根群,而根系上部却不发达,随着植株成长,会出现"瓶颈"效应,随着根系自身重量增加,根系很可能从瓶颈部位断开。随着植株逐渐长大,液位要逐渐降低(图 5-84～图 5-91)。

图 5-84 定植后 4d 的叶用莴苣植株

图 5-85 定植后 4d 的叶用莴苣根系

图 5-86 定植后 9d 的植株状态

图 5-87 定植后 9d 的根系状态

图 5-88 定植后 15d 的植株状态

图 5-89 定植后 15d 的根系状态

图 5-90 定植后 40d 的植株状态

图 5-91 定植后 40d 的根系状态

暴露在空气中的根系会形成大量气生根，促进蔬菜对氧气的吸收，如果气生根在营养液中浸渍时间较长，就可能死亡并伤及整个根系，因此不能大幅度变动液位，尤其在降低液位后，就不应再大幅度升高。另外，液位也不能降得太低，应保证液层的深度，相当于在无电力供应、不能正常循环的情况下，仍可维持植株正常生长 1～2d 的营养液量。

（三）营养液检测

每 1～2d 检测 1 次营养液的 EC 值和 pH。根据不同植物、不同生长期要求的适宜浓度和酸碱度进行调控。例如，番茄整个生育期的 EC 值调节规律为：0.8—1.0—1.2—1.4—1.6—1.8—2.0—2.2—2.4mS/cm；黄瓜 EC 值调节规律为：2.0—1.8—2.0—1.8mS/cm；叶菜类 EC 值一般不变，控制在 1.0～1.2mS/cm。营养液 pH 控制在 6.0～6.5，用浓度不高于 10% 的稀磷酸、稀硫酸调节。

（四）营养液循环

用定时器控制营养液循环时间的长短和供液频率。使用潜水泵供液时，可以用定时器加继电器控制潜水泵电源开闭；用自吸泵供液，由于可以通过水压自行控制水泵开闭，因此，水泵电源可以始终处于接通状态，在供液管上安装电磁阀，用定时器控制电磁阀从而控制供液。

一般每间隔 50min 供液 10min，使营养液中溶解氧的浓度维持在 4mg/L 以上，大约相当于 15～27℃时饱和溶解度的 50%，高者可达 6.8mg/L，相当于 82% 左右（图 5-92）。如果溶氧量不足，根系发育不良影响生长，直接表现为根系呈淡黄色甚至褐色（图 5-93）。

图 5-92　溶解氧充足时根系呈白色

图 5-93　营养液缺氧时根系呈褐色

六、蔬菜管理

深液流水培方式可以栽培多种蔬菜，均能达到良好的栽培效果（图 5-94～图 5-97）。蔬菜的田间管理技术和土壤栽培类似，对于果菜类来讲，也需要进行植株调整、人工授粉等操作，对于叶菜，由于植株矮小，生长期短，田间管理简单，需要注意病虫害防治，并注意及时采收。例如，叶用莴苣一般在定植后 20d 即可达到商品采收标准，可以进行掰叶采收。

图 5-94　深液流水培蒲公英

图 5-95　深液流水培叶菾菜

图 5-96　深液流水培豆瓣菜　　　　图 5-97　深液流水培紫背天葵

【知识点】蛭石、无纺布、聚氨酯、寄养板、定植板、液位、缓苗、营养液配方、溶解氧、溶氧量、气生根、缺氧、定时器、电磁阀、潜水泵、自吸泵、供液时间、供液次数、营养液 EC 值、营养液 pH、蒲公英、豆瓣菜、叶荠菜、紫背天葵。

【技能点】育苗、灯芯法定植、材料裁剪、清洗根系、包裹根系、移栽操作、过渡槽寄养、过渡箱寄养、浓缩液稀释、营养液加注、液位调节、营养液检测、营养液调控、植株调整、人工授粉、掰叶采收。

【复习思考】
1. 采用灯芯法移栽或定植蔬菜有何优缺点？
2. 采用灯芯法移栽或定植蔬菜时的技术要点是什么？
3. 在营养液管理过程中，为什么不让 EC 值呈一成不变的状态？

任务二　砖混结构栽培槽深液流水培

子任务一　砖混结构栽培槽深液流水培设施的结构认知与建造

【知识目标】了解砖混结构栽培槽的常用规格；掌握砖混结构栽培槽建造的技术要求；理解栽培槽中液位调节装置的运行原理。

【技能目标】能够按栽培需求设计砖混结构深液流水培设施；能够按需求指导施工者建造砖混结构栽培槽的深液流水培设施。

一、贮液池

贮液池的结构和建造方法参见泡沫塑料栽培槽深液流水培设施部分。

二、回流管道

按设计图，确定回流主管道各节长度和每个栽培槽的排液口位置。回流主管道选用直径 110mm 的 UPVC 排水管，在每个栽培槽的位置用 50～110mm 三通连接，三通的直径 50mm 的开口垂直向上，接一段直径 50mm 的 UPVC 排水管（图 5-98）。在预定的栽培槽两端的位置挖沟，接近贮液池的一端较深，另一端较浅，最浅位置的深度至少应超过15cm，此沟用于埋设营养液回流管。将连接好的管道放入沟中，回流管坡降1∶100，通入贮液池的一端较低。当栽培槽建成后，管口要高于槽底15cm（图5-99）。安装完成后，各管口用塑料薄膜封堵，以免进土。

图5-98　用三通连接各段回流管　　　　　图5-99　埋设回流管

三、栽培槽

（一）槽体设计

1. **宽度**　栽培槽的宽度一般为100～150cm，以工作人员在槽两边操作时手能触及每个定植孔为宜。但栽培槽宽度超过100cm时中间要加支撑墙，防止定植板弯曲变形。理论上如果不影响操作，栽培槽越宽，土地利用率越高，但实践表明，一般宽度不宜超过150cm，否则操作不便。不要设计过窄的栽培槽，否则田间操作通道增多，降低土地利用率。

2. **深度**　槽内深度12～15cm，这一深度基本可以满足栽培各种蔬菜需要（图5-100）。

3. **长度**　槽长10～20m，如果栽培槽过长，且排液口少，容易造成供液时段槽内液位不一致，供液口附近较深，而排液口附近较浅，进而影响蔬菜生长的一致性。

（二）定位放线

按图纸放线，用木桩标记栽培槽四角位置，量对角线，对角线相等则说明栽培槽平面为长方形而不是平行四边形。然后撒滑石粉，以便施工（图5-101）。

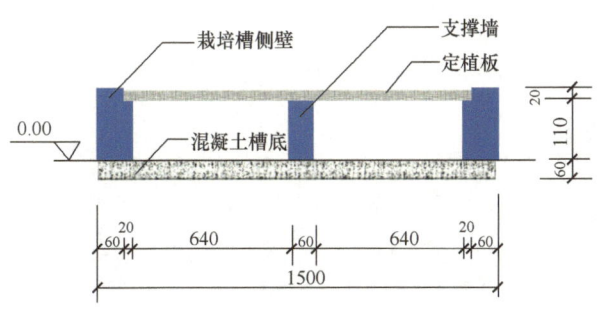 

图5-100　栽培槽结构图（单位：mm）　　　　图5-101　定位放线

(三)槽底施工

按定位标线,用砖摆放成边框,并按设计标高调整砖框高度(图5-102)。平整砖框内的地面,使地面与砖框下部边缘相平,将多余的土壤铲除,低洼处垫平夯实(图5-103)。土壤松软时,铺一层河沙、石粉或石子做垫层。

图5-102 摆放砖框

图5-103 整平槽底地面

砖框内铺1层混凝土(图5-104)。为提高坚固性,混凝土上铺1层电焊网,在回流管口位置,将电焊网剪断,让管口从网中穿过(图5-105)。其上再铺混凝土并抹平,最后,槽底高度与砖框表面持平,槽底总厚度在5cm以上(图5-106,图5-107)。

图5-104 铺混凝土

图5-105 混凝土上铺电焊网

图5-106 铺混凝土抹平

图5-107 槽底完成施工状态

(四)砌筑槽框

用黏土砖以立砖的方式砌槽框,用砂浆将缝隙填满,尽量光滑,不可有棱角(图 5-108,图 5-109)。之后,最好能用水泥砂浆抹面,做防水垫层。

图 5-108　砌筑槽框

图 5-109　砌筑完成后的状态

(五)防水施工

用贴铺聚乙烯丙(涤)纶卷材的方法做栽培槽防水层。按重量比 100∶1∶50(水泥∶胶粉∶水)的比例,先将胶粉放入容器内,再加水泥、水搅拌,配制成胶浆(图 5-110)。按栽培槽尺寸剪切卷材,以铺满槽底及内壁为准。将槽底清扫干净(图 5-111)。分别涂刷槽底、内壁和卷材底面,涂刷应均匀。铺贴卷材,操作中注意排气,要求无翘边、无起鼓现象(图 5-112)。然后,在表面再涂刷一遍胶浆(图 5-113)。

图 5-110　配制胶浆

图 5-111　清扫槽底

图 5-112　贴铺防水卷材

图 5-113　防水施工完成后的状态

(六) 砌支撑墙

在做好防水的栽培槽中央，砌一道立砖，用于支撑定植板（图5-114）。

(七) 槽框抹面

用水泥砂浆对栽培槽内、外壁抹面，保护防水层（图5-115）。

图5-114　砌支撑墙

图5-115　抹保护层

(八) 镶边

在栽培槽内部，镶一圈瓷砖，高度低于槽框上沿2cm，用于支撑定植板。之所以用镶瓷砖的方法而不是采用抹灰的方法，是因为镶瓷砖在工艺上更易于操作，可以降低人工成本（图5-116）。

(九) 压光

在栽培槽表面抹素灰，反复涂抹，形成光滑美观的表面。尤其是上表面，要做夹板，确保水平，然后抹灰。最后用水平尺检查水平程度（图5-117～图5-119）。

图5-116　栽培槽内壁镶瓷砖

图5-117　槽框表面压光

图5-118　用水平尺检查槽面水平程度

图5-119　基本完工的水培槽状态

（十）安装液位调节装置

在每个栽培槽的一端设置回流管管口（排液口），其上设置一个液位调节装置，当液位高于预设深度时，多余营养液经此进入地下回流管，再流回贮液池。先将露出栽培槽底的回流管，从高于槽底 5cm 左右的位置锯断（图 5-120）。然后插入液位调节装置，最简单的液位调节装置是一个上粗下细的空心橡皮塞，中间穿入一节塑料管，通过调整塑料管的高度调节液位（图 5-121）。

图 5-120　按要求高度锯断露出槽底的回流管

图 5-121　液位调节装置

（十一）清洗

建槽用的水泥呈碱性，加水后碱性物质会溶解出来，因此，栽培槽使用前必须进行处理，以免影响营养液的酸碱度。

1. **清水浸泡**　用清水浸泡，每浸泡 2～3d，抽去浸泡液，再注水浸泡 2～3d，如此反复数次，直至加入清水后 pH 稳定在 6.5～7.5（图 5-122）。

2. **稀酸浸泡**　为了加快处理速度，可在经过 2～3 次清水浸泡后再加入稀酸处理。稀酸浓度为 2～3mol/L，开启水泵循环，把稀酸倒入贮液池，调节浸泡液 pH 至 2 左右，在浸泡过程中，浸泡液的 pH 还会上升，可再加入稀酸，直至 pH 稳定在 6.5～7.5。浸泡 2～3d，pH 稳定后可排掉浸泡液，用清水冲洗干净。

虽然经过处理，在栽培初期的 3～6 个月里，仍会有少量的碱性物质溶解出来，营养液的 pH 仍会缓慢上升，因此要经常检查并调节营养液的酸碱度。

（十二）覆盖定植板

排干清洗液后，覆盖聚苯乙烯泡沫塑料定植板（图 5-123）。

图 5-122　清洗栽培槽

图 5-123　覆盖聚苯乙烯泡沫塑料定植板

四、供液系统

(一) 水泵

水泵的功率要适中，功率太大，贮液池中的营养液会很快被抽干，不能及时回流的营养液有可能从栽培槽溢出。通常，在栽培面积为 1000~2000m² 的前提下，选用 1 台吸入口径为 25~50mm、扬程 30m、功率为 1.5kW 以上的自吸泵即可。用定时器控制水泵的工作时间，选用可存储记忆的电子定时器。

(二) 供液管道

供液管道均需采用塑料管，延伸到各个种植槽边，其上连接供液支管（毛管）进入各栽培槽。栽培槽内有 3 种架设方式：一是把供液管平放在槽底，在供液管上每隔 80~100cm 钻出直径 1~2mm 的小孔；二是在栽培槽的一端槽面上架设钻有多个喷射小孔的管道，营养液从小孔中喷出流向另一端；三是沿着栽培槽走向，在槽壁或支撑墙或支撑墩上悬吊供液管，每隔 50~80cm 在供液管上开设 1 个喷液小孔。

而最简单的方式是在槽头设置一个塑料水龙头，可以人为调整流速。如果进行科学试验，还可以在出水口安装流量计。

> 【知识点】砖混结构栽培槽，防水层，槽底，支撑墙，槽框，聚乙烯丙纶防水卷材，定植板，排液口，回流管道，供液管道，液位调节装置。
> 【技能点】栽培槽设计，定位放线，槽底施工，槽框施工，防水施工，定植板打孔。

> 【复习思考】
> 1. 砖混结构栽培槽与泡沫塑料栽培槽相比较，有哪些优缺点？
> 2. 砖混结构栽培槽液液流水培设施的建造主要有哪几道施工工序？

子任务二　蔬菜砖混结构栽培槽深液流水培[①]

> 【知识目标】理解栽培设施的清洗与消毒的必要性；掌握悬杯定植操作关键技术要求；理解过渡槽寄养的必要性和技术要求；掌握栽培期间营养液管理指标。
> 【技能目标】能够正确进行育苗、寄养和定植操作；能够正确进行栽培期间的营养液管理。

砖混结构栽培槽是一类永久性栽培槽，坚固耐用，承重能力强，因此，除可以采用灯芯法栽培叶菜类蔬菜外，更适宜使用塑料定植杯的悬杯法栽培果菜类蔬菜。这里，以悬杯法蔬菜栽培技术为例，介绍与该设施相对应的蔬菜栽培技术。

一、设施消毒

生长期较长的蔬菜如番茄、辣（甜）椒、黄瓜、甜瓜等，在种植一茬后都必须更换

---

① 本子任务中涉及黄瓜栽培的照片均源自华南农业大学

营养液，清洗整个种植系统，然后进行消毒处理以便下一茬的种植；生长期短的蔬菜，如叶菜类蔬菜，则在经过 3～5 茬的种植之后，才更换营养液并进行系统的清洗和消毒。

用清水先把栽培槽、贮液池冲洗干净，然后用含有有效氯 0.3%～0.5% 的次氯酸钠或次氯酸钙溶液，或用 0.4% 的甲醛溶液喷洒栽培槽和贮液池，用定植板、贮液池盖板或塑料薄膜盖严，保持湿润 30～60min。也可以用 1/5000 的高锰酸钾溶液喷洒或刷洗栽培槽或贮液池，30min 后用清水清洗干净。供液管道也要用上述的消毒液开启水泵来循环消毒。

二、育苗

采用岩棉或复合基质穴盘育苗方式育苗，育苗技术参见本书单元四无土育苗部分。

三、移栽

（一）定植杯选择

定植杯，又称定植钵网杯、水培杯、水培篮，是水培蔬菜移栽或定植时，盛装育苗块的容器。通常为塑料材质，呈水杯状，上宽下窄，上口有沿，可以卡在定植板上，侧面、底部镂空，根系可以从孔洞中伸出。目前尚无统一规格和生产标准，各种产品内部直径和深度差别很大，一般高 5～8cm，直径 2～8cm，可以依据所栽培蔬菜株型大小、生长期长短选择适宜规格（图 5-124，图 5-125）。

图 5-124　不同大小的定植杯

图 5-125　定植杯侧面和底部镂空

（二）定植杯消毒

对于之前栽培过蔬菜的定植杯，在使用前要进行消毒。方法是：从定植板中取出定植杯，将杯中的砾石、陶粒等基质及蔬菜残根倒出，拣出残根，用水冲洗砾石、陶粒和定植杯，将细碎的根系和其他杂质冲走，然后把基质和定植杯分别放在容器中消毒。用含有 0.3%～0.5% 有效氯的次氯酸钠或次氯酸钙溶液，或 0.1% 甲醛溶液浸泡 1d，或用 1/5000 浓度的高锰酸钾溶液浸泡 30min，排掉消毒液，用清水冲洗干净。

（三）移苗入杯

移苗入杯是指把在育苗盘中培育到一定大小的幼苗移栽到定植杯中的操作环节（图 5-126）。首先，准备好固定幼苗用的非石灰质小砾石或陶粒或珍珠岩等惰性基质，粒径要大于定植杯上的孔洞。之后，在定植杯底部先放入一层基质，厚 1～2cm。然后，将幼苗从穴盘中连带育苗基质一并移入定植杯中，另取一些小砾石或其他基质放在幼苗根系周围将其固定住（图5-127）。

图5-126 移苗入杯

图5-127 填充颗粒状基质固定幼苗

最好用砾石固定幼苗，这是因为砾石颗粒较大，毛细管作用较弱，可防止营养液随毛细管作用上升并在基质表面积盐，如果在基质表面结成盐霜，盐霜会影响到蔬菜等园艺植物茎基部的生长，甚至导致植株死亡。同时，营养液上升还会使茎基部长期处于潮湿状态，极易感染病菌。

四、过渡槽（箱）寄养

过渡槽（箱）寄养是指把刚移植有幼苗的定植杯放在过渡槽（箱）中培育一段时间，等植株稍大后再行定植的栽培环节。寄养可避免直接定植小苗浪费栽培槽空间；经过渡槽寄养后定植的叶菜，生长迅速。

多用闲置的栽培槽或塑料箱作过渡槽（箱）（图5-128）。将定植杯密集地排列在槽内或箱内，加入2～3cm深的营养液，浸没杯底部即可，无需从上面喷淋营养液。寄养时间可灵活掌握，一般7d左右。

另一种寄养方式是将幼苗根系洗净，用聚氨酯包裹，塞入穴盘，每穴塞1株，盘底有低浓度、浅层营养液浸润即可（图5-129）。这是种植者在实践中摸索出的一种简易寄养方式。

图5-128 过渡箱寄养

图5-129 穴盘寄养

五、定植

使用定植杯的，定植后定植杯悬在营养液液面之上的，适用于深液流水培的定植方法，称作悬杯法。

当植株大小适宜，部分根系生长到定植杯外，相邻植株根系相互缠绕之前，即可定植。将定植杯安插到栽培槽定植板上的定植孔中，每孔一杯，杯沿卡在定植板上（图5-130）。

不同蔬菜的株型不同，株行距也不一样，以黄瓜为例，株距应在25cm以上，行距应在50cm以上（图5-131）。如果定植板上有不用于定植蔬菜的多余定植孔，要用泡沫塑料堵塞，防止进光。定植后，调整营养液液位，以浸没定植杯杯底为宜。

图5-130　定植后完成缓苗的黄瓜幼苗

图5-131　定植后栽培槽的状态

六、营养液管理

（一）液位调控

浸在营养液中的部分根系呼吸需要氧气，而氧气主要来源于营养液中的溶解氧。根部容易缺氧，经常出现植株根系发黄、腐烂现象。解决供氧问题有两个途径：其一，保证植株有部分根露在空气中；其二，使营养液中有足够的溶解氧。深液流水培中，调节栽培槽中营养液液位，就是调整暴露在空气中的根系的比例，是解决根系供氧问题的重要途径。

液位调控方法是：定植初期，营养液液面应浸没定植杯杯底1~2cm。当根系从定植杯中大量伸出时，应调节栽培槽中的液位调节装置，使液位降低，液面离开杯底（图5-132）。当植株很大、根系非常发达时，只需在种植槽中保持3~5cm深的液层即可，这样可以让更多的根系暴露在潮湿的空气中吸收氧气（图5-133）。

图5-132　根系大量渗出定植杯时降低液位

图5-133　根系非常发达时保持较浅液层

(二)浓度调控

营养液使用一段时间后,由于植物吸收养分、蒸腾失水及水分自然蒸发等原因,其浓度必然发生变化,又因植物在不同的生育期对营养液浓度要求也不一样,因此必须进行浓度调整。在没有自动监测和调控装置时,需要人工进行定期检测和校正。

在不同的生育时期,植物对营养液浓度要求不同,苗期植株小,浓度较低,生育盛期植株大,吸收量多,浓度应较高,全生育期的浓度一般应该控制在1.8~2.5mS/cm。以黄瓜为例,在开花之前的蕾期,适宜的营养液EC值为1.5~1.8mS/cm(图5-134,图5-135);开花期为1.8~2.2mS/cm(图5-136);结果旺盛期为2.2~2.3mS/cm(图5-137);植株衰退期为1.8~2.0mS/cm。

图5-134 定植后缓苗期状态

图5-135 生长早期状态

图5-136 生长前期状态

图5-137 结果旺盛期状态

可采用按时补充水分的方法降低浓度,或通过补充浓缩液、肥料的方法提高浓度。在补充养分时要根据所选用的营养液配方全面补充。除严格的科学试验之外,在生产中一般不进行营养液中单一营养元素含量的测量,也不单独补充某种营养元素。

(三)酸碱度调控

以栽培黄瓜为例,在营养液使用中,要求酸碱度呈微酸性,pH控制在5.6~6.2,pH过高时要用硫酸或磷酸调整,pH过低时,可用氢氧化钠或氢氧化钾来调节。简单的调整方法是,用水将酸、碱稀释为1%~2%的浓度,浓度最高不要高于10%,然后缓缓注入贮液池中,并用分压水管或工具搅拌均匀。注意不要因局部高浓度产生$CaSO_4$、$Mg(OH)_2$、$Ca(OH)_2$等沉淀,从而导致部分营养元素有效性降低。

（四）液温调控

营养液温度直接影响根系对水分、养分的吸收及根系呼吸和植物生长。根系对温度十分敏感，与地上部分（冠部）相比，根系要求的适宜温度范围较窄，要求液温稳定。黄瓜要求液温最低应保持在15℃，但不能超过35℃。一般黄瓜、番茄、辣椒、菜豆等喜温性蔬菜的适宜液温为15～25℃，芹菜、韭菜、樱桃萝卜、白菜的适宜液温为15～22℃。不了解蔬菜确切的液温指标时，在管理营养液时，可以依据夏季的液温不超过28℃，冬季的液温不低于15℃的原则。

目前无土栽培设施一般没有温度调控设备，难以人为地控制营养液温度。砖混结构栽培槽又比泡沫塑料槽保温隔热性能差，因气温变化而带来的影响更剧烈。管理者能做的，通常只是增大地下贮液池营养液量，提高液温的稳定性。

（五）供液时间和供液次数

供液的目的是让根际周围营养液成分不因吸收而降低，保证营养液溶解氧浓度满足根系需求，同时不因连续循环浪费能源。至于供液时间、供液次数，由于不同设施流量、流速、栽培槽容积不同，因此不能一概而论，主要依据营养液溶解氧浓度确定。要求在白天，营养液中溶解氧的浓度应维持在4～5mg/L或更高，大致相当于在15～27℃时饱和溶氧量的50%以上。如没有测氧仪器，可在白天供液2～3次，每次营养液循环时间为2h左右。深液流水培的供液时间一般安排在白天，夜晚不进行营养液循环，有时还可将槽内营养液放回到贮液池，以解决根系因缺氧而腐烂的问题。

（六）营养液更换

通过测定营养液总盐分浓度，或测定主要营养元素含量来判断营养液是否需要更换，也可根据经验来判断。尽可能选用酸碱性质稳定的营养液配方，这样在种植过程中就不需要经常用酸和碱来中和。

一般，生长期长的作物（每茬3～6个月，如黄瓜、番茄等）在整个生长期可不更换营养液，水分和养分消耗后只要补充即可（图5-138）。生长期较短的作物（每茬1～2个月，如叶菜类）一般不需每茬都更换，可连续种2～4茬更换1次营养液，这样可以节约养分和水分。每茬栽培完成后及时清理营养液中的残根（图5-139）。

图5-138 吊蔓的深液流水培黄瓜

图5-139 清理残根

【知识点】定植杯，过渡槽，过渡箱，营养液浓度，营养液酸碱度，溶解氧。
【技能点】设施消毒，定植杯选择，定植杯消毒，移苗入杯，过渡槽寄养，悬杯法定植，液位调控，营养液检测，营养液循环，增氧，换液，补液，蔬菜管理。

【复习思考】
1. 定植前进行过渡槽寄养有何必要性？
2. 采用定植杯定植蔬菜之后，如何调控栽培槽中的营养液液位？

项目三　浮 板 水 培

浮板水培，又称漂浮板水培技术（floating hydroponics technique，FHT），是将植物定植在轻质材料制成的浮板（定植板）上，而后将浮板直接放置在营养液液面上，使之在营养液浮力的作用下呈自然漂浮状态的一种无土栽培方式。这一方式一般只用于栽培叶菜类蔬菜。根据营养液的深浅又可将这一水培形式细分为深池浮板水培和浅池浮板水培。

任务一　深池浮板水培

子任务一　深池浮板水培设施的结构认知与建造

【知识目标】理解深池浮板水培的概念；掌握深池浮板水培设施的基本结构、建造工序和建造技术要点。
【技能目标】能够指导施工者建造深池浮板水培设施；能够对深池浮板水培设施进行维护。

深池浮板水培设施的栽培池深度一般在50cm以上，但对栽培池的长、宽等参数没有严格要求。

一、贮液池

参见泡沫塑料栽培槽深液流水培设施。有的设施不设贮液池，直接在栽培池中配制营养液，栽培过程中营养液自体循环。

二、回流管道

建造栽培池前，在地下预埋回流管道，主管道可以使用直径110mm的UPVC排水管，每个栽培池中留一个回流支管，管道直径50mm，排液口低于池口即可。建造方法参见砖混结构栽培槽深液流水培设施。

三、栽培池

栽培池多种多样，可以是地上式的，也可以是半地下或地下式的。例如，有一种大规模生产中常用的全地面深池浮板水培栽培池，是在整个温室内部除了留出工作通道、传送装置的空间之外，将整个地面建成深80～100cm、池口低于地面的栽培池。这里以常用的、地上式、小型深池浮板水培设施为例加以阐述。

（一）池体设计

栽培池内部深度50cm左右，宽度、长度依据设施可利用空间而定，为便于营养液回流，建为地上式。

（二）池底施工

平整土地，夯实土壤，土壤松软时铺砾石垫层。之后，用混凝土铺池底，并加入一层电焊网提高坚固性，回流管从池底穿出（图5-140，图5-141）。具体施工方法可参见砖混结构栽培槽深液流水培设施。

图5-140　在混凝土上铺电焊网

图5-141　池底完成施工后的状态

（三）砌筑池壁

用黏土砖或水泥砌块砌筑池壁，用砂浆将缝隙填满，尽量光滑，不可有棱角（图5-142）。之后，用水泥砂浆抹面，做防水垫层。

（四）防水施工

用贴铺聚乙烯丙（涤）纶卷材的方法做栽培池防水层。按重量比100∶1∶50（水泥∶胶粉∶水）的比例，先将胶粉放入容器内，加水泥、水搅拌，配制成胶浆。按栽培池尺寸剪切卷材，以铺满池底及内壁为准。将池底清扫干净。分别涂刷池底、内壁和卷材底面，涂刷应均匀。铺贴卷材时注意排气，要求无翘边、无起鼓现象（图5-143）。然后，在表面再涂刷一遍胶浆。

图5-142　砌筑池壁

图5-143　防水施工

（五）抹灰压光

用水泥砂浆对栽培池内、外壁抹面，保护防水层（图 5-144）。上沿要用水平尺检测水平程度，然后上夹板抹灰。表面抹素灰压光（图 5-145）。

图 5-144　内外砂灰抹面

图 5-145　上沿用夹板找平

（六）清洗

栽培池所用的水泥呈碱性，使用前必须进行处理，以免影响营养液的酸碱度。用清水浸泡 2~3d，抽去浸泡液，如此反复数次，直至加入清水后 pH 稳定在 6.5~7.5。

四、浮板

用聚苯乙烯泡沫塑料板制作浮板，这种材料质地轻，能漂浮在营养液液面上，其密度应达到 20kg/m³，确保坚固耐用。根据所栽培蔬菜的成株重量、耐低氧环境能力确定浮板定植孔大小和浮板厚度，以保证根系能获得足够的氧气为原则。通常有 3 种浮板类型。

（一）小孔薄板

浮板厚度 2~3cm，单层，定植孔直径 2~3cm，间距 15~20cm。植物大部分根系浸泡于营养液中，从空气中获得的氧气较少。主要用于栽培芹菜、豆瓣菜、蕹菜等根系较耐低氧环境的蔬菜，定植时用聚氨酯固定。制作方法与深液流水培的定植板制作方法相同（图 5-146）。

（二）大孔厚板

浮板厚度 5cm，单层，定植孔直径 5cm，间距 20cm。用装有单一基质或复合基质的定植杯作容器栽培蔬菜。蔬菜上部根系在基质中生长，下部根系伸入营养液。适宜栽培株型较大的叶菜类蔬菜，如散叶型叶用莴苣、结球型叶用莴苣、叶荠菜等。制作方法同深液流水培的大孔定植板制作方法。

（三）多层异径浮板

这是王久兴在实践中摸索出的一种浮板形式。由 2~3 层浮板组成，每层浮板厚度 2~3cm，定植孔间距 20cm。其中一层浮板定植孔直径 2~3cm，其他浮板定植孔直径 5cm，定植孔位置相同。各层浮板叠放在一起后，定植孔对齐，圆心重叠。制作时，先在一张浮板上打大孔，然后以此为模板，烫出其他浮板定植孔。使用时，小孔板在上，大孔板在下。这样蔬菜部分根系就能在营养液上方的大孔内吸收空气中的氧气，以此解决浮板水培根系供氧不足的问题（图 5-147）。

图 5-146　小孔薄板制作

图 5-147　多层异径浮板制作

某种蔬菜到底选用哪种浮板最为适宜，要凭经验或通过试验来最终确定。

五、供液系统

使用潜水泵或自吸泵供液。供液管道均需采用塑料管，通到各栽培池边，其上连接供液支管进入各栽培池。因栽培池容积很大，也可以不用贮液池，直接在栽培池中配制营养液，营养液通过自体循环方式供氧，在自体循环系统中加空气混入器。还有的大型设施，也不设贮液池，在栽培池底部安装连接着压缩空气泵的出气口及连接着肥料（浓缩液）分配泵的供液口，没有回流管道，营养液自体循环。

【知识点】深池浮板水培，栽培池，浮板，小孔薄板，大孔厚板，多层异径浮板，自吸泵，潜水泵，空气混入器，压缩空气泵，营养液自体循环。
【技能点】栽培池砌筑，栽培池防水施工，浮板制作。

【复习思考】
1. 深池浮板水培有何优缺点？
2. 不同类型的浮板各有什么特点？

子任务二　蔬菜深池浮板水培

【知识目标】掌握蔬菜深池浮板水培育苗、寄养、定植及蔬菜管理的技术要求和管理指标；参照其他水培形式，掌握蔬菜深池浮板水培的营养液各指标的调控参数。
【技能目标】能够进行蔬菜育苗、寄养、定植等操作；能够对定植后的蔬菜进行正确的营养液检测和管理。

一、育苗

用蛭石作基质，用平底盘作容器，培育蔬菜幼苗，操作方法参见本书单元四无土育苗部分。

二、寄养

平底盘上的幼苗，要经过一段时间的寄养，待稍大后方可定植到浮板上。

1. 移栽 幼苗稍大后，将幼苗从平底盘的蛭石上取出，洗净根系，然后用聚氨酯小条包裹根系，但不像深液流水培那样夹带无纺布条。不使用无纺布条，是浮板水培和深液流水培在这一技术环节上的主要区别（图 5-148）。然后塞入 128 孔塑料穴盘，将穴盘放入栽培槽，也可在平整的地面上铺塑料薄膜防渗，四周垫起防止营养液外溢，将穴盘放于其上，每天喷普通配方 0.5 剂量的低浓度营养液，保证槽底湿润（图 5-149）。

图 5-148 移栽

图 5-149 穴盘寄养

2. 分苗 幼苗稍大，相互拥挤时，进行分苗，每间隔一株取出一株，移栽到另一个穴盘中，扩大幼苗营养面积，分苗后，每株幼苗相邻的 4 个孔都是空置的（图 5-150，图 5-151）。

图 5-150 分苗时幼苗状态

图 5-151 分苗后的穴盘状态

三、定植

如果在建造时栽培池没有进行防渗处理，或由于多年使用栽培池出现渗漏现象，可以于定植蔬菜前，在池内铺一层塑料薄膜防渗。薄膜边缘外翻，包裹木条或塑料板条后，固定在栽培池外壁。

将寄养的幼苗安插到浮板定植孔中，聚氨酯会撑开，从而将蔬菜幼苗固定住，根系伸到营养液中，定植后通常不再通过移栽扩大间距（图 5-152，图 5-153）。定植时要注意，聚氨酯不要卷得太紧，而且尽量让聚氨酯稍高一些，最好不要直接接触营养液。防止茎基部被营养液长期浸泡。

在池面低于地面的地下式栽培池的大型温室，通常用岩棉块育苗，成苗后连同岩棉

图 5-152 完成定植后的栽培池

图 5-153 定植后的叶用莴苣

块塞入浮板上的定植孔,然后把浮板放到营养液中,借助浮力使之飘浮在液面上。当蔬菜稍大时再将其取出,另行移栽到株行距较大的浮板上。如果种植叶用莴苣,整个生长进程要移植3~4次,以此提高栽培场地的利用率。整个温室中的栽培池根据不同的苗龄分为多个区域,可利用设置在温室一端的机械推杆把浮板从栽培池的一侧沿液面推向另一侧。这样,每天定植、每天收获,可像流水线一样生产蔬菜。

四、营养液管理

1. **溶氧量调控** 芹菜、叶用莴苣对营养液溶解氧含量要求低,营养液甚至可以长时间不循环、不供氧,但一般蔬菜对营养液的溶氧量要求高,最好能达到饱和溶氧量的50%以上,这样才能保证根系发达,生长良好(图5-154,图5-155)。

图 5-154 溶解氧充足,根系生长良好

图 5-155 浮板水培叶用莴苣

2. **浓度和酸碱度调控** 营养液浓度、酸碱度的检测与调节参见深液流水培及营养液管理部分。如果营养液出现浑浊或沉淀现象,主要是因为钙离子与硫酸根或磷酸根反应形成了沉淀(图5-156)。沉淀会导致植株缺钙,使蔬菜出现多种异常症状(图5-157)。

3. **避免滋生绿藻** 如果浮板过薄,在蔬菜长大后,在重力的作用下,浮板表面有可能被营养液浸没,营养液见光后,会滋生大量绿藻,这样的浮板在下茬使用前要清洗,营养液中的绿藻也要及时捞出(图5-158)。

4. **消毒杀菌** 深池浮板水培对各个环节的消毒和无病菌操作要求严格,一旦感染病害将难以控制,而且这种无土栽培只适合于种植小株蔬菜。

5. **清理残体**　达到标准后及时采收，而后清理栽培池中的植株残体（图 5-159）。

图 5-156　栽培芹菜的营养液略显浑浊

图 5-157　营养液中钙离子沉淀导致芹菜"烂心"

图 5-158　浮板因过薄被浸润导致绿藻滋生

图 5-159　采收后清理浮板

【知识点】穴盘寄养，分苗，绿藻。
【技能点】育苗，寄养，定植，营养液管理，避免滋生绿藻，清理残体。

【复习思考】
1. 深池浮板水培蔬菜定植方法与深液流蔬菜定植方法有何不同？
2. 用深池浮板水培设施栽培蔬菜有何优缺点？

任务二　浅池浮板水培

子任务一　浅池浮板水培设施的结构认知与建造

【知识目标】理解浅池浮板水培的概念；掌握浅池浮板水培设施的结构参数和建造工序。
【技能目标】能够按栽培要求指导施工者建造浅池浮板水培设施；能够正确使用、运行浅池浮板水培设施。

浅池浮板水培设施是指栽培池较浅（通常为20cm左右，不超过50cm）的浮板水培设施。其特点是：建有贮液池，不进行自体循环，栽培槽内营养液较浅。多在中小型温室中应用。

一、贮液池

由于栽培池可贮存大量的营养液，贮液池可做得小些，一般每666.7m²栽培面积建造1个容积为15m³的贮液池。贮液池建在地下，以便营养液在重力的作用下回流。贮液池采用砖混结构，也可采用钢筋混凝土结构，做好防渗处理。可以建广口贮液池，这种池建造方便，清理也方便（图5-160）。还可以建窄口贮液池，这种池节约地表空间，有利于维持液温稳定（图5-161）。具体建造方法参见营养液膜水培设施、深液流水培设施。

图5-160　广口贮液池　　　　图5-161　浅池浮板水培的窄口贮液池

二、栽培池

可以用多种材料和工艺建造栽培池，由于栽培池营养液容量大，对池体坚固性要求较高，因此多数情况下应采用砖混结构。但有时为了操作方便，便于拆卸，降低成本，也可以用泡沫塑料、木板、塑料板材、玻璃钢、石棉水泥瓦、氯氧镁水泥聚苯板、铁板等材料建造非永久性的栽培池。根据栽培目的及设施可利用空间的大小，栽培池的尺寸也可以调整，可以建在地面，也可以建在支架上。

（一）连体浅池

栽培池连在一起，中间间隔处为操作通道，砖混结构，宽150～200cm，深20cm左右，长度自定。

在日光温室中一般为南北走向，靠温室北墙留出操作通道，池长6～8m。

建造时先把地面整平、夯实，地基松软时，整个地面铺上1层3～5cm的河砂或石粉做垫层，其上铺5cm厚的混凝土作为池底，在池底混凝土层中每隔20cm加入1根Φ8mm钢筋，或铺1层电焊网。按预定的栽培池宽度砌厚24cm的隔墙作相邻两槽的共用边框，将来管理者可在槽框上行走和操作。贴铺防水卷材，进行防渗处理。水泥砂浆抹面，压光（图5-162，图5-163）。

（二）简易浅池

有的简易浅池与深液流栽培槽的材质和结构几乎相同，只是略浅，有的甚至直接使用深液流水培槽。为防止渗漏，在栽培池内侧铺塑料薄膜（图5-164，图5-165）。

图 5-162 浅池浮板水培系统的栽培池

图 5-163 浅池上的浮板

图 5-164 简易浅池

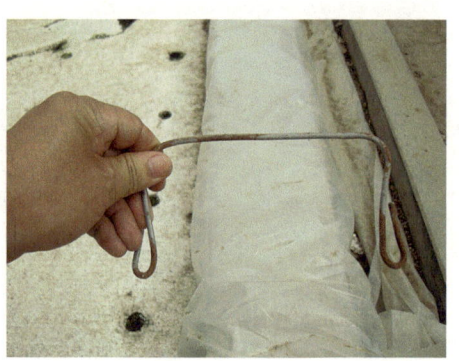
图 5-165 在池壁上固定薄膜用的夹子

三、浮板

营养液液面上放置浮板，浅池所使用的浮板有两种：一种是小孔浮板，孔径为 2～3mm，适合用聚氨酯或岩棉块固定幼苗定植；另一种是大孔浮板，孔径为 3～5mm，适合用定植杯定植蔬菜。制作方法参见深池浮板水培部分。

四、营养液循环系统

（一）水泵

选用口径 50mm 或稍小一些的耐腐蚀潜水泵，功率为 550W，扬程应在 30m 以上。

（二）供液管道

从水泵延伸出来的管道分为两条：一条作为供液主管道；另一条为返回贮液池的分压管道，用于调节压力和提高营养液回流量以增加营养液溶氧量。供液主管、支管为硬质 PVC 塑料管，支管东西向延伸，在每个栽培池一端安装三通，接 1 个塑料水龙头（图 5-166）。

（三）回流管道（回流沟）

在栽培池的另一端的池框上距离顶部约 5cm 处在建池时埋设排液管，排液管一般是一截比池框略宽的直径 25mm 的 UPVC 排水管。紧靠栽培池外壁修建砖混结构的东西走向回流沟（又称排液沟、回流槽、排液槽），各个栽培池的排液管流出的营养液可汇集到回流沟中再流回贮液池（图 5-167）。回流沟和供液管道平行，但分别位于栽培池两端（图 5-168）。

图 5-166　供液口

图 5-167　排液口及回流沟

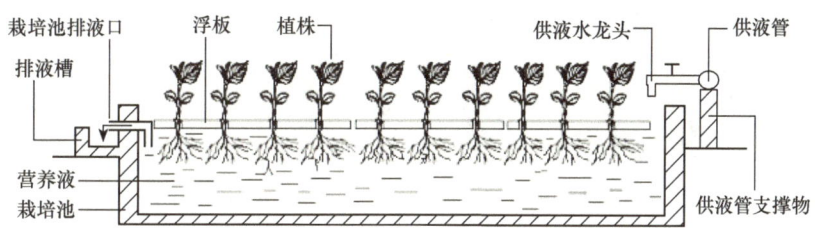

图 5-168　栽培池供排液示意图

【知识点】浅池，浮板，营养液循环系统，栽培池，供液口，排液口，回流沟。
【技能点】栽培池结构设计，栽培池建造，浮板制作。

【复习思考】
1. 浅池浮板水培设施与深池浮板水培设施在结构上有哪些不同？
2. 浅池浮板水培设施的结构有何特点？

子任务二　蔬菜浅池浮板水培

【知识目标】了解浅池浮板水培适宜的蔬菜种类及其特点；掌握蔬菜浅池浮板水培的育苗、定植及营养液管理的关键技术指标。
【技能目标】能够正确选择适宜于浅池浮板水培的蔬菜；能够利用浅池浮板水培设施进行蔬菜栽培。

浅池浮板水培是一种省工的无土栽培技术，无需进行液位调控，中断供液后植株可以较长时间维持生长而不出危险，因此很受欢迎。

一、育苗与定植

浅池浮板水培设施通常只适用于栽培矮生叶菜，如叶荠菜、普通白菜、叶用莴苣、三叶芹、豆瓣菜等。用适宜大小的岩棉块或聚氨酯块育苗，成苗后将幼苗和育苗块一起塞到定植孔里。

如果使用定植杯，可以直接将岩棉育苗块塞入定植杯，然后把定植杯塞入浮板上的定植孔。

还有一种育苗方法是用单一的蛭石作基质育苗，育苗过程中浇灌 1/2 剂量的营养液，成苗后用聚氨酯包裹幼苗茎基部，然后将其塞入定植孔加以固定（图 5-169，图 5-170）。

图 5-169　叶苋菜浅池浮板水培　　　图 5-170　浅池浮板上的普通白菜

将浮板排放在注满营养液的栽培池中。浮板之间尽量不要留空隙，否则营养液及浮板边缘会滋生绿藻。

二、营养液管理

选用通用配方或专用配方，参照深液流水培方式。

在栽培过程中，栽培池中的营养液深度始终保持较深的水平，而且不需要进行液位调节，因此管理十分简单。供液时，注意调节各栽培槽一端供液口的流量，做到流量一致。同时，多余的营养液会从栽培池另一端排出。一般每天供液 3 次，每次供液 20min，水泵的启闭由定时器控制。

由于栽培池中的营养液量很大，具有较强的缓冲能力，而且栽培的是生长期较短的叶菜，一般要栽培 2~3 茬后才需要彻底更换 1 次营养液。平时只需检测 EC 值、pH，及时补充浓缩液或水分（图 5-171～图 5-174）。

图 5-171　浅池浮板上生长的结球型叶用莴苣　　图 5-172　浅池浮板上生长的散叶型叶用莴苣

图 5-173 浅池浮板水培温室蔬菜生产状态

图 5-174 设立架床的浅池浮板水培

【知识点】浮板,浅池浮板水培,岩棉,蛭石,定植杯,营养液酸碱度,营养液电导度。

【技能点】岩棉育苗,蛭石育苗,定植,营养液管理,酸碱度检测,电导度检测。

【复习思考】
1. 进行蔬菜浅池浮板水培时,可以从深液流水培中借鉴哪些技术?
2. 蔬菜浅池浮板水培过程中,如何管理营养液?

项目四　管　道　水　培

管道水培(pipe hydroponics technique,PHT)是指以管状物作为栽培容器,通过营养液循环流动增氧的一类水培技术,其原理与深液流水培技术相同。

任务一　管道水培设施的结构认知与建造

【知识目标】理解管道水培的概念;掌握管道水培设施的结构特点和建造工序。

【技能目标】能够按栽培蔬菜种类的需要选择管道水培设施的建造材料;能够正确建造管道水培设施。

管道水培设施、设备主要由支架、栽培管、贮液池、营养液循环系统等构成,以栽培管盛装较深的营养液供植物生长,其关键组件是由硬质、圆形塑料管制成的栽培管(图 5-175)。

一、支架

支架由厚壁镀锌圆形或方形钢管、角铁、钢筋焊接而成,高度约 80cm,以适合管理者进行定植、管理、采收等操作为准,可拆卸和组装。支架横梁上焊接半圆形钢筋,钢筋粗度为 10mm,半圆形钢筋的圆弧直径略大于栽培管直径,以此承托栽培管。根据所栽培蔬菜植株大小确定栽培管间距,需要较大间距时,可以每隔一个承托钢筋放置一根栽培管(图 5-176)。

图 5-175 管道水培设施

图 5-176 栽培管下方的支架和排液管

二、栽培管

(一)选材

用建筑领域使用的 UPVC 排水管制作栽培管,这种材料的主要成分为聚氯乙烯,另外加入其他成分来增强其耐热性、韧性、延展性。栽培管主体用直径 110mm 的 UPVC 排水管制作,对于植株小、生长期短的蔬菜,也可用直径 75mm 或 90mm 的 UPVC 排水管制作(图 5-177)。

(二)打孔

在每根管的、与管轴线平行的、同一直线上的管壁上打定植孔,孔径 25mm,孔距 15cm。在各种电钻、钻床上安装高速钢开孔器钻孔,要注意同一根栽培管上的所有定植孔都在同一平面、同一直线上。

(三)安装排液管

在栽培管一端与定植孔相对的下方打孔,从下部插入一截直径 20mm、25mm 或 32mm 的 PVC 管,作为栽培管营养液外排的排液管,排液口应该在栽培管内部中心偏上一点的位置,以保证栽培管道内营养液深度在管道直径的一半以上。排液管在栽培管内部露出的高度,就是未来栽培管内的液位深度(图 5-178)。本系统通过营养液的循环流动提高溶解氧含量,由于栽培管内的排液管高度是固定的,因此营养液在栽培管道内始终保持一定深度,且不用调节液位。

图 5-177 制作栽培管用的 UPVC 排水管

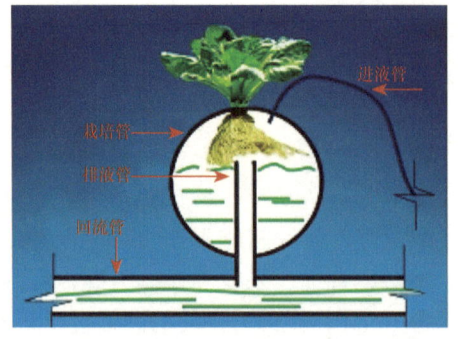

图 5-178 栽培管道供排液结构示意图

（四）安装堵头

管道两端用堵头堵住，用胶水粘合。之后，将栽培管安放到支架上，特别注意栽培管两端高度一致，管面水平，以保证管内营养液深度一致。

三、供液管

在栽培管一端下面设置供液管道，引出较细的 PE 管，伸入每根栽培管道，接口处用胶水密封，以防渗漏（图 5-179）。

四、回流管

在每条栽培管道的一端下部插有排液管，排液管下端插入回流管。回流管设置在栽培管之下，与贮液池相连（图 5-180）。

图 5-179　供液管

图 5-180　排液管及回流管

【知识点】管道水培设施，栽培管，排液管，回流管，供液管，UPVC 排水管，PE 管，镀锌厚壁钢管，方形钢管，圆形钢管。

【技能点】栽培管打孔，排液管安装，供液管安装，栽培管摆放。

【复习思考】
1. 管道水培有何优缺点？
2. 除前述的方法外，还有其他制作、组装管道水培设施供排液系统的方式、方法吗？

任务二　蔬菜管道水培

【知识目标】掌握蔬菜管道水培的育苗、寄养、定植等技术环节的操作要点及指标要求；掌握管道水培营养液管理的技术要求。

【技能目标】能够采用适宜的方法为管道水培培育蔬菜幼苗；能够利用管道水培设施进行蔬菜栽培。

一、育苗

由于是为水培提供幼苗，因此应尽量选用容易被清洗的基质作育苗基质。一般用颗粒状蛭石作育苗基质，用128孔穴盘或平底盘作育苗容器。播种后至出苗前覆盖无纺布保湿，出苗后每天喷洒0.5剂量栽培营养液1次。

二、寄养

各种叶菜均要求具有2～3片真叶且大小适宜时进行移栽，由于栽培管道中的液位通常是按成株期蔬菜对液位的要求设定的，而且不能调整，如果过早定植，植株根系短，很可能伸不到营养液中，因此需要寄养一段时间，等根系较长时再定植。

（一）穴盘寄养

将幼苗连同基质倒入清水中，洗净根系，用聚氨酯包裹根部，塞入128孔或72孔穴盘中，置于栽培槽（过渡槽）中寄养，栽培槽底部浇灌营养液，营养液从穴盘底孔浸润聚氨酯，营养液浓度为正常栽培所用浓度的50%。植株较大后定植（图5-181）。

（二）浮板寄养

基本流程是，先将幼苗密集地移栽到浮板水培设施的浮板之上，待长出较长根系后再行定植。操作时，用清水浸泡苗盘，提取幼苗，洗去根部附着的基质，用长10cm的无纺布条包裹根系（栽培管营养液较深时可不缠无纺布），然后用2cm×2cm×（5～7）cm的聚氨酯方块包裹无纺布条上端及茎基部，将幼苗根系连同无纺布条插入浮板的定植孔。利用聚氨酯的弹性将幼苗卡在定植孔处，之后，将浮板置于营养液之上（图5-182）。

图5-181 穴盘寄养的芹菜幼苗

图5-182 浮板寄养的芹菜幼苗

三、定植

开启水泵，向栽培管加液。将已经具有较长根系的幼苗取出，插入栽培管上的定植孔（图5-183）。根系伸入营养液中吸取水分和养分。有无纺布者，对液位要求不严格，可以利用无纺布条的毛细管作用吸取营养液，使整个根系保持湿润状态。也可在聚氨酯外套无底定植杯，然后利用定植杯的沿，将其卡在栽培管的定植孔上（图5-184）。

四、营养液管理

管道水培通常用于栽培叶用莴苣、苦苣、芹菜、叶荟菜、落葵、空心菜等叶菜（图5-185～图5-188）。河北科技师范学院使用的叶菜类通用配方为：硝酸钙［$Ca(NO_3)_2 \cdot 4H_2O$］1000g/m³，硝酸钾（KNO_3）760g/m³，磷酸二氢钾（KH_2PO_4）207g/m³，硫酸镁

图 5-183　完成寄养可以定植的芹菜幼苗

图 5-184　定植后的芹菜幼苗

图 5-185　管道水培的芹菜

图 5-186　管道水培的散叶型叶用莴苣

图 5-187　管道水培的苦苣

图 5-188　管道水培的紫叶叶用莴苣

($MgSO_4 \cdot 7H_2O$）366g/m³，螯合铁（EDTA-Na₂Fe）3g/m³，硫酸锰（$MnSO_4 \cdot 3H_2O$）5g/m³，硫酸铜（$CuSO_4 \cdot 5H_2O$）0.9g/m³，硫酸锌（$ZnSO_4 \cdot 7H_2O$）1g/m³，硼酸（$Na_2B_4O_7 \cdot 10H_2O$）0.9g/m³，钼酸铵［$(NH_4)_6Mo_7O_{24} \cdot 4H_2O$］4.1g/m³。以河北秦皇岛地区地下水（$Ca^{2+}$含量为97.53g/m³，$Mg^{2+}$含量为22.06g/m³）作为水源配制营养液。

营养液要每天白天循环3次，每次30min，3d检测1次EC值和pH。生长旺盛期，营养液消耗快，要及时补液。栽培过程中不需要更换营养液，待栽培2～3茬后，再彻底更换1次营养液。

【知识点】穴盘寄养，浮板寄养，营养液配方，无纺布，毛细管作用，定植杯，液位。
【技能点】育苗，寄养，定植，营养液配方，营养液管理，营养液检测。

【复习思考】
1. 管道水培主要适合栽培哪类蔬菜？
2. 能否设计一种可调节栽培管内营养液液位的装置？

项目五　鲁 SC 型无土栽培

鲁 SC 型无土栽培是山东农业大学邢禹贤等研制开发的一种无土栽培方式，可进行单层或多层栽培，目前，生产中还出现了多种改进类型。由于在栽培槽上层填入基质，营养液在下层循环流动，因此也称为"半基质栽培"或"基质水培法"。这种栽培设施的三角形半基质栽培槽的结构融合了基质培与水培的优点，根系水肥、氧气协调平衡。

任务一　鲁 SC 型无土栽培设施的结构认知与建造

【知识目标】理解鲁 SC 型无土栽培设施的运行原理；掌握鲁 SC 型无土栽培设施栽培槽的结构特点和设计理念。
【技能目标】能够指导制作鲁 SC 型无土栽培设施的栽培槽；能够正确进行营养液循环系统的组装。

一、栽培槽

栽培槽由 0.1mm 厚黑铁皮、水泥或玻璃钢制成，槽体宽度与高度均为 20cm，长 2～2.6m，剖面呈三角形，内外涂防锈漆。两端各留 10cm 空档，一端供液，另一端设倒"U"形虹吸管排液，当营养液液位超过虹吸管顶端时，会自动排空槽内营养液。槽内填入 10cm 蛭石或其他基质，由垫蓐、棕皮或尼龙编织布托住，其下空间供营养液流动（图 5-189）。栽培槽水平间距 1～1.2m。

多层栽培者为南北吊挂 3 层，层间相隔 80～100cm，水平间距 1.8m（图 5-190）。

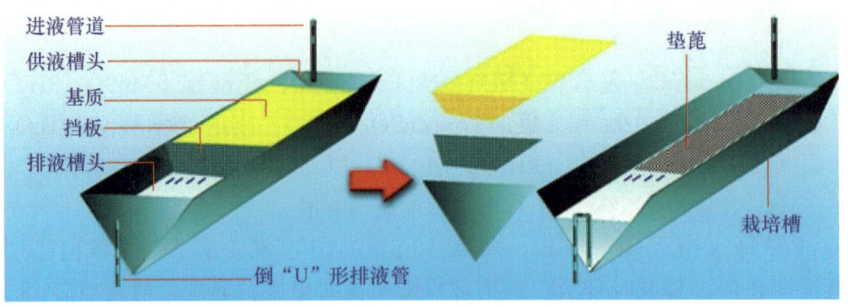

图 5-189　鲁 SC 型无土栽培系统栽培槽结构示意图

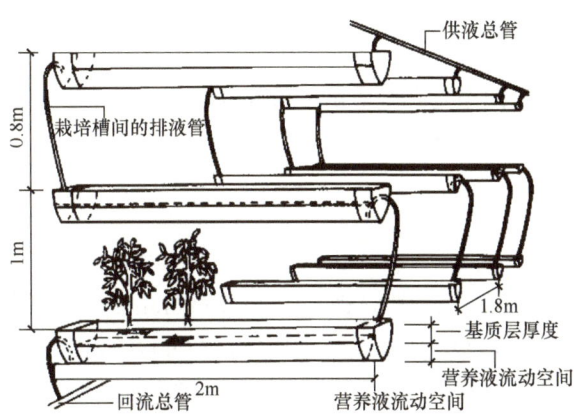

图 5-190　鲁 SC-I 型多层无土栽培装置效果图

二、供排液系统与贮液池

由水泵供液，多层栽培时，营养液通过管道进入上层栽培槽的进液口，槽满后由另一端虹吸管排至中层，再到下层，最后流回贮液池。供液时间由定时器控制，一种可供参考的供液频率为每 2~3h 供液 1 次，每次 6min。定时器为 VK-3 型定时器，水泵为 TWB-20 型单相水泵或农用潜水泵。贮液池建在地下，用砖与高标号水泥砌成，每立方米容积可供 100~200m² 的栽培面积使用。

【知识点】鲁 SC 型无土栽培设施，鲁 SC 型无土栽培倒三角形栽培槽，倒"U"形虹吸管排液。

【技能点】鲁 SC 型无土栽培倒三角形栽培槽制作，鲁 SC 型无土栽培营养液循环系统组装。

【复习思考】
1. 鲁 SC 型无土栽培设施有何特点？
2. 鲁 SC 型无土栽培倒三角形栽培槽的倒"U"形虹吸管排液是如何发挥作用的？

任务二　蔬菜鲁 SC 型无土栽培

【知识目标】掌握用鲁 SC 型无土栽培设施进行蔬菜栽培的基本流程；了解适宜鲁 SC 型无土栽培的营养液配方。

【技能目标】能够进行鲁 SC 型无土栽培育苗、定植、田间管理等一系列操作；能够对鲁 SC 型无土栽培的营养液进行正确的检测与调控。

一、育苗

采用穴盘育苗，参见本书单元四无土育苗部分。

二、定植

参见本书第六单元项目四中复合基质培定植部分。

三、营养液管理

（一）配方选择

当年，山东农业大学主要利用这一栽培系统栽培番茄和黄瓜，番茄配方为：硝酸钙 $[Ca(NO_3)_2 \cdot 4H_2O]$ 590mg/L，硝酸钾（KNO_3）606mg/L，硫酸镁（$MgSO_4 \cdot 7H_2O$）492mg/L，过磷酸钙 $[Ca(H_2PO_4)_2+CaSO_4 \cdot 2H_2O]$ 680mg/L，微量元素采用通用配方。黄瓜配方为：硝酸钙 $[Ca(NO_3)_2 \cdot 4H_2O]$ 900mg/L，硝酸钾（KNO_3）810mg/L，硫酸镁（$MgSO_4 \cdot 7H_2O$）500mg/L，过磷酸钙 $[Ca(H_2PO_4)_2+CaSO_4 \cdot 2H_2O]$ 850mg/L，微量元素采用通用配方。

（二）温度管理

槽体隔热性能差，槽内液温受气温影响较大，2月温室内短时最低气温4℃，槽内温度约10℃；4~5月最高气温35℃，槽内液温25℃。

（三）溶解氧管理

安装定时器、水泵，每天定时供液3~4次，每次50min，能显著提高营养液溶氧量。曾有试验表明，供液后贮液池中营养液的溶氧量比供液前增加10.8%。其中供液槽头处，营养液溶氧量增值最大，增加23.9%。栽培槽出液口处，经蔬菜吸收，营养液含氧量虽有下降，但仍比供液前贮液池溶氧量高0.2%。

（四）耗液量检测

营养液的消耗与栽培季节、天气、蔬菜种类及蔬菜不同生育期等条件有关。测定证明：冬春茬耗液量大于秋冬茬，晴天大于阴天，从苗期开始，随蔬菜生长逐渐增加。番茄苗期每株每天耗液0.03L，旺盛生长期耗液0.1~0.5L，结果期为0.5~0.9L。黄瓜耗液量略大于番茄。

（五）酸碱度和浓度调控

营养液pH调至5.5~6.5。在高温季节或随植株增长，pH上升略快，黄瓜pH变化略大于番茄。营养液总离子浓度呈上升趋势，需要经常测量EC值，适时调整营养液浓度。

四、蔬菜管理

以番茄、黄瓜为例。

（一）番茄栽培

冬春茬番茄于每年11月下旬播种进行无土育苗，2月上旬栽植，株距20cm，每天供液3次。吊架栽培，4月上旬开始采收，6月下旬或7月上旬拉秧。第1~2穗花开放时，用20mg/L的防落素喷花。秋冬茬一般于8月中旬播种育苗，9月上旬栽植，每天供液2~3次，于11月下旬收获，元月下旬拉秧。

（二）黄瓜栽培

株距20cm。品种以'长春密刺'为例，冬春茬于12月播种育苗，2月上旬栽植，6月下旬拉秧。每天供液2~3次。用胶丝绳作吊架。

【知识点】营养液配方,营养液酸碱度,营养液电导度,溶解氧。
【技能点】育苗,定植,营养液管理,营养液检测,蔬菜管理。

【复习思考】
1. 用鲁SC型无土栽培设施栽培蔬菜,在管理上与深液流水培有何不同?
2. 有何方法能进一步完善栽培槽结构,从而减弱槽内液温随气温发生变化的程度?

项目六　立管悬杯静止水培

立管悬杯静止水培是一种不使用营养液循环装置或滴灌装置,且使用基质的量也很少的无土栽培方式,笔者将其定名为立管悬杯静止水培系统,属于半水培技术或基质水培技术。这一栽培方式具有基质培的良好缓冲性能,又吸取了水培供液充足、养分均衡等优点。栽培过程中基质对营养液浓度、养分组成、酸碱度具有良好的缓冲作用,因而对营养液要求不高,栽培容易成功。

任务一　立管悬杯静止水培设施的结构认知与建造

【知识目标】掌握立管悬杯静止水培技术对栽培槽规格的要求;掌握栽培叶菜类蔬菜适宜的立管规格。
【技能目标】能够指导建造立管悬杯静止水培的栽培槽;能够用PVC硬质塑料管按要求规格制作立管。

一、栽培槽

(一)槽体

采用砖结构栽培槽,用黏土砖砌筑,水泥抹面,长度自定,宽70~100cm,高15~20cm。如没有铺防水层,可以在栽培蔬菜前在槽内铺一层薄膜防渗,槽内营养液深9cm左右。

(二)定植板

栽培槽上可覆盖定植板,以起到遮光、隔热、减少营养液蒸发的作用。制作定植板的材料为密度高于20kg/m^{3}的聚苯乙烯泡沫塑料板,厚2cm。在板面上打直径75mm的孔,间距(相邻两孔中心距离)30cm。将定植板覆盖在栽培槽上,将立管垂直插入孔里,竖立在栽培槽上。每一栽培槽留1个立管不安放定植杯,用来加注营养液和观察液位。

也可不使用定植板,而是先将立管密集地摆放在栽培槽内,随着植株的生长,逐渐拉大立管间距。

二、立管

立管是指竖立在栽培槽中用于安插定植杯的一截塑料管,由直径75mm的UPVC硬质塑料排水管制作。

制作立管的方法是：先用型材切割机将其截成25cm长的小段；然后在下端管壁处锯出缺口，深4cm左右，便于营养液进入立管；最后，在管壁接近顶部5cm处，即定植杯侧面位置，打一小孔，用于通气（图5-191，图5-192）。

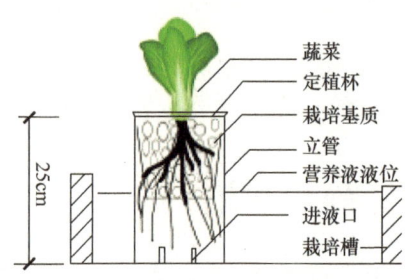

图5-191　立管悬杯栽培系统的结构示意图

图5-192　立管与定植杯

三、悬杯

使用杯口直径75mm的定植杯。如没有适宜的定植杯，可用塑料饮水杯，用电钻钻孔，或用加热的铁丝烫孔，以此代替定植杯。定植杯底部还可穿入无纺布条，用于吸水。定植杯上粗下细，杯壁与立管管壁之间有一个湿润的空气腔，管壁上有通气孔，使管内空气和外界空气对流。

【知识点】立管悬杯静止水培，栽培槽，立管，定植杯，UPVC排水管，型材切割机。
【技能点】悬杯制作，栽培槽建造，立管制作。

【复习思考】
1. 立管悬杯静止水培设施有何特点？
2. 立管的下部为什么要锯出缺口？

任务二　蔬菜立管悬杯静止水培

【知识目标】掌握蔬菜立管悬杯静止水培的育苗与定植技术；掌握蔬菜立管悬杯静止水培的营养液管理技术。
【技能目标】能够正确进行蔬菜育苗和定植操作；能够选择适宜的营养液配方并进行营养液管理。

一、育苗

采用穴盘育苗方法，成苗后移栽。育苗方法参见本书单元四无土育苗部分。

二、移栽与寄养

使用草炭与蛭石按1∶1（体积比）配制的复合基质，也可用草炭与水洗炉渣按1∶1（体积比）配制复合基质。向定植杯下部加入人造纤维棉条或无纺布条，营养液可以通过毛细管作用上升到基质中。之后加入半量复合基质，然后将幼苗放在中央位置，四周再填充基质加以固定（图 5-193，图 5-194）。

图 5-193　填充基质

图 5-194　定植幼苗

将带有蔬菜的定植杯密集地摆放在栽培槽中，从上部喷淋 0.5 剂量的营养液，蒸发量大时，每喷 1 次营养液，间隔喷 1 次清水。喷液频率根据基质的持水能力确定，一般每天 1 次或每两天 1 次。槽底应存留一薄层营养液，但不可过深，否则基质含水量过高，幼苗根系呼吸作用受到抑制，会导致植株叶片黄化，生长不良。

三、定植

将定植杯安放到立管上，要保证伸出定植杯的根向下伸展，不要卷缩。向栽培槽中加注营养液，使用定植板者，将定植板放置在营养液上，呈漂浮状态，将立管安插到定植孔中。不使用定植板者，将立管密集地摆放在栽培槽内。

四、营养液管理

（一）配方选择

立管悬杯静止水培的基质对营养液的缓冲能力很强，与复合基质培的缓冲能力近似，因此，在营养液配方的选择上有很大的灵活性，无论是通用配方，还是专用配方，蔬菜均能良好地生长。在使用新基质栽培生长期较短的叶用莴苣、普通白菜等叶菜时，即便是用浓度为 0.3% 的农用复合肥溶液代替营养液，也能使蔬菜基本正常地完成生长过程。

河北科技师范学院进行蔬菜立管悬杯水培使用的叶菜通用配方为：硝酸钙 $[Ca(NO_3)_2 \cdot 4H_2O]$ 813g/m³，硝酸钾（KNO_3）548.5g/m³，磷酸二氢钾（KH_2PO_4）226.6g/m³，硫酸镁（$MgSO_4$）413.8g/m³，螯合铁（$EDTA-Na_2Fe$）65.7g/m³，柠檬酸铁（$FeC_6H_5O_7$）65g/m³，硼酸（H_3BO_3）1.42g/m³，硫酸锰（$MnSO_4 \cdot 7H_2O$）8.0g/m³，硫酸铜（$CuSO_4 \cdot 5H_2O$）1.5g/m³，钼酸铵 $[(NH_4)_2MoO_4]$ 0.077g/m³，硫酸锌（$ZnSO_4 \cdot 7H_2O$）0.3g/m³（图 5-195）。

（二）浓度调控

营养液浓度调控掌握"前低后高"的原则，最低不低于标准剂量，最高不高于 1.5 剂量。

由于基质中所含的草炭或其他有机物具有较强的缓冲能力，植物可以在营养液不循环的情况下正常生长，而且能在一定范围内忍受营养液浓度变化。同时，立管悬杯栽培为静止水培，营养液不循环流动，调控不便。因此只需确定好营养液剂量，栽培过程中很少再对栽培槽中的营养液进行浓度调节。

(三）液位调控

寄养期间，根系尚未从定植杯底孔伸出，需要从定植杯上面喷灌营养液，栽培槽底部保持较浅的营养液。

定植后，初期，营养液深度以接触定植杯底部为宜。如果像深液流水培那样采用砾石、陶粒等惰性大颗粒物作基质，液位可以深些，浸没定植杯一半。如果采用含有草炭的复合基质，在注意严格掌握基质配比的同时，液位调控必须慎重，如果液位高，草炭多，基质通气性差，容易沤根，蔬菜生长缓慢，叶片边缘发黄甚至干枯；如果液位低，上部基质又容易干燥。这两种情况均不能充分发挥立管悬杯静止水培的优越性。

随植株生长，液位逐渐降低，让更多的根系直接接触空气，同时也能适当提高营养液的溶氧量（图 5-196）。根据液位定期补充营养液。

图 5-195　叶菜通用配方的栽培效果

图 5-196　田间的立管悬杯静止水培叶用莴苣

【知识点】育苗，移栽，寄养，定植，营养液浓度，液位。
【技能点】寄养方法，定植方法，营养液配方选择，液位调节。

【复习思考】
1. 立管悬杯静止水培方式对营养液配方有何要求？
2. 用立管悬杯设施栽培蔬菜要注意哪些问题？

单元六　基　质　培

【教学要求】 了解各种基质培形式的概念和特点；掌握各种基质培设施的结构参数、建造方法；掌握利用各种基质培设施栽培蔬菜的育苗、定植、田间管理方法；掌握各种基质培形式的营养液管理方法。
【重点难点】 复合基质培设施建造及其蔬菜栽培；岩棉培设施的结构及其蔬菜栽培。

植物根系全部生长于固体基质中的无土栽培方式称为基质栽培，简称基质培。基质栽培中，植物根际养分和气水环境较好，基质中有贮存营养液和氧气的空间，间歇供液能使营养液和氧气的比例适宜。另外，使用部分有机基质的栽培方式在管理技术上更接近土壤栽培，而且有机基质还具有较强的缓冲能力，因而，与水培相比，栽培更容易成功。

习惯上，按所用基质的种类对基质培进行分类，常见的基质培方式有砾培、沙培、岩棉培、复合基质培等。

项目一　砾　　培

砾培（gravel culture）是无土栽培发展初期的主要形式，指以粒径大于 3mm 的惰性砾石（石砾）作栽培基质，装于不漏液的栽培槽中，营养液封闭循环的一种无土栽培形式。砾培设施供液均匀，便于自动化管理，根系通气良好，水肥利用率高，最适于在无法进行土壤耕作，但易于获得砾石的不毛之地使用。

任务一　砾培设施的结构认知与建造

【知识目标】 理解砾培的概念与界定；了解各种砾培栽培槽的结构特点和规格；掌握各种砾培设施的建造工序；理解各种砾培栽培槽的供排液原理。
【技能目标】 能够指导建造各种砾培栽培槽；能够正确组装砾培供排液装置；能够根据栽培目的确定贮液池的容积，指导建造贮液池。

砾培设施由栽培槽、贮液池、营养液循环系统组成，栽培过程中营养液间歇性循环流动。

一、贮液池

由于砾培的排液是借助营养液自身的重力进行的，因此，贮液池都建在地下。贮液池可用钢筋混凝土建造，内壁和底部应做防渗处理，并抹高标号的耐酸碱腐蚀的水泥砂浆。输送到栽培槽的营养液只有 10%～15% 被砾石吸持，再加上砾石表层有 3～5cm 是不被营养液所浸润的（这部分砾石占总体积的15%~20%），而水泵停机后，大部分营养液会流回贮液池。因此，贮液池的容积至少为生产设施中砾石总体积的75%。例如，一座面积为500m²的砾培温室，地下贮液池的容积应达到20m³以上。

具体建造方法参见前述。

二、栽培槽

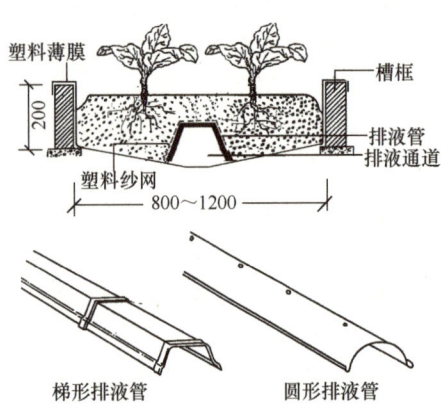

图6-1 具有排液管的栽培槽（单位：mm）

砾培的栽培槽主要有3种类型，差别主要体现在供排液管道的设置方式上。

（一）底部设置排液管的栽培槽

1. 槽体 栽培槽宽80~120cm，栽培叶菜类蔬菜者可宽些，栽培果菜者可窄些。栽培槽靠近槽框处深20~25cm，中央深35cm，槽底横截面呈"V"形（图6-1）。栽培槽长度控制在20~30m，一端高、一端低，向贮液池或排液口方向倾斜，槽底坡降1∶（200~250）。

砾石的容重大，栽培槽必须坚固，因此槽框多为砖混结构。建造时先夯实地基，用粒径3cm以上的砾石与水泥混合打底。也可用水泥预制板建造，或分段浇筑预制钢筋水泥槽体，使用时连接、拼装。内表面做防水层，防水层表面抹灰保护，或在表面涂沥青防渗，或在槽内铺一层厚度为0.2~0.3mm的聚乙烯土工膜防渗。加水测试后使用。

2. 排液管 槽底中间部位扣排液管，截面为半圆形（或梯形），弦长8cm，弦在下、弧在上，紧接槽两端缓冲间的隔墙底部的孔。半圆管的两侧边可做成波纹状，这样扣在槽底时不至贴得太紧，以利灌排。也可用直径为110mm的PVC排水管，整管纵切，每隔45cm开一个直径为0.5~1cm的排液孔，然后扣在槽底。过去，曾使用陶管，陶管分成小段，在槽底铺接成贯通全槽的半圆管，每段接口处留一小缝供营养液进出，但现在很少使用。

3. 基质 槽中填充砾石。先用20目的纱网盖在排液管上方，以防砾石中的细小沙粒掉入管中，并减少植物根系进入排液管的概率。然后填加砾石，砾石层上表面应低于槽框顶部3~5cm。

4. 供排液方式 营养液经供液管先进入供液缓冲间，再流入槽底的排液管。此时排液缓冲间的排液口阀门关闭，营养液迅速在槽内由下向上升高浸泡砾石，砾石层中原来CO_2浓度较高、O_2含量较少的空气被顶推到基质外部。液面升至距离砾石表面3~5cm时，液面与排液缓冲间上的浮子挂钩接触，随即指令关闭水泵停止供液，同时开启排液阀门，槽内营养液开始流回，液位降低，新鲜的空气进入基质空隙（图6-2）。每个供排液过程需1h。

（二）底部不设排液管的栽培槽

依然可使用上述栽培槽，稍加改进。在栽培槽两端分别设立供液缓冲间和排液缓冲间，用砖建侧壁，隔出没有砾石但营养液可自由出入的空间。在排液缓冲间内设溢水管

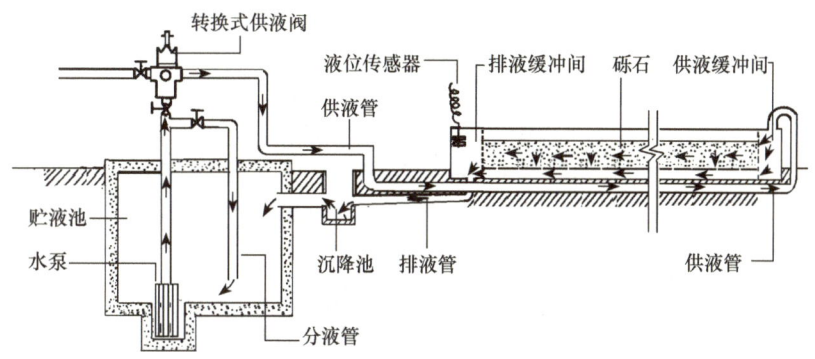

图 6-2 砾培设施结构及供排液方式示意图

和排液管（图 6-3）。栽培槽向贮液池方向的倾斜度应较大，砾石粒径也要稍大一些，以利于营养液流动。

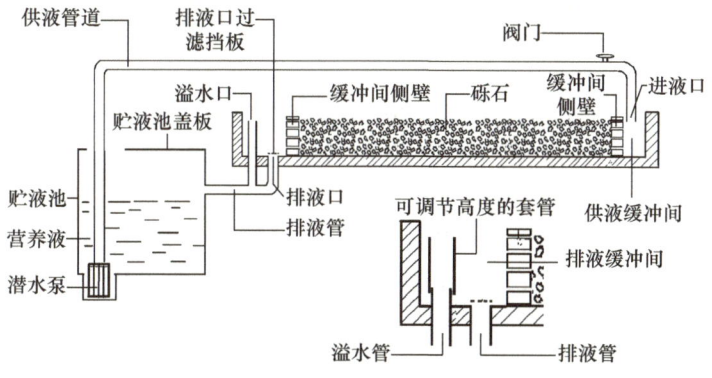

图 6-3 底部不设排液管的砾培栽培槽

供液时，营养液经供液管流到供液缓冲间，然后经砾石下层的孔隙沿栽培槽从高至低流动，最后从排液缓冲间的排液口流出，经回流管道流回贮液池。如果槽中的营养液量很大，而排液口的流量小，液位就会上升，当升至离砾石层表面 3~5cm 处时，会通过排液缓冲间内的溢水口流到回流管中，以避免营养液溢至槽外。排液口较小而溢出口较大，可保证一段时间内砾石层中营养液能保持一定深度又不会漫至砾石表面，从而防止砾石表面滋生绿藻，并避免根系伸展到表层受到阳光直射而被灼伤，还能减少水分蒸发以防止砾石表层积盐。

（三）底部设供排两用管的栽培槽

在"V"形槽底铺聚乙烯土工膜，槽底部安放一条既能用于供液、也能用于排液的供排两用管，一般选用直径 25mm 或 50mm 的 PVC 硬质塑料管。每隔一定距离，用电钻在管壁上钻出两个对称的直径为 3~5mm 的小孔，供营养液进出。把供排液管铺在槽底凹陷处，小孔朝向侧面。供液时，营养液通过供排两用管进入砾石层，水泵停机时，槽内的营养液会在重力作用下又从供排两用管上的小孔汇集到管内，然后流回贮液池（图 6-4）。

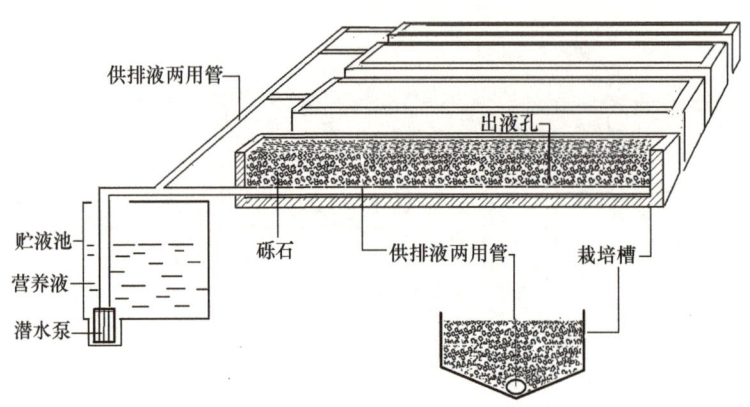

图 6-4　槽底设置供排两用管的砾培栽培槽

三、营养液循环系统

砾培设施的营养液循环系统包括水泵、供液管、排液管、电磁阀、定时器、自动转换轮灌阀门，以及控制水位及水泵工作的液位感应器等部分。

（一）水泵

水泵要流量大、扬程低，以面积 300m² 的温室为例，选用配管口径 50mm、功率 750W 以上、扬程达到 45m、最大流量 40L/min 的自吸泵即可。

（二）供液管

供液管道用直径 50mm 的硬质 PVC 管，在主管靠近贮液池位置分出一条分压管，供清洗贮液池用，平时，此管可将部分营养液引回贮液池，以提高营养液氧气含量，并使营养液混合均匀。

（三）排液管

排液管的口径也要大，排液主管道用 110mm PVC 排液管。

（四）轮灌阀门

可以选择安装轮灌阀门，将栽培槽分为 4 列（或其倍数）设置，安装自动转换轮灌阀门，对每列栽培槽顺次供液，这种阀门有 4 个出液口，每次水泵开机时只有 1 个口供液，其余 3 个关闭，停机后再次开机则下一个出液口供液，其余关闭，如此循环。

【知识点】溢水管，排液管，供液缓冲间，排液缓冲间，供液管道，电磁阀，定时器，自动转换轮灌阀门，排液装置。

【技能点】贮液池容积确定，贮液池建设，栽培槽建造，供排液系统组装。

【复习思考】
1. 为什么砾培设施对栽培槽的坚固程度要求较高？
2. 几种砾培栽培槽的供排液方式有何不同？
3. 砾培设施对营养液循环的要求有何特点？

任务二　蔬菜砾培

【知识目标】 了解砾培对砾石的要求；了解栽培前对砾石进行处理的必要性；掌握砾培对营养液各项指标的要求。
【技能目标】 能够按蔬菜砾培的要求正确选择砾石；能够对砾石进行处理和更换；能够在蔬菜砾培过程中正确管理营养液。

一、砾石选择与处理

选用棱角较钝，粒径在 3~15mm，容重为 $1.5g/cm^3$ 左右，总孔隙度为 40% 左右，持水孔隙占 7% 左右的花岗岩砾石。使用前要用清水冲洗，除去混杂的腐殖质和黏土。

尽量不选用石灰性的砾石，因为其中的碳酸钙能与营养液中的磷酸盐作用，生成不溶性磷酸钙 $[Ca_3(PO_4)_2]$ 沉淀。如果使用石灰性砾石，栽培前可用浓度为 0.5~5.0g/L 的重过磷酸钙溶液浸泡数小时，将浸泡液排出去换新液再浸泡，直至浸泡液水溶磷含量稳定在 30mg/L，pH6.8 左右，用清水冲洗后再使用，此时砾石表面包有一层不溶性磷酸钙，抑制了碳酸钙的溶出，经过多次使用，砾石表层的磷酸钙层会被磨损掉，应重新浸泡。

二、育苗与定植

采用岩棉育苗块育苗，成苗后安放于表层砾石中，根系逐渐向下伸展，遍布砾石层。

三、营养液管理

（一）配方选择

砾石吸持的营养液很少，排液后，砾石表面附着的水分容易蒸发，使槽中营养液浓度升高，可能导致植物受害，因此，所用营养液浓度不宜过高，应选用山崎配方之类的低浓度营养液配方。浓度要控制在 1.0~1.2mS/cm，高浓度配方可使用 0.5 剂量营养液。如果含有部分石灰质砾石，则应选用偏酸性配方，以中和砾石的碱性，如英国洛桑配方、法国好酸作物配方、华南农业大学叶菜配方等。

（二）养分补充

由于所用营养液浓度较低，应及时补充养分。当浓度降低至原有浓度的 60%~70% 时就应补充浓缩液。如选用水肥同步吸收的配方，每隔 1~2d 按消耗量补充营养液即可。

（三）供液及排液

供液和排液的原则是速灌速排，频度应根据蔬菜种类，植株大小，砾石的大小、吸持水分能力，气候而定。在天气炎热、空气干燥而植株较大时，供液和排液的次数都要增加，反之，则可减少一些。以一座 8m×42m 的温室内共设有 12 条宽度为 80cm、槽内侧面深 25cm、槽内中央深 30cm、长度为 20m 的 "V" 形栽培槽栽培番茄，采用 750W、口径 25mm、流量 30L/min 的水泵供液的情况为例，经计算，可设定为每天 7∶00、10∶30、13∶00、15∶00、17∶30 分 5 次供液，每次 50min。

四、旧基质消毒

在换茬时，清理残根败叶，用清水冲洗基质。下茬栽培前，对基质进行消毒，方法是：在贮液池中配制含有0.3%~0.5%有效氯的次氯酸钠或次氯酸钙溶液，用水泵把消毒液抽入栽培槽中，浸泡基质30min，再循环30min后排出，然后用清水冲洗栽培槽内的基质。还可用1/5000的高锰酸钾溶液消毒，浸泡基质20min后排掉消毒液，立即用清水冲洗，否则砾石表面会形成褐色的锰盐沉积。

最好在使用2~3年后更换砾石，避免病菌、虫卵大量累积。

【知识点】砾石，次氯酸钠，次氯酸钙，高锰酸钾，消毒液，积盐，偏酸性配方。
【技能点】基质消毒，砾石选择，砾石处理，砾石更换，旧基质消毒，养分补充，供排液。

【复习思考】
1. 新的砾石基质在使用前需要如何处理？
2. 砾培对供排液操作有何特殊要求？

项目二 沙 培

沙培（sand culture）是用沙作基质的一类无土栽培形式。

沙的持水性较强，扩散范围大，能为植物生长吸收水肥提供较好的环境；能充分排水，保证根际通气。

沙培的营养液一般不循环利用，没有病菌互相传染的危险。但是，沙培的滴灌管容易堵塞，水肥用量大，基质易积盐，如果沙粒过小，保持水分过多，易导致通气不良。

任务一 沙培设施的结构认知与建造

【知识目标】了解"V"形栽培槽、"A"形栽培槽、平底栽培槽、全地面沙培床的特点；掌握"V"形栽培槽、"A"形栽培槽、平底栽培槽、全地面沙培床的结构参数；了解供液管道的构成。
【技能目标】能够指导建造"V"形栽培槽、"A"形栽培槽、平底栽培槽、全地面沙培床；能够正确铺设供液管道；能够指导建造贮液池。

一、栽培槽

沙培栽培槽主要有4种类型。

（一）"V"形栽培槽

"V"形栽培槽的槽底部截面呈"V"形，这种结构便于营养液向槽底中央汇集。采用开放供液方式，营养液不循环，供液后有8%~10%的营养液外排。

1. 规格 栽培槽槽底中部略深，最深处为30~35cm，槽框高25cm。一般栽培槽外宽80cm，内部宽度为56cm，长度为15~20m。槽底向邻近贮液池的一端倾斜，槽底坡降1：（400~500）。

2. **建造** 用黏土砖或水泥砌块砌筑。栽培槽表面抹沥青，并贴单层或双层黑色0.1~0.2mm厚的聚乙烯土工膜防渗。槽底放置一条管径25~75mm的塑料排液管，每隔40cm左右钻出孔径为2~3mm的小孔，孔口朝下，以防根系将其堵塞。槽底铺一层砾石，砾石空隙大，有利于排液。砾石层之上铺无纺布，其上再铺沙粒。沙层表面中央位置铺设供液管（图6-5，图6-6）。

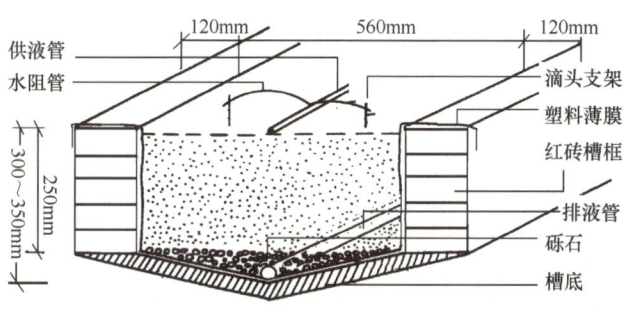 

图6-5 "V"形砖混结构栽培槽示意图　　图6-6 砖混结构栽培槽外观

（二）"A"形栽培槽

砖混结构，或用水泥预制板、石棉水泥瓦组装（图6-7，图6-8）。槽底中央高而两侧低，在槽外两侧各建一条排液沟，从槽中流出的营养液流到排液沟再排到温室外。

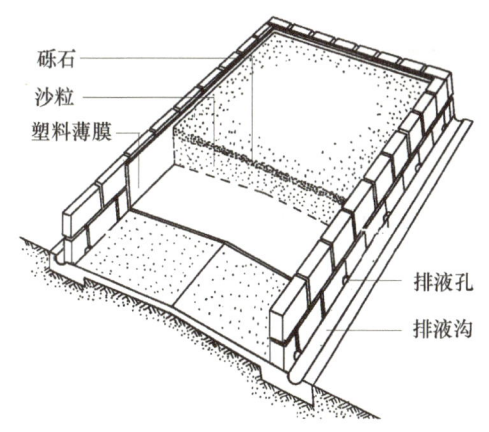 

图6-7 "A"形栽培槽结构示意图　　图6-8 用石棉瓦组装的沙培槽

（三）平底栽培槽

槽底水平，建造时先平整地面。然后用3~4层红砖垒槽框，也可用木板或其他材料作槽框。槽内铺衬1层黑色塑料薄膜，在贴近槽框的薄膜上，于离槽底约5cm的高度，每隔50~70cm用刀切开1道5~8cm的隙缝，多余的营养液可由此流到槽外，而槽底仍可保持一定量的营养液，使槽内的沙不至于太干燥。在栽培槽的两端及中间部位，共垂直安插3根直径为50mm、略高于槽面的PVC硬质塑料管作为液位观察管。液位观察管底部做成锯齿形,以便于营养液流入(图6-9,图6-10)。

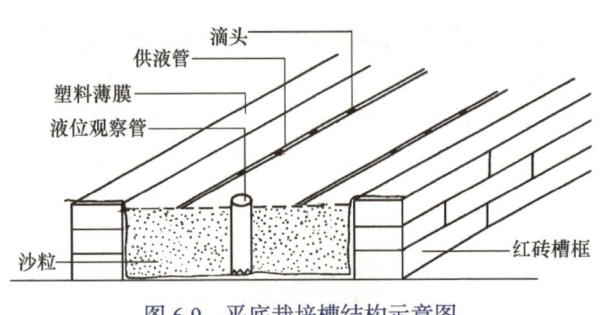

图6-9　平底栽培槽结构示意图

图6-10　木板作槽框的平底栽培槽外观

(四)全地面沙培床

温室的整个地面铺上沙粒,作为一个栽培床使用,称作全地面沙培床。

床底地面坡降1∶200。在床底铺两层0.15~0.20cm厚的黑色聚乙烯薄膜,搭接处重叠1m以上。在薄膜上按1.2~1.5m的间隔平行排列直径为25~50mm的钻有大量2~3mm小孔的塑料排液管,排液孔朝下,防止根系伸入或沙粒掉入造成堵塞。排出的营养液在温室的最低处汇入排液主管,再通到室外。然后,在温室地面上铺30cm厚的沙层,整平,沙床表面和床底要有同样的坡度。如果沙较浅,将导致基质湿度不匀,植物根系可能会长入排液管中。最后在种植植物的每行附近放置一条薄壁滴灌带以供应营养液(图6-11)。

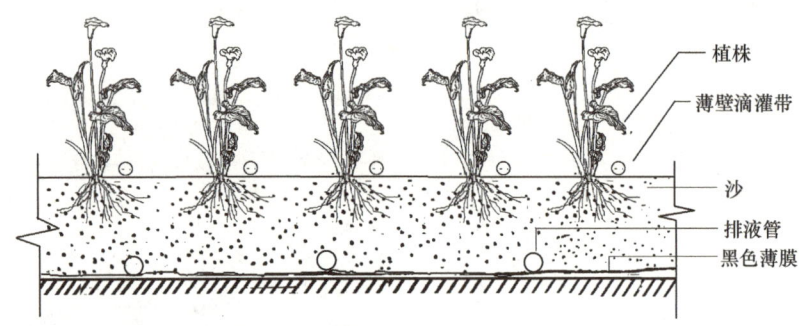

图6-11　全地面沙培床示意图

这种栽培槽适用于沙漠或沙化严重的地区。

二、贮液池

可建地下贮液池,也可建地上贮液池采用重力自流方式供液。每667m² 栽培面积建造一个容积10~20m³的贮液池较为适宜。为简单起见,也可用铁皮水柜、贮油罐等大型容器代替贮液池,但内部要涂油漆,外部最好贴一层聚苯乙烯泡沫塑料或岩棉隔热。

三、供液系统

(一)首部枢纽

供液系统首部枢纽与水源相结合,作用是对供液系统稳定地提供营养液,包括水泵、压力表、流量表、控制阀、过滤器等。

(二)滴灌管道

1. 管道　　以滴灌方式供液，设置 3 级管道。

(1) 供液主管　　又称干管，直径有 32mm、40mm 或 50mm，选用聚乙烯（PE）软管，也可用聚氯乙烯（PVC）管。

(2) 供液支管　　直径有 20mm 或 25mm，选用 PE 软管，也可用 PVC 管。

(3) 供液毛管（滴灌管）　　也称二级支管。有多种类型，如内镶迷宫式滴灌管、压力补偿式滴灌管、管间式滴灌管、侧翼迷宫式滴灌带、贴片式滴灌带、薄壁滴灌带等。

1) 压力补偿式滴灌管：PE 毛管，直径 16mm，在每个栽培槽的毛管上按株距接压力补偿式滴头，大株蔬菜每株设 1 个滴头。可结合使用多出口分水器和滴箭。

2) 内镶迷宫式滴灌管：是一种将滴头直接镶嵌于管线内壁的滴灌管，压力损失小，抗堵塞性能强，出水均匀。滴头间距一般 30cm，额定流量 1.38L/h，湿润直径 0.4m。

3) 薄壁滴灌带：这种微灌带上，每隔 25～30cm 有用激光打出的 1～2 个小孔，未使用的滴灌带呈扁平状，安装时直接铺于基质表面，并将滴灌带的一端与供液支管相连，供液时，营养液流入，把滴灌带撑胀起来，并从小孔中喷射出来。滴灌带上要覆盖地膜，让营养液喷到地膜内侧后，形成水珠，滴落到基质上。

2. 铺设　　如果栽培槽长度超过 30m，应在栽培槽中部并与栽培槽方向垂直铺支管，向支管两侧顺栽培槽方向分出毛管（滴灌管）。

可采用流量很小（0.2～0.5L/h）的重力自流式滴灌系统，贮液池底部高于地面 1m 以上，先将供液支管在栽培槽四周互相连通，形成一个闭环系统，以此确保各处压力均匀。然后把已连接有滴头的毛管（滴灌管）两端与供液支管相连并平铺在栽培槽表面，每个栽培槽铺 1～2 条供液毛管（滴灌管）。

【知识点】"V"形栽培槽，"A"形栽培槽，平底栽培槽，全地面沙培床，供液管道，贮液池，滴灌，流量，压力补偿式滴灌管，内镶迷宫式滴灌管，薄壁滴灌带，重力自流式滴灌系统，液位观察管，排液沟。

【技能点】"V"形栽培槽建造，"A"形栽培槽建造，平底栽培槽建造，全地面沙培床建造，贮液池建造，供液管道铺设。

【复习思考】
1. 为什么沙培槽多采用滴灌供液的方式？
2. 为什么沙培营养液一般不采用循环利用的方式？

任务二　蔬菜沙培

【知识目标】掌握蔬菜沙培对营养液管理的要求；了解沙培基质积盐的原因及处理方法。

【技能目标】能够正确进行沙培的营养液管理；能够用适当的方法消除沙培基质积盐。

一、育苗与定植

采用多种无土育苗形式,如岩棉育苗、复合基质育苗等。成苗后直接将幼苗定植到基质中,然后供液。

二、供液系统管理

如果肥料中不溶性杂质多、水源的杂质多、营养液产生沉淀及水源硬度高、过滤器的过滤效果差,容易导致滴头堵塞。因此,在供液时要观察每个滴头的出水情况,及时疏通或更换被堵塞的滴头。换茬时用清水冲洗供液管道,必要时可将滴头全部取下来,浸泡在稀盐酸或稀硫酸(0.1mol/L)中,利用酸分解滴头中的碳酸钙等堵塞物,浸泡24h后用清水将滴头冲洗干净,再重新安装好。要经常清洗过滤器。

三、营养液管理

沙粒贮液量小,营养液浓度和酸碱度易发生变化,因此,要求营养液配方浓度较低(1.0~1.5mS/cm)、酸碱性质稳定。如原配方浓度较高,则可用0.5剂量。

在正常情况下,可根据蔬菜对水分的需要来确定供液次数。当阳光充足、温度高、湿度低时,供液浓度应降低,为1.0~1.2mS/cm,而且每天要增加供液次数;反之,在光照不足、温度较低、湿度大时,要将浓度提至1.2~1.5mS/cm,供液次数相应减少。

一般每天可滴灌2~5次。每3d检测1次排出营养液的可溶性盐含量,如可溶性盐总量超过2g/L,则应该用清水滴灌数天,减轻基质积盐。当排出的营养液低于要求浓度时,再恢复供应营养液。

如遇到连续低温阴天应继续供液,让新营养液替换掉已在沙中被蔬菜消耗去养分的旧营养液。如遇到供液量不多就有不少营养液排出时,可将营养液的浓度提高,但总盐浓度不应超过2g/L。每次供液都要将基质"浇透",并有8%~10%的营养液排出。

平底栽培槽可通过液位观察管检查液位,当发现槽底有1~2cm深的液层时就停止供液。

四、积盐消除

栽培槽中的营养液会由于毛细管作用由下向上升至基质表面,水分蒸发后,盐分就会在基质表面积累,甚至形成"盐霜",这种现象称作积盐。积盐会危害蔬菜的茎基部,并抑制蔬菜生长,严重时导致叶片部分黄化,甚至干枯。为此,需每隔50d左右用清水冲洗基质表面1次,或每隔2~3周,通过供液管道供1次清水或稀营养液(0.25剂量)以冲去基质中积累的盐分。

五、基质消毒

每茬进行一次基质消毒,常用消毒剂为1%甲醛溶液、0.3%~1.0%次氯酸钠和次氯酸钙溶液。喷药24h后,用水冲洗3~4次,直至将药剂完全洗掉。

【知识点】供液系统,营养液,滴头,积盐,盐霜,基质消毒。
【技能点】营养液管理,供液系统清洗,积盐消除,基质消毒。

【复习思考】
1. 沙培营养液管理有何特点？
2. 如何消除沙培基质的积盐？

项目三　岩　棉　培

岩棉培（rockwool culture）是指以岩棉为栽培基质的无土栽培形式。岩棉培是丹麦的格罗丹（Grodan）公司在 1968 年首先开发的，目前在以荷兰为中心的欧洲各国最为普及。

岩棉是疏松多孔可成形的固体基质，透气、持水性能好。植物根系在岩棉中能较容易地穿插。

岩棉培就是将植物种植于一定体积的岩棉块中，让植物在其中扎根锚定，吸水吸肥，生长发育。岩棉培的基本模式是：将岩棉切成块，用塑料薄膜包住，形成长方体状的种植垫，种植时在其表面的塑料薄膜上开孔，安放带幼苗的定植块，并向定植块及种植垫中滴加营养液，植株扎根其中吸到水分和养分而生长。将众多岩棉种植垫集合在一起，配以供液、排液装置，即组成岩棉种植畦，从而进行不同规模的生产活动。

由于营养液利用方式的不同，岩棉培可分为开放式岩棉培和循环式岩棉培两种类型。

岩棉培的优点是：第一，利用岩棉适宜的保水和通气特性，能很好地保障水分、养分和氧气的供应；第二，岩棉培具有多种缓冲作用，可以为根系提供稳定的生长环境；第三，岩棉培的装置简易，安装和使用方便。缺点是：岩棉废弃物难以处理，设施设备投入高，对栽培管理技术要求高。

任务一　开放式岩棉培

开放式岩棉培是指营养液的流动为非循环式的，即营养液不循环利用的岩棉培形式。

其营养液通过滴灌系统滴入岩棉定植块和岩棉种植垫内，多余的营养液从垫底流出，作为废液进入土壤，或流入专用的收集容器，或弃于温室之外。滴灌系统的运行过程是：供液—滴灌—流出—弃液。

开放式岩棉培的主要优点是：结构相对简单，安装容易，造价较低，管理方便，不会因营养液循环而导致或加速侵染性病害蔓延，而且营养液的成分也容易控制。主要缺点是：营养液消耗较多，通常会有 15%~20% 的营养液被排出。

子任务一　开放式岩棉培设施的结构认知与建造

【知识目标】理解开放式岩棉培的概念；了解开放式岩棉培设施营养液外排的优缺点；掌握开放式岩棉培设施各个组成部分的规格及建造方法。

【技能目标】能够指导建造各种开放式岩棉培设施的栽培畦；能够正确组装各种开放式岩棉培的营养液供排液系统。

一、栽培畦

(一) 双行高畦

双行高畦是指在每条土壤高畦上摆放两行岩棉种植垫，种植两行蔬菜的岩棉培栽培畦。

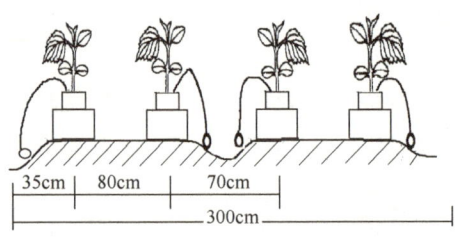

图 6-12　开放式岩棉培系统结构示意图

1. 做排液沟　在温室一端设置排液沟，保证多余的营养液能顺利排出。

2. 做高畦　平整地面，坡降 1∶100，然后起土，做龟背形高畦（图 6-12）。栽培瓜类、茄果类等大株蔬菜者，畦宽 150cm，畦高 10～15cm（畦沟底至畦面的高度），每畦放置两行岩棉垫。将土壤夯实，畦两边平缓倾斜，形成畦沟，畦长 30～50m。

3. 铺薄膜　在地面铺 1 层厚度为 0.12mm 以上的白色或黑白双色塑料薄膜，薄膜要紧贴地面，将岩棉与土壤隔开，薄膜接口不要安排在畦沟中。畦面上两行种植垫的间距较大，可作为工作通道，而在畦沟之间的两行种植垫间距较小，用于摆放供液管道及排液。

(二) 加温畦

冬季栽培，可在种植垫下安放加温管道（图 6-13）。先在摆放种植垫的位置放置中央有凹槽的泡沫垫，起隔热作用。凹槽内铺加温管，其上铺 1 层黑白双色薄膜，薄膜的宽度要足够盖住畦沟及其两侧的 2 行种植垫。放上种植垫之后把两侧的薄膜向上翻起，露出黑色的底面，并盖住种植垫。

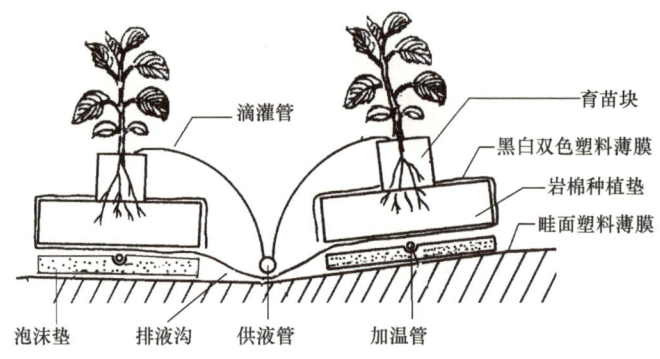

图 6-13　开放式岩棉培栽培畦的规格及种植垫摆放

(三) 双行小垄

并排起两条小垄，压实，铺 1 层薄膜，在每条小垄上摆放岩棉垫。小行距 50cm，大行距 110cm。邻近的两条小垄之间（小行间）的低洼处作排液沟，供液管安置在排液沟上，在岩棉种植垫上邻近排液沟的一侧开排液口。相邻较远的两垄之间（大行间）铺设暖气加热管道，同时作为采摘车行驶轨道（图 6-14）。很多大型岩棉培设施采用这种方式。

二、岩棉种植垫

岩棉种植垫（简称岩棉垫）的规格决定着每株植物占有的营养液量，由于岩棉培的营养液是经常补充的，因此对岩棉垫的大小要求并不太严格。但如果岩棉垫体积过小，

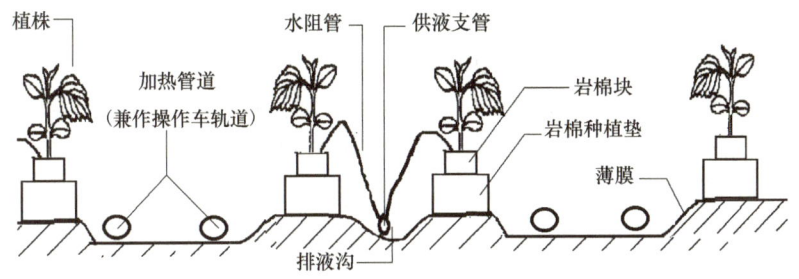

图 6-14 双行小垄岩棉培种植畦及种植垫摆放

吸持的营养液量过少,容易造成蔬菜因蒸腾失水过多而萎蔫,并导致局部营养液浓度和组成发生大幅度变化,从而对蔬菜生长造成不利影响。以种植番茄、黄瓜为例,据有关研究显示,番茄、黄瓜的日最大蒸腾量为 3L/株,加上 1/3 的供液保证系数,则为 4L/株,一般岩棉垫的总孔隙度为 95%,其有利于植物生长的最大持水量应不超过其体积的 60%,以上述两数值为基础,即可算出每株番茄、黄瓜需占有岩棉垫的体积为 6.7L。若以 1 个岩棉种植垫种 2 株为例,则其体积应为 13.4dm^2,经折算,相当于将这 13.4dm^2 体积的岩棉体制成长×宽×厚=90cm×20cm×7.5cm 的扁长方体,再用乳白色塑料薄膜将岩棉垫整块紧密包住,即成为适合于类似番茄、黄瓜等植物种植的岩棉垫。

最常用的种植垫均为长方体状,厚度为 7.5~10cm,宽度为 15~30cm,长度为 80~133cm。

三、供液系统

(一) 液源

在高于地面 1m 以上的位置设置一个较大的容器,称作高位贮液罐,用于盛装营养液,营养液在重力作用下通过各级管道流到各个滴头进行供液。

多数情况下,也可不建盛装栽培液的贮液池,只设浓缩液贮液罐,分别盛装 A、B 两种浓缩液(两罐法),营养液由计量泵(定量泵、比例泵)直接混合,供液时启动活塞式计量泵,分别将两种浓缩液注入供水主管道,按比例与水一起进入肥水混合器(营养液混合器),混合成栽培液。

溢出的液体为弃液,也可不设置集液池收集弃液,这样,设施构造简化,设备费用少。

(二) 过滤器

供液主管上安装过滤器,滤除杂质、沉淀等粗大杂物,防止堵塞滴头。筛网式过滤器要求过滤网在 100 目以上。

(三) 供液管道

供液用的管道选用塑料管,材质主要有 PVC、PPR、PE 等。PVC 管硬,耐压,需由塑料胶粘接;PE 管较软,较耐压,一般通过外锁式 PE 管件相连。

供液管分为主管、支管、毛管等多级。确定管道管径大小的原则是与所需的供液量相适应,保证供液充足而均匀,其决定因素有水泵功率、滴头流量等。主管、支管一般选用直径 32~50mm 的 PPR 热熔管、PVC 管或 PE 管,铺在栽培行内的 PE 供液毛管外径通常为 16~20mm,其上安装滴头管。

滴头管是直接向植株滴液的最末一级管,用有弹性的硬塑料制成。其嵌入毛管的方法是先在毛管上钻一孔径略小于滴头管外径的小孔，然后将滴头管嵌入孔中，要做到不易松脱和漏水。最常用的滴头流量为2~4L/h。

滴头管有两种类型：一种是发丝管，管内径很细，标准规格是0.5~0.875mm，水通过时会以液滴状滴出，其流量受管的长度影响，长度越长，流量越小。其缺点是管径细，容易堵塞而又较难疏通。另一种是水阻管，孔径较大（约4mm），一端连接紊流器，这种滴头管容易排除堵塞，紊流器可以调节水压，保障流量一致（图6-15）。用插箭把滴头管固定在岩棉定植块上（图6-16）。

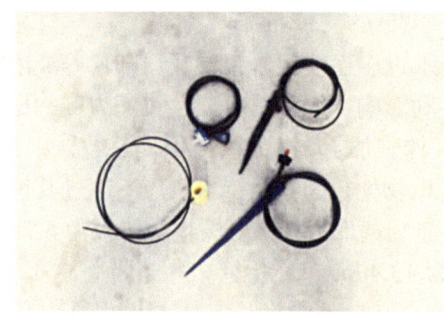
图6-15 紊流器、水阻管、插箭

图6-16 用插箭固定

（四）自控系统

营养液的供液可通过定时器和电磁阀相配合进行自动控制。还可以通过感应探头感应岩棉块中营养液含量的变化，当营养液含量低于设定值时，通过单片机启动电磁阀开始供液。

四、排液系统

在每块岩棉种植垫侧面约离地面1/3处用刀划开2~3个5~7cm长的口，多余的营养液能从切口流到排液沟（畦沟）中，后集中流到设在畦一端的排液沟中去，最后将其引出温室，排放到温室之外的集液池或专用的收集容器中。

【知识点】开放式岩棉培，岩棉育苗块，岩棉定植块，岩棉种植垫，种植垫排液口，龟背形高畦，双行高畦，加温管，供液管道，黑白双色塑料薄膜，高位贮液罐，筛网式过滤器，肥水混合器，发丝管，水阻管，排液沟，排液系统，集液池，自控系统，电磁阀。

【技能点】岩棉种植垫选择，栽培畦建造，供液管道铺设，水阻管安装。

【复习思考】
1. 开放式岩棉培的营养液不循环利用，这样做有什么优缺点？
2. 为什么开放式岩棉培要在岩棉垫上开排液口？

子任务二　蔬菜开放式岩棉培

【知识目标】掌握适合岩棉培的蔬菜育苗及定植方法；掌握开放式岩棉培营养液管理的基本指标。

【技能目标】能够进行开放式岩棉培的蔬菜育苗、定植操作；能够正确进行开放式岩棉培的营养液管理。

一、育苗

（一）播种

用岩棉育苗块育苗，将育苗块码入穴盘中，用清水浸透。将催过芽的种子胚根朝下放入育苗块中央的缝隙，深约1cm。如果育苗块中央的孔较大，可覆盖1层潮湿的蛭石（图6-17）。然后盖1层地膜保湿，待种子出苗后揭掉地膜。

（二）移栽前管理

出苗后浇1.5mS/cm、pH6.0～6.9的营养液，用喷壶从上方浇灌。

（三）移栽及移栽后管理

1. **移栽**　幼苗长出真叶后，就要移栽到岩棉定植块中。先用清水将定植块泡透，然后将育苗块塞入定植块中央的小孔中，几天后，幼苗根系就会长入定植块，将定植块与育苗块连为一体（图6-18，图6-19）。

2. **移栽后管理**　瓜类幼苗移栽后到3片真叶前用浓度2.5～3.0mS/cm的营养液浇灌。对于番茄，可以用浓度5.0mS/cm营养液浇灌。将来定植后，育苗块中的营养液浓度比滴灌的营养液浓度高，有利于缓苗和防止早期幼苗徒长。

二、定植

定植前3d先将岩棉垫上部定植位置的薄膜划开，形成1个方洞，然后浇灌浓度为2.0～2.5mS/cm的营养液，让岩棉种植垫彻底湿透。定植时只需把定植块摆放在方洞位置，将滴箭插到定植块上，即可开始供液（图6-20）。

三、营养液管理

（一）供液量

蔬菜需液量受蔬菜种类、生育期、光照、温度、湿度等影响，可用张力计法测定基质含水量，从而确定供液量。

图6-17　播种

图6-18　定植块吸透水

图 6-19 幼苗移栽到定植块　　图 6-20 定植块的放置方法

在温室中选取 5~7 个点,在每个点的岩棉垫的上、中、下 3 层中各安装 3 支张力计,当植株蒸腾失水后,基质中水分减少,张力计发生变化。假设每株番茄占有 6.7L 岩棉基质,持水量为其体积的 60% 时为安全持水量,这样计算出来每株番茄占有的液量为 4.2L。一旦张力计显示基质中的水分含量降低了 10% 以上(即基质含水量为 50% 以下),就要开始供液。要恢复到 60% 含水量,每株番茄还需要供液 0.67L,如果选用的滴头流量为 4L/h,则需灌溉 10min。

为防止基质积盐,可增加供液量,提高营养液的排出量。如果岩棉的 EC 值较高,最多在每次供液时可以让 50% 的营养液排出,直至 EC 值逐渐下降并接近预计水平。

(二) 供液次数与供液时间

供液时间要短,供液次数要多。以 Grodan 岩棉为例,通常每天需要供液 20 次左右,如果天气炎热、阳光充足,或环境的空气干燥,植物需水多,要多供液。如果多云、阴天或空气湿度高,植物蒸腾速率低,供液次数可降至每天 5 次,有时甚至每天 1 次。每次的供液时间取决于排出的多余营养液的量,或者说是取决于岩棉块的 EC 值,比如,通常情况下,如果使用 EC 值 0.8mS/cm 的营养液浇灌,岩棉块的 EC 值可以为 1.0mS/cm,比所供的营养液 EC 值略高。每次排出的多余营养液应为供液总量的 20% 左右,弃液收集后最好能再利用,比如用于土壤施肥,避免浪费(图 6-21,图 6-22)。

(三) 供液浓度

由于受气候和自身生长进程的影响,植物对水肥的吸收不一定同步。例如,在高温低湿、植株较大时,植物吸水多、吸肥少,此时供液浓度应较低;反之,当低温高湿、植株较小时,植物吸肥多、吸水少,此时供液浓度应高些。在生产过程中应根据实际情况来控制供液浓度。一般认为,供液浓度最低为 0.6mS/cm,最高不超过 2.5mS/cm,对多数植物来说都是安全的。通常每天早晨取样检测 1 次。

图 6-21　岩棉培黄瓜生长状态　　　图 6-22　岩棉培番茄生长状态

【知识点】岩棉育苗块，岩棉定植块，岩棉种植垫，营养液浓度，供液量，供液次数，供液时间。
【技能点】岩棉育苗，定植，营养液管理，营养液检测。

【复习思考】
1. 开放式岩棉培还需要进行营养液浓度和酸碱度的调整吗？
2. 如何确定开放式岩棉培的供液量？

任务二　循环式岩棉培

子任务一　循环式岩棉培设施的结构认知与建造

【知识目标】理解循环式岩棉培的概念；了解循环式岩棉培设施的基本结构和运行原理；掌握循环式岩棉培设施的建造流程。
【技能目标】能够正确阐述循环式岩棉培的运行原理；能够阐述日本驻波大学循环式岩棉培设施的基本结构。

循环式岩棉培是指营养液能循环利用的岩棉培形式。其主要特点是：营养液利用率高，但营养液组成、浓度、酸碱度等易发生变化，需要定期检测、调整。

一、日本驻波大学循环式岩棉培设施

日本驻波大学循环式岩棉培设施由该大学的涉谷正夫设计，包括栽培槽、营养液循环系统等几部分，其中地下集液池配合高架贮液罐的设计很巧妙。

栽培槽长 20~30m，用聚苯乙烯泡沫塑料拼接而成。岩棉种植垫悬空，用无纺布包裹，可避免根系伸入槽底妨碍营养液流动。从栽培槽流出的营养液经槽内铺设的集液管汇集到回流管中流回集液池。集液池液位上升，当设在池面以下约 10cm 的液位感应器的电极接触到营养液时，表明集液池已满，这时就通过继电器接通水泵电源，把营养液抽到高架贮液罐中，罐中也有液位感应器，注满后就切断水泵的电源。高架贮液罐依靠营养液自身的重力供液，营养液经过滤器、阀门和各级供液管道流到岩棉种植垫上。在供

液主管上设有电磁阀和定时器以控制供液量和供液时间。营养液量不足时，可由连接着浓缩液贮液罐的混合罐补充（图6-23）。

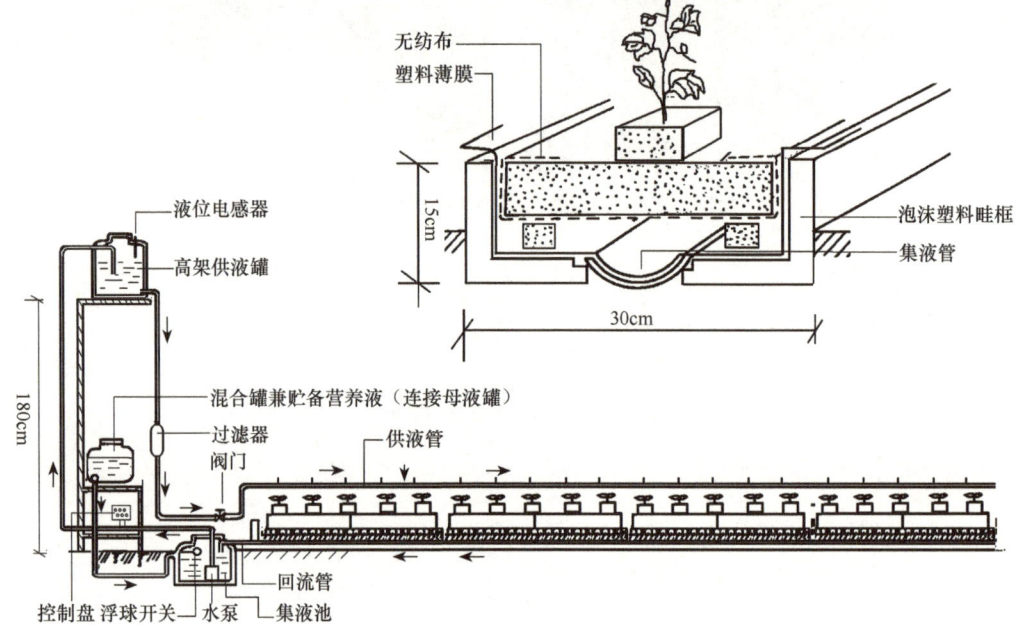

图6-23 循环式岩棉培设施结构示意图

二、日光温室岩棉培设施

日光温室岩棉培设施是在参照国外岩棉培设施的基础上，我国自行研发的一种适宜中国北方日光温室使用的、简易的、实用的岩棉培系统。

（一）贮液池

在日光温室中央建造砖混结构贮液池，以面积400m² 的日光温室为例，贮液池的容积为7～10m³。内壁贴铺防水卷材防渗，方法是：先在宽24cm的砖内壁上抹20mm厚水泥砂浆找平层，其上铺贴卷材防水层，并与池底防水层搭接。防水层外用水泥砂浆抹光。

（二）栽培槽

栽培槽南北走向，长6.5m。槽底要做1：80坡降，北端比南端高7cm左右。用聚苯乙烯泡沫塑料板做槽体，其上铺塑料薄膜。岩棉种植垫宽30cm、厚7～8cm、长90～100cm，放在宽1～1.1m、厚0.12～0.15mm的银灰膜或黑白膜上。岩棉垫底部与塑料膜之间垫3行泡沫塑料条，形成回液沟，使多余的营养液存于沟中，并顺沟从排液口、回流管流回贮液池。长68m的温室可设置50个栽培槽，需要岩棉1000kg，塑料薄膜350m，聚苯乙烯泡沫塑料板8m³，直径8mm钢筋260m，截成20cm长的小段（图6-24，图6-25）。

（三）营养液循环系统

1. **水泵** 用潜水泵，工作电压380V、口径40mm、流量25m³/h、扬程35m以上。

2. **过滤器** 过滤器安装在供液主管首部，用于过滤掉粗大杂质，防止滴头堵塞。过滤器主要分滤网式过滤器、砂石式过滤器和叠片式过滤器3种。滤网式过滤器是利用筛孔较小的滤网来达到过滤的目的，网眼密度至少应为100目（图6-26）；砂石式过滤器

单元六 基 质 培

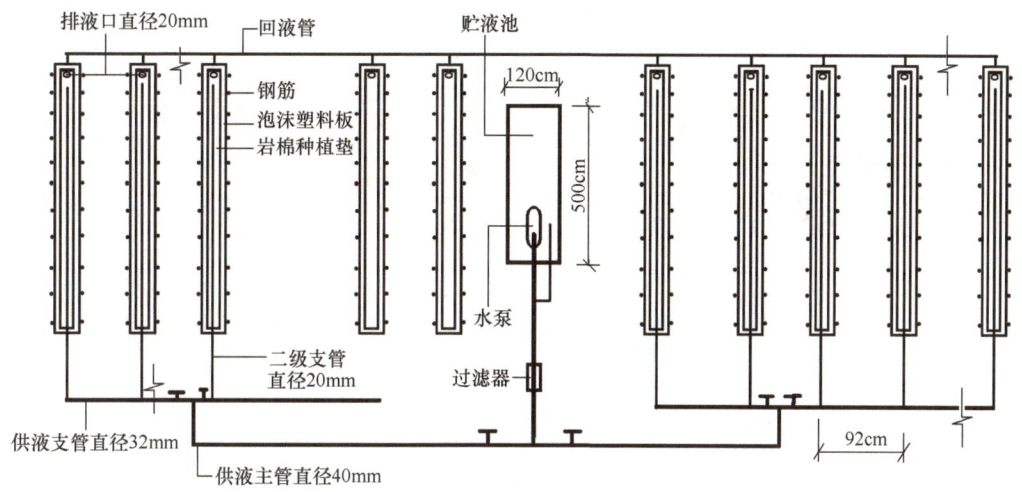

图 6-24 日光温室岩棉培设施平面图

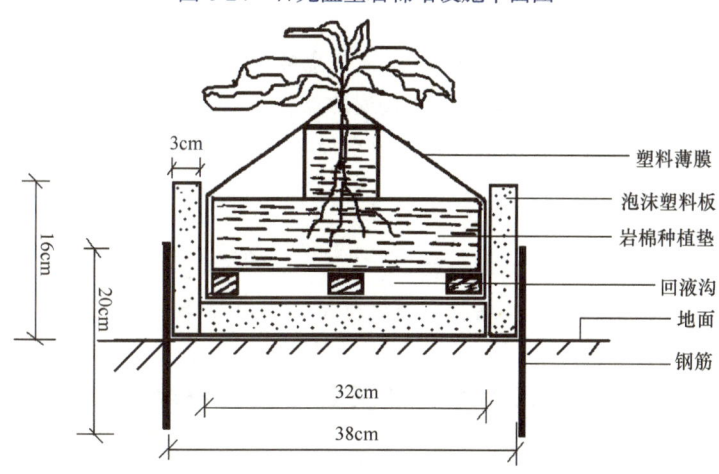

图 6-25 日光温室岩棉培栽培槽剖面图

是利用不同粒径的沙子和砾石来起到过滤作用；叠片式过滤器则是将具有许多小槽的塑料片叠在一起，在水流经过时把粗大的颗粒过滤掉，在大规模无土栽培中用得较多（图 6-27）。经过一段时间的使用之后，过滤器均需进行清洗，防止因堵塞而导致流量过小、水压过低。

3. **供液管道** 供液主管道选用直径为 40mm 的 PVC 管，与水泵口径匹配，每个温室需 40m。支管为 PE 管或 PVC 管，直径 32mm，需 70m。需直径 20mm 的管 330m 做铺于栽培槽上的毛管。另需直径 40mm 三通 2 个，直径 40mm 弯头 3 个，直径 40mm 阀门 3 个，直径 40mm → 32mm 三通 2 个，直径 32mm 阀门 4 个，直径 32mm → 20mm 三通 46 个，直径 32mm → 20mm 弯头 4 个。

在毛管上，安装压力补偿滴箭。

营养液由水泵抽出，经过滤器由供液主管进入支管、毛管、滴箭，再流入岩棉种植垫，多余营养液顺泡沫塑料板条构成的回液沟流回贮液池，如此循环往复。

4. **回流管道** 回流主管可以用直径 90mm 的 PVC 排水管，整个温室需 70m，每

图 6-26　滤网式过滤器　　　　图 6-27　叠片式过滤器

个栽培槽上安装的回流管为一截直径 32mm 的 PVC 排水管，整个温室需 6m，另需直径 90mm 三通 1 个，直径 90mm→32mm 三通 28 个，直径 90mm→32mm 弯头 2 个，用来连接栽培槽上的排液管和排液主管。也可以用砖和水泥在温室南侧砌回流沟，沟上加盖板。

【知识点】循环式岩棉培，高架贮液罐，液位感应器，电磁阀，贮液池，栽培槽，岩棉种植垫，供液管道，回流管道，滤网式过滤器，砂石式过滤器，叠片式过滤器。
【技能点】国外循环式岩棉培设施认知，国内循环式岩棉培设施认知。

【复习思考】
1. 循环式岩棉培的营养液循环有何特点？
2. 如何改进循环式岩棉培设施结构，使之更适合中国国情？

子任务二　蔬菜循环式岩棉培

【知识目标】理解蔬菜循环式岩棉培的特点；掌握循环式岩棉培中营养液检测的基本指标。
【技能目标】能够按栽培需求确定营养液供液时间和频率；能够正确进行营养液检测和调控。

一、育苗与定植

参见蔬菜开放式岩棉培技术。

二、营养液管理

（一）配方选择

岩棉培的配方较多，使用前应先进行小面积试验，验证效果。以日本岩棉培配方为例，其肥源组成为：$Ca(NO_3)_2 \cdot 4H_2O$ 950g/m³，KNO_3 810g/m³，$MgSO_4 \cdot 7H_2O$ 500g/m³，$NH_4H_2PO_4$ 155g/m³，EDTA-Fe 22.62g/m³，H_3BO_3 2.86g/m³，$MnSO_4 \cdot 4H_2O$ 1.81g/m³，$ZnSO_4 \cdot 7H_2O$ 0.22g/m³，$CuSO_4 \cdot 5H_2O$ 0.08g/m³，$Na_2MoO_4 \cdot 2H_2O$ 0.025g/m³。这一配方营养液 EC 值为 2.5mS/cm。

（二）浓度调控

蔬菜不同生育期，营养液浓度管理指标有差异。

以番茄为例，苗期浇灌 1.5mS/cm 营养液，定植到开花前营养液电导度控制在 2.0mS/cm，开花到第一穗果采收营养液电导度以 2.5mS/cm 为宜，开始采收后营养液电导度以 3.0mS/cm 为宜。以上营养液电导度适宜于硬水地区（如北京地区），软水地区应适当降低营养液电导度。

黄瓜栽培过程中，以荷兰岩棉培专用配方所配制的营养液为例，苗期控制在 1.8～2.2mS/cm，定植 1 月后上升至 2.4mS/cm，直至收获。

目前，普遍认为偏高的 EC 值会引起产量下降但不至于引起严重减产。对于极限 EC 值的具体数值，各个研究者报道不尽相同，有研究表明，黄瓜营养液极端 EC 值约为 7.0mS/cm。

（三）酸碱度调控

以番茄为例，虽然营养液 pH 在 5.5～6.5 均适宜于番茄生长发育，但在实际生产中，营养液 pH 一般调至 6.2～6.5。

（四）供液量确定

采用间歇供液方式，在岩棉垫已经处于吸足营养液的状况下，以每株每小时滴灌 2L 的速度滴液，滴够 1h 停止。待滴入的营养液都流回到集液池并抽上高架贮液罐后，再重新滴液。因岩棉垫已经处于最大持水状态，按每株拥有的种植垫体积，其持水量可达 22L，每株 1d 才吸收 1～2L，因此滴入的营养液绝大部分都会流回贮液池。

三、基质积盐处理

种植一段时间后，营养液中的某些植物吸收量较少的肥料或肥料中的杂质会残留在基质中，基质表面也会由于水分蒸发和毛细管作用产生积盐，影响蔬菜根系生长，伤害蔬菜茎基部，使茎基部发黑腐烂，直至整株萎蔫死亡。这种情况在空气干燥、温度较高的条件下更易发生。因此要经常洗盐。

一般每周测定 1～2 次营养液，可以从供液管道收集营养液，但最好是收集岩棉垫侧面排出的营养液，之后检测电导度，如果 EC 值高于 3.0～3.5mS/cm，就要滴灌 1/4～1/3 剂量的稀营养液洗盐，当岩棉垫中流出来的溶液浓度接近正常水平时恢复供应正常浓度的营养液。一般不直接用清水洗盐，以免导致洗盐期间蔬菜吸收不到足够的养分。另外，还应每隔 2～3 周用清水直接冲洗 1 次蔬菜的茎基部（图 6-28，图 6-29）。

四、蔬菜管理

岩棉培中，对蔬菜植株本身的管理技术与土壤栽培相似。以岩棉培最常栽培的番茄为例，主要注意以下问题：第一，番茄为自花授粉作物，果实的发育主要依靠生长素类物质的刺激，如果坐果困难，可用 30mg/L 防落素蘸花；第二，随着番茄植株生长发育，下部叶片老化，应及时摘除老叶、黄叶，一方面可以减少病害，另一方面有利于通风透气；第三，宜在番茄转色期进行采收，即果实顶部开始变为橙红色时采收。有研究显示，岩棉培番茄秋冬季生育期为 180d，平均单株耗液 0.38L/d。这一数据可供管理时参考。

图 6-28 收集检测用营养液

图 6-29 旺盛生长的岩棉培番茄

五、基质消毒与更换

岩棉种植垫可重复使用,但在下茬蔬菜定植前,要对岩棉垫进行彻底消毒。药剂消毒效果较差,因其不易渗入岩棉垫,蒸汽消毒效果好但成本高。使用 1.5~2 年后,岩棉的纤维断裂,残根较多,通气性下降,应将其淘汰。

【知识点】间歇供液,岩棉培专用配方,营养液检测,最大持水状态,营养液剂量,积盐,毛细管作用,EC 值。

【技能点】岩棉块洗盐,配方选择,营养液浓度调控,营养液酸碱度调控,供液量确定,营养液检测,基质消毒,药剂消毒,蒸汽消毒,基质更换。

【复习思考】
1. 如何掌握循环式岩棉培的供液次数和供液量?
2. 如何进行岩棉洗盐?

项目四 复合基质培

两种或两种以上基质混配形成复合基质,复合基质中一般都含有一定比例的有机基质成分。利用复合基质进行园艺植物无土栽培的方式称作复合基质栽培,简称复合基质培。依据栽培容器的不同,又可将复合基质培分为复合基质袋培、槽培、箱培等。

复合基质栽培的投资少,几乎可用于栽培所有蔬菜,是一种最接近土壤栽培的无土栽培形式,因而最容易被普通种植者接受,但技术的灵活性很强。

目前,由于实际生产过程中,栽培蔬菜种类比较单一,单纯追求产量及过量使用速效化肥等因素,设施土壤次生盐渍化和连作障碍日趋严重,针对这种情况,复合基质栽培不失为一种行之有效的解决方法。但复合基质本身也有着容易积盐、容易聚集有害生物等问题。

任务一 复合基质槽培

复合基质槽培(trough culture)是指用栽培槽作容器的复合基质栽培形式。

子任务一 复合基质槽培设施的结构认知与建造

【知识目标】理解复合基质槽培的概念;了解栽培槽的种类及其特点;了解简易栽培槽的基本结构及其参数。
【技能目标】能够因地制宜地选择材料,指导、建造复合基质栽培槽;能够根据栽培条件,设计结构适宜的栽培槽。

一、贮液池

复合基质槽培多采用开放式供液方式,只有极少数情况下才进行循环式供液。开放式供液对贮液池容积无特殊要求,而采用循环式供液的贮液池容积则由栽培面积和蔬菜种类决定。例如,面积 $200m^2$ 的温室,可定植 600 株甜瓜,每株甜瓜日最大耗液量为 2L,为减少每天配液的麻烦,贮液池的容量至少为 $4m^3$(图 6-30)。贮液池通常为砖混结构,池底和内壁做防渗处理。使用潜水泵者,要在池底砌凹槽,用于安放潜水泵。池口加盖板。建造方法参见营养液膜设施、深液流水培设施。

图 6-30 窄口贮液池

二、栽培槽

因地制宜选择建材,可用木板、竹片、水泥瓦、石棉瓦、石板、水泥砌块、黏土砖、聚苯乙烯泡沫塑料等制作栽培槽槽体(图 6-31～图 6-36)。最简单的槽体是由砖垒成,不加砂灰砌筑,一般不建造砖混结构的永久性槽体。槽底铺塑料薄膜,将基质与土壤完全隔开并防止营养液渗漏。

图 6-31 永久性砖混结构栽培槽

图 6-32 水泥地砖栽培槽

(一)地上式 4 层砖框栽培槽

依据不同蔬菜种类,确定栽培槽宽度,番茄、黄瓜等大株蔬菜每槽种植两行,槽宽 0.48m(内径),而小株蔬菜的栽培槽可宽些,种植多行。槽长可依据灌溉能力、温室结构而定,普通日光温室的栽培槽长 7～8m。

图 6-33　水泥瓦栽培槽

图 6-34　直立放置红砖砌筑的栽培槽

图 6-35　泡沫塑料栽培槽

图 6-36　聚苯乙烯泡沫塑料栽培槽

1. 挖槽底　　在地面起土，挖"V"形槽底，宽 48cm，中央深 10cm 以内。槽底应有 1∶200 的坡降，以利于排液。

2. 垒槽框　　在槽底两边的地面上，直接用黏土砖或水泥砌块垒槽框，共 4 层，高度 20cm（图 6-37，图 6-38）。

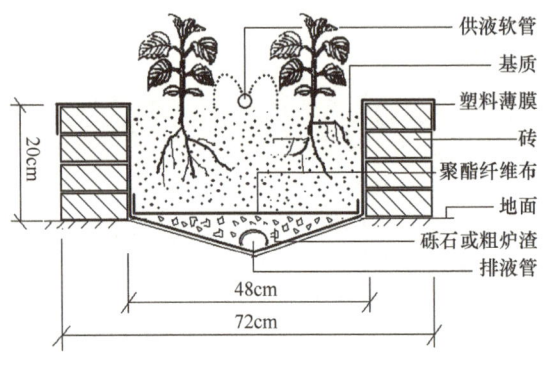
图 6-37　地上式 4 层砖框栽培槽截面图

图 6-38　4 层砖框栽培槽栽培黄瓜效果

3. 铺薄膜　　在槽内铺 0.1mm 厚薄膜，将基质、渗液层与槽底、槽框隔开。

4. 铺排液管　　在栽培槽底部安放排液管，在排液管上每隔一定距离钻 1 个小孔，以便栽培槽中多余的营养液流入管内，排液管在栽培槽较低的一端开口，多余的营养液汇集到排液主管或排液槽，最后排到温室外。

5. 铺渗液层和基质 槽底铺砾石作为渗液层。渗液层上铺无纺布，无纺布上铺混配好的复合基质。

6. 铺设供液管道 填充基质后，在复合基质之上，铺供液滴灌管道。在栽培槽的表面覆盖地膜，减少基质中的水分蒸发。

观光型园区出于美观考虑，常在栽培槽表面覆盖2cm厚的聚苯乙烯泡沫塑料板，在泡沫塑料板上按栽培株行距打直径10cm的定植孔，在定植孔中定植蔬菜，此法可阻隔病菌，并能起到隔热作用，适宜高温季节采用。

（二）半地下二层砖框栽培槽

1. 挖槽底 栽培槽部分结构位于地平面以下，结构相对简易。建造时先挖上宽48cm、下宽30cm、深20cm、长20m的基坑，作为槽底（图6-39）。

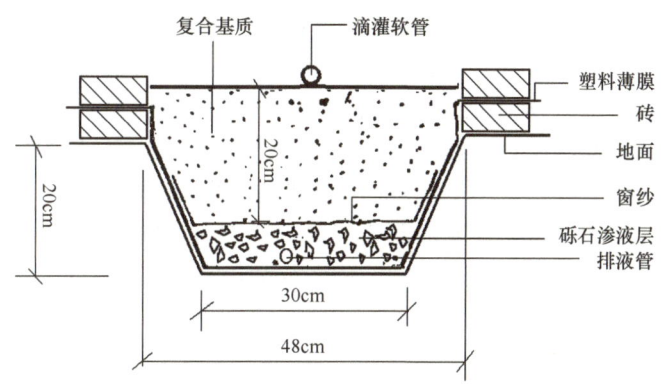

图6-39 简易复合基质栽培槽结构图

2. 铺薄膜，垒槽框 沿槽边的地面砌1层砖，沿槽底面铺1层薄膜，之后再在边缘码放1层砖，压住薄膜。建造这种栽培槽，每200m²的栽培面积需砖2500块（图6-40）。

3. 铺排液管 在槽一端下方将薄膜开1个洞，用一截直径20~25cm、长度适宜的塑料管作通向排液沟的排液口，排液口处于栽培槽最低位置。

4. 铺渗液层 在薄膜上铺1层核桃大小的碎砖头或砾石作为渗液层，渗液层上铺1层塑料纱网或无纺布，以减少或防止上面的基质混入渗液层。

图6-40 用简易栽培槽栽培番茄

5. 铺基质 纱网上铺复合基质，比如可用按体积比1∶1混合的草炭和炉渣，每200m²的栽培面积需草炭、炉渣各6m³。

6. 铺供液管 基质表面中央位置沿栽培槽走向铺1条软质滴灌管，管的一头用铁丝捆死，另一头接在供液管的支管上。

三、基质

传统的、最常用的槽培基质选用草炭、蛭石、珍珠岩混配而成，有机基质和无机基质的体积比通常为 2∶1。

另外，种植者可以选择当地廉价原料，因地制宜地研究配方或选择配方，配制栽培基质。例如，用炉渣、沙等廉价基质代替传统复合基质中的无机基质。

由于在复合基质配制时，一般都会用到草炭，但草炭价格昂贵，并且属于不可再生资源，过量开采会破坏生态环境。因此，利用来源广泛、价格低廉的农业废弃物作为草炭的替代品受到了国内外的重视。新的基质和配方是无土栽培研究的重要领域，当前开发的能用于配制基质的有机物主要有鸡粪、羊粪、玉米秸秆、玉米芯、菇渣、甘蔗渣、中药残渣、向日葵秆、蔬菜残枝等，并形成了很多复合基质配方。例如，西北农林科技大学研究的复合基质配方（用体积百分数表示）：60%玉米秸秆＋20%河沙＋20%牛粪；50%玉米秸秆＋10%玉米芯＋20%河沙＋20%牛粪；50%玉米秸秆＋10%稻壳＋20%河沙＋20%牛粪；40%玉米秸秆＋10%玉米芯＋10%稻壳＋20%河沙＋20%牛粪；等等。

由于草炭、有机废弃物等有机基质具有很强的缓冲性，因此在基质装槽前可预混肥料，这样在栽培过程中，至少在栽培前期，即使用普通的复合肥浸提液代替正规的营养液，也能使蔬菜基本正常地生长。例如，每立方米复合基质中，可加入硝酸钾 1000g、硫酸锰 14.2g、过磷酸钙 600g、硫酸锌 14.2g、石灰或白云石粉 3000g（在北方硬水地区，灌溉水中含钙量高，无需再加石灰）、钼酸钠 2.4g、硫酸铜 14.2g、螯合铁 23.4g、硼砂 0.4g、硫酸亚铁 42.5g。添加方法是，将各肥料分别加水溶解，然后在混配基质时，喷淋到基质上，之后混匀。

四、供液系统

复合基质槽培的营养液供应通常采用开放供液方式，营养液不循环利用，因此不设回流管，营养液经植物吸收和基质吸持后，多余部分流入渗液层经排液管或排液沟排到室外。循环利用者要保证供液均匀，管道不堵塞。

每 300m² 选用一台功率 2.2kW、配管管径 50mm、流量 10m³/h 以上、扬程 32m 以上、电压 220V 或 380V 的潜水泵或自吸泵。

为减少对基质的冲击，应采用滴灌或微喷形式供液，供液主管选用直径 32～50mm 的铁管、PE 管或 PVC 管，首部设过滤器、水表、阀门（图 6-41）。

采用滴灌方式供液时，在栽培槽基质表面铺设滴灌管，管内设置压力补偿滴头。采用微喷方式供液时，应将软管置于地膜之下，以防营养液喷到槽外或茎叶上。

微灌带成本低廉，生产中采用较多。微灌带是在厚 0.3mm 薄壁塑料管上加工出孔径 0.6mm 出水小孔，额定工作压力 2～6m 水柱，爆破压力达到 20m 水柱，喷洒半径 1～3m，额定流量 30～80L/（m·h），可压成平带盘卷起来，移动方便。在温室北侧靠近后墙位置的地面上铺设主管道，按畦的间距装上三通或旁通，再接上微灌带，每个栽培槽铺 1～2 条微灌带，微灌带的末端扎牢，避免漏水。软灌带铺设在两行蔬菜中间（图 6-42～图 6-44）。每 2 个不同喷洒方向的出水小孔组成一组，其上覆盖地膜。主管道上还可连接施肥器。

【知识点】复合基质，槽培，贮液池，栽培槽，槽底，槽框，渗液层，排液管，滴灌管，复合基质配方，开放式供液，供液管。

【技能点】各种栽培槽的建造，滴灌管道铺设，基质混配，肥料预混。

图 6-41 供液系统首部（示水表、过滤器、阀门）

图 6-42 三通连接主管道

图 6-43 栽培槽中两条供液支管的连接方法

图 6-44 栽培槽中供液管末端的封堵方法

【复习思考】
1. 复合基质栽培槽与深液流水培槽在结构上有何明显差别？
2. 在蔬菜栽培密度相同的前提下，为什么复合基质栽培槽的宽度可以比土壤栽培畦的宽度小一些？

子任务二　蔬菜复合基质槽培

【知识目标】了解适宜复合基质槽培的蔬菜种类；掌握复合基质槽培的蔬菜定植技术；掌握复合基质槽培的营养液管理技术。

【技能目标】能够结合查阅资料，因地制宜地利用当地资源开发复合基质；能够对营养液配方进行调整，在保障蔬菜正常生长的前提下降低营养液成本。

复合基质栽培是一种成本低廉但有一定栽培难度的栽培方式，这是因为复合基质配制原料种类繁多，配方多样，对应的营养液配方也需要调整，栽培过程中容易出现各种意想不到的问题，而且由于复合基质中含有高比例有机物，基质也容易滋生病害，或成为多种地下害虫繁殖的场所，病虫害较为严重。

一、蔬菜种类选择

适宜复合基质槽培的蔬菜种类很多，但选择蔬菜种类时，还要考虑经济因素，虽然可以栽培矮生叶菜，但这类蔬菜空间利用率较低，因此，多以栽培经济价值更高的黄瓜、甜瓜、西瓜、番茄、辣椒、茄子等大株蔬菜更为适宜。

二、育苗

采用穴盘或营养钵育苗方式，育苗基质用草炭和蛭石混配，也可用岩棉小块育苗。

三、定植

（一）供液

定植前铺好排液管、渗液层、混配好的复合基质，然后打开供液管道阀门，向基质中供应营养液或浇水，使基质沉降，表面低洼处再补充一些基质找平。如果使用旧基质，由于上茬蔬菜消耗，有机基质分解，无机基质破碎等，要补充新基质，然后摆放好栽培槽上的供液管道。

（二）定植幼苗

在基质中按株行距开穴，将穴盘苗、营养钵苗或其他形式培育的幼苗像土壤栽培时定植操作一样，栽入基质中。幼苗四周用基质填充、压紧。

（三）覆盖地膜

为减少水分蒸发，定植后覆盖地膜。在地膜上开口，将定植后的幼苗从地膜口中掏出。也可先覆盖地膜，然后再开口定植蔬菜。滴灌管道在地膜下方中央位置。

四、营养液管理

（一）配方选择

由于复合基质中的有机基质本身含有丰富的养分，因此可以根据基质种类及其养分含量，对营养液配方进行调整，以降低栽培成本。例如，当基质中含有草炭时，栽培前期营养液中微量元素可以不加或少加，并可用铵态氮或酰胺态氮代替硝态氮配制营养液。

对具体的营养液配方，需要根据复合基质的成分有针对性地进行研究、试验。可以借鉴他人已有的成果，按研究成果配制基质并使用对应的营养液配方。

如果没有合适的复合基质培营养液配方，也可以使用所栽培蔬菜的水培营养液配方，或在该配方的基础上进行改进。

（二）供液次数

蔬菜生长期间要及时、均匀地供液，1d应供液1~2次，高温季节和蔬菜生长盛期1d可供液2次以上。

（三）预防积盐

应经常检查滴灌管出水口，防止管道堵塞。预防基质积盐，如果基质外排营养液的EC值超过3.0mS/cm，就要停止供应营养液，而改供清水，用水洗盐。

五、蔬菜管理

（一）植株调整

对于果菜类，定植后及时进行植株调整，番茄、茄子可采用单干或多干整枝；菜豆、豇豆可采用支架或吊架；连续结果的瓜类蔬菜多采用吊架，并进行保花保果处理

（图 6-45，图 6-46）。

图 6-45　槽培茄子

图 6-46　槽培菜豆

（二）基质消毒与更换

基质可以被重复使用多年，只是在定植下茬蔬菜前要用太阳能法或蒸汽法对基质进行彻底消毒，同时还要对供排液系统进行消毒。

【知识点】复合基质，草炭，有机基质，基质积盐，供液次数，植株调整。
【技能点】育苗，定植，营养液配方选择与调整，预防积盐，洗盐，基质消毒，基质更换。

【复习思考】
1. 复合基质栽培的营养液管理与水培营养液管理有何不同？
2. 为什么说复合基质栽培是"成本低廉、技术复杂"的栽培方式？

任务二　复合基质袋培

【知识目标】了解袋培的概念；理解袋培设施对栽培袋材质的要求；了解袋培设施的基本结构参数。
【技能目标】能够按栽培需求指导施工者建造袋培设施；能够正确利用袋培设施进行蔬菜栽培。

用栽培袋作容器，袋中装入基质后进行蔬菜或其他园艺植物栽培的无土栽培方式称作袋培（bag culture）。常用尼龙布或抗紫外线的黑白双色聚乙烯薄膜制作栽培袋。

一、复合基质袋培设施的结构认知与建造

袋培可分为卧式袋培和立式袋培两种。
（一）栽培袋制作
1. 卧式栽培袋　卧式袋培所用的栽培袋称作卧式栽培袋。制作方法是，选用厚度 0.1mm 以上的聚乙烯薄膜或其他材料，要求材料具有遮光、抗紫外线、耐老化的特性；将筒膜剪成 70cm 长一段，一端先封口；装入 20～30dm³ 基质后再封严另一端；按预定株

距依次平放在地面上（图6-47）。袋的底部或两侧扎2～3个直径为0.5～1.0cm的小孔，以便多余的营养液渗出，防止沤根。

2. 立式栽培袋 立式袋培所用的栽培袋称作立式栽培袋，呈桶状。制作方法是，将直径为30～35cm的筒膜剪成35cm长的段，用封口机或电熨斗将一端封严，填入10～15L复合基质，而后直立放置。每袋种植1棵大株蔬菜（图6-48）。底部或侧面开排液孔。

图6-47 卧式袋培

图6-48 立式袋培

（二）地面处理与栽培袋摆放

先在预摆放栽培袋的位置沿行向铺黏土砖或水泥砖，两行砖之间留出5～10cm的距离，作为排液沟，两行砖都向排液沟一侧倾斜。而后在整个地面铺上乳白色或白色朝外的黑白双色塑料薄膜。也可做水泥地面，按预定间距留出排液沟，沟两边摆放栽培袋的位置略向沟内倾斜，不铺薄膜。多余的营养液可通过排液沟流到位于温室一端的排液槽内，最后排放到温室外面。

每两行栽培袋为一组，相邻摆放，栽培袋上具有排液孔的一侧朝向排液沟。

（三）供液系统安装

袋培采用开放式供液，营养液不循环利用。用滴灌装置分别向各栽培袋供液。较为经济的供液装置为水位差式自流灌溉系统，应把贮液罐架设在离地面1～2m高处，供液管用PE软管，主管道用直径50mm的PE塑料软管，支管道用直径32mm的PE软管，沿栽培袋摆放方向铺设的毛管（或称二级支管）可用直径16mm的PE软管，各级软管末端用相同口径的堵头堵住。每个栽培袋处设2个滴头，以备一个堵塞时另一个能正常供液。每次供液都要将整个袋的基质浇透（图6-49）。

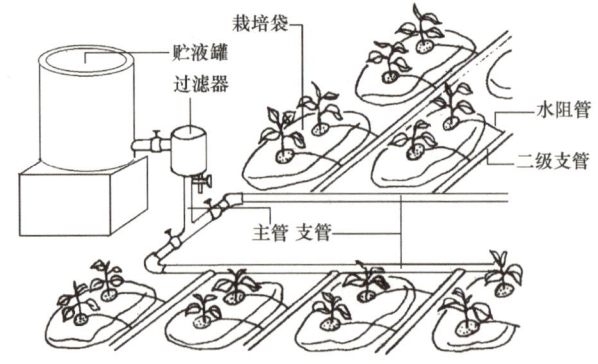
图6-49 水位差式自流灌溉系统示意图

二、蔬菜袋培

采用穴盘育苗，或无底（或底部多孔）的大型塑料营养钵育苗，用草炭、蛭石配制育苗基质。

定植前，要对基质进行彻底的消毒，以预防病害发生。在袋上开两个直径为8～10cm的定植孔，两孔间距为40cm。每孔定植一株蔬菜穴盘苗。如果是营养钵育苗，可以将营养钵去底，直接安放在栽培袋上的定植孔处。营养液管理参见槽培部分。

【知识点】袋培，卧式袋培，立式袋培，栽培袋，黑白双色塑料薄膜，排液沟，开放式供液，水位差式自流灌溉系统，过滤器，贮液罐，主管，支管。
【技能点】栽培袋的制作，地面处理，栽培袋摆放，供液管道的铺设，育苗，基质消毒，定植。

【复习思考】
1. 与其他基质培形式比较，袋培有哪些优缺点？
2. 卧式袋培和立式袋培在设施结构上有何差异？

任务三　复合基质箱培

【知识目标】了解复合基质箱培的概念；掌握复合基质箱培设施地面的处理方法；掌握泡沫塑料栽培箱的打孔方法。
【技能目标】能够指导建造复合基质箱培设施；能够利用复合基质箱培设施进行蔬菜栽培。

箱培（box culture）是指用栽培箱如聚苯乙烯泡沫塑料箱等，作为栽培容器的复合基质无土栽培方式。

一、箱培设施的结构认知与建造

（一）地面

平整地面，作1:（100～200）的坡降，整个地面铺水泥方砖，在预计摆放栽培箱的位置，铺两列水泥砖，略高于田间通道，两列水泥砖之间留出10～15cm的缝隙，用水泥砂浆抹出排液沟，排液沟较低的一端与位于温室边缘的排液槽相连，可将多余的营养液排出温室。将来，每列方砖上分别摆放一列栽培箱（图6-50，图6-51）。

（二）栽培箱

多用聚苯乙烯泡沫塑料箱（简称泡沫箱）作容器，这种材料保温、隔热性能良好，有利于保持箱内的基质温度稳定，从而有利于所栽培的蔬菜生长。常用泡沫箱规格为长37cm、宽24cm、高20cm。聚苯乙烯的密度要达到20kg/m^3，使用前，在泡沫箱的侧壁上距离底部2～3cm处钻2～3个排液孔。

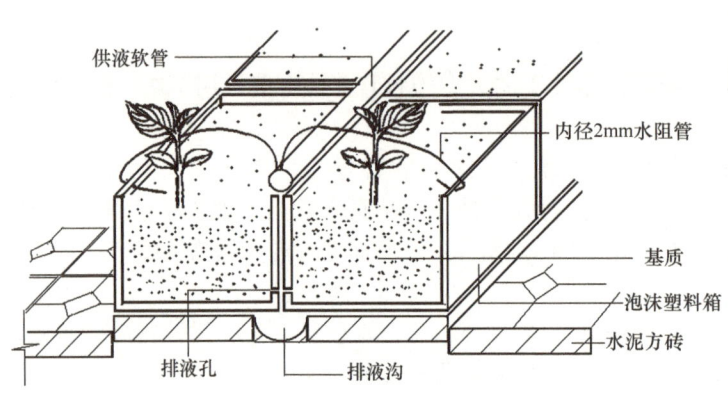

图 6-50　复合基质箱培设施示意图　　　图 6-51　箱培地面的处理

(三) 供液系统

采用开放式供液方式,营养液不循环利用,从栽培箱排出的营养液直接排到温室外,作为弃液或收集后用于土壤施肥。因此,这类设施只设置供液系统,不设置回流系统。

1. 贮液池　　如果是日光温室栽培,贮液池通常设置在温室中部(图 6-52)。

2. 供液管道　　用 PE 管作供液管道,主管道上安装过滤器,供液支管道(毛管)放置在两列栽培箱之间(图 6-53,图 6-54)。在每个泡沫箱处设 1~2 条 2~4mm 的发丝滴头(微管、微管滴头、发丝管),把发丝滴头一端削尖,穿过泡沫箱上沿固定住,伸向泡沫箱中的基质表面,出水口与基质表面保持 1~2cm 的距离,以免在潜水泵停机营养液回流时将基质吸入管内而导致堵塞(图 6-55)。

图 6-52　箱培设施的贮液池　　　图 6-53　PE 供液管道

图 6-54　栽培行中的供液管道　　　图 6-55　发丝滴头的固定方法

二、蔬菜箱培

采用复合基质穴盘育苗方式。栽培基质通常使用草炭、蛭石或珍珠岩混配而成的复合基质。装箱时，基质不要装满，要保证在定植蔬菜后基质表面距离箱口 1~2cm，以免营养液溢出（图 6-56，图 6-57）。栽培小株蔬菜时，由于植株较密，可不使用箱盖。栽培大株蔬菜时，可在泡沫箱盖上打直径 10cm 以上的定植孔，定植蔬菜后套上箱盖，盖严，再从定植孔插入滴头（图 6-58）。及时进行植株调整，黄瓜要及时摘除底部老叶并盘蔓，番茄要及时落蔓（图 6-59）。

图 6-56　箱培黄瓜

图 6-57　箱培西瓜

图 6-58　带盖栽培箱栽培的辣椒

图 6-59　箱培黄瓜盘蔓方法

其他管理技术参见复合基质槽培部分。

【知识点】箱培，栽培箱，聚苯乙烯泡沫塑料箱，排液孔，排液沟，供液管，发丝滴头。
【技能点】平整地面，栽培箱摆放，供液管道铺设，基质装箱，育苗，定植。

【复习思考】
1. 与其他复合基质栽培形式相比，箱培有哪些优缺点？
2. 箱培设施是如何排液的？

单元七　立体栽培

【教学要求】 理解立体栽培、平面栽培的意义；掌握叠盆式立柱栽培、复合基质插管式立柱栽培设施的结构及建造方法；掌握蔬菜各种立体栽培过程中的关键技术环节。

【重点难点】 叠盆式立柱栽培的营养液管理；复合基质插管式立柱的制作。

按照对空间的利用方式，可将无土栽培形式分为平面栽培和立体栽培两类，前述的各种水培、基质培绝大多数属于平面栽培。立体栽培则是指通过栽培柱或其他形式使植物上下多层、重叠生长的无土栽培形式。

项目一　叠盆式立柱栽培

任务一　基质培型叠盆式立柱栽培

【知识目标】 了解基质培型叠盆式立柱栽培设施的概念；了解基质培型叠盆式立柱栽培设施各个构件的材质、规格；掌握利用基质培型叠盆式立柱进行蔬菜栽培的基本流程。

【技能目标】 能够指导建造基质培型叠盆式立柱栽培设施；能够利用基质培型叠盆式立柱进行蔬菜栽培。

一、基质培型叠盆式立柱栽培设施的结构认知与建造

（一）立柱

1. **盆钵**　基质培型叠盆式立柱的主要组件为由 ABS 工程塑料注塑成梅花圆筒形的盆钵。盆钵高 18cm，直径 18cm，"花瓣"部分是栽培孔（图 7-1）。在柱体上，两盆钵通过盆钵上下的凹凸扣（子母结）扣紧，使 12 只盆钵构成稳固的整体，并能围绕中心柱旋转，保证立柱上的蔬菜受光均匀。盆钵的 5 个栽培孔用于定植蔬菜，上下相邻的两盆钵上的蔬菜植株错位排列。

2. **中心柱**　盆钵中央有中轴管道，栽培柱的中心柱（中轴）由此串连 12 个盆钵构成柱体。中心柱用直径 20mm 的厚壁镀锌钢管制作，长度视所串盆钵数目而定，一般长 1.8~2.2m，可串 10~12 个盆钵。中心柱下端插在底座。

3. **底座**　立柱底座用 ABS 工程塑料注塑成圆盘形，高 3~5cm，直径 15~20cm。

4. **喷淋头**　喷淋头又称滴灌盒，安装于中心柱顶部，蘑菇形，用于喷淋营养液（图 7-2）。

图 7-1　盆钵

图 7-2　喷淋头

(二) 栽培槽

栽培槽用安放盆钵栽培柱，并能容纳从栽培柱渗下的营养液，使多余营养液流到回液槽，最终流回贮液池。

栽培槽长度视日光温室宽度或栽培场地而定，一般长 6～7m，宽 120cm，深 10cm。槽间距 40cm，两槽之间的地面作为操作通道。

建造时，先平整地面，按栽培槽开挖土壤并夯实，南北坡降为 1：500。用砖砌栽培槽框和槽底，厚度均为 7cm，水泥砂浆抹面。槽内铺双层聚氯乙烯薄膜，在膜上竖立栽培柱。每个栽培槽设置 2 列栽培柱，列间距 80cm，同一列相邻两柱的间距也是 80cm（图 7-3）。用 10 号铁丝在立柱顶部纵横拉线，将栽培柱固定好，防止倾斜或倒伏。栽培槽内薄膜上铺 7cm 厚的陶粒，定植蔬菜（图 7-4）。也可在陶粒上覆盖泡沫塑料定植板，厚 2cm，定植孔间距 15～20cm，直径 3cm，用于定植矮生蔬菜。

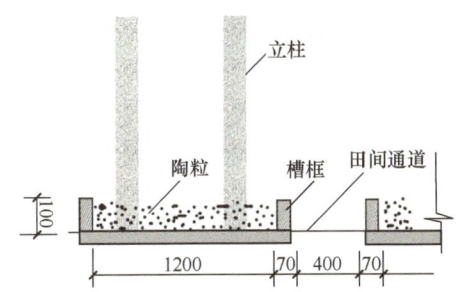
图 7-3　栽培槽结构示意图（单位：mm）

图 7-4　栽培柱下的陶粒培叶用莴苣

(三) 贮液池

每 667m² 栽培面积需建容积为 8m³ 以上（约长 5m，宽 1.5m，深 1.1m）的贮液池，建于温室一侧，池底、池壁进行防水处理，严防渗漏，上加盖板（图 7-5）。

(四) 营养液循环系统

1. **水泵**　用潜水泵或自吸泵供液，水泵的出水量为 6m³/h，扬程 30m。
2. **供液管道**　用 PVC 硬质塑料管或 PE 软管作供液管道，主管道直径 50mm，首端连接水泵,尾部用堵头或胶塞封堵,中部连接支管(毛管),每列栽培柱顶端悬吊1条支管。支管直径16mm,截成70cm长的小段,将同一列相邻两栽培柱顶部的喷淋头连接起来,每列栽培柱支管的尾端封堵(图7-6)。

图7-5 靠近温室侧墙的贮液池　　图7-6 栽培柱上方供液管道的连接

3. **回流槽**　又称回流沟,设在日光温室最南端,东西走向,宽度50cm,东西坡降为1∶500,用于收集各栽培槽中的多余营养液,使之回流到贮液池,回流槽上应加盖避光(图7-7,图7-8)。

图7-7 栽培槽南端的排液口　　图7-8 回流槽

二、蔬菜基质培型叠盆式立柱栽培

(一)填装基质

生产实践中,除使用草炭、蛭石混配的传统复合基质外,还可以用经过高温发酵的菇渣(废弃的食用菌培养基)为主要材料,混入蛭石、珍珠岩及少量生物有机肥,配制成复合基质,作为盆钵填充基质。向盆钵中填装基质,不要装满,基质表面要距离钵口2cm。

(二)组装立柱

在底座上装好中心柱,将装好基质的盆钵依次套入中心柱,注意钵与钵梅花形定植孔要互相错开,避免重叠,并使钵与钵之间的凹凸扣结合牢固,使数个盆钵成为一个整体。在中心柱顶部安插喷淋头。

（三）育苗与定植

栽培槽内定植速生、耐阴叶菜，栽培柱定植叶菜类、果菜类均可。定植番茄、青椒等大株果菜时可采取隔层、隔孔定植。每 $667m^2$ 栽培面积可定植叶菜类幼苗 5.5 万株左右，果菜类幼苗 0.8 万～1.2 万株。采用穴盘育苗，幼苗 2～3 片真叶时，将其拔出，直接插入盆钵的定植孔中（图 7-9）。

（四）营养液管理

每天测定营养液浓度和酸碱度，根据营养液损失量、浓度变化及酸碱度的变化，进行补液和调控。根据蔬菜不同生长发育阶段和需水需肥规律，灵活掌握供液量和供液次数，一般每天 2～3 次，每次 1h。灵活掌握营养液浓度，生长旺盛期适当提高浓度。

及时调控营养液温度，液温高于 30℃或低于 13℃时，特别是盛夏与寒冬，蔬菜容易出现生长异常现象，遇此情况要及时采取加温、保温、遮阴、通风等措施。尽量使液温维持在 15～25℃的适宜温度（图 7-10）。

图 7-9　栽培柱上叶菜生长状态

图 7-10　栽培柱丰产状态

三、简易基质栽培柱认知

盆钵是中空的五瓣体，高 20cm，直径 20cm，瓣间距 10cm。钵中装入复合基质，5 个瓣处定植 5 株蔬菜（图 7-11）。将 8～9 个栽培钵错开花瓣位置叠放在立柱上即成栽培柱（图 7-12）。

图 7-11　五瓣形盆钵

图 7-12　五瓣形盆钵组装的栽培柱

加液主管为直径 32～50mm 硬质滴灌管，供液支管为直径 16mm 无孔硬质滴灌管。立柱顶端安装滴液盒，营养液经供液主管、供液支管进入滴液盒，从滴液盒流入栽培钵，再通过栽培钵底部小孔，流入下一个栽培钵，依次顺流而下到达最下面的栽培钵，然后流入平面栽培槽，再流回贮液池。

【知识点】基质培型叠盆式立柱，盆钵，立柱，中心柱，栽培槽，陶粒，菇渣。
【技能点】立柱组装，管道铺设，育苗，基质装填，蔬菜定植，营养液管理，液温调控。

【复习思考】
1. 立体栽培有何优点？
2. 平面栽培槽中，除采用陶粒培形式外，可否采用其他方式栽培蔬菜？

任务二　水培型叠盆式立柱栽培

【知识目标】了解水培型叠盆式立柱栽培设施的概念；了解水培型叠盆式立柱栽培设施各个构件的材质、规格；掌握利用水培型叠盆式立柱进行蔬菜栽培的基本流程。
【技能目标】能够指导建造水培型叠盆式立柱栽培设施；能够利用水培型叠盆式立柱进行蔬菜栽培。

一、水培型叠盆式立柱栽培设施的结构认知与建造

（一）浮板水培槽

平面浅池浮板水培槽用于安插立柱，承接立柱流下的营养液，并进行蔬菜栽培。槽体为砖混结构，宽 96cm，高 17cm，长度自定（图 7-13）。槽体内铺 1 层厚 0.15～0.20mm 薄膜防渗。浮板由聚苯乙烯泡沫塑料板制成，厚 3cm，其上打出直径 3cm 的定植孔，孔距 15～20cm（图 7-14）。在浮板上安放立柱的位置打直径 20cm 的孔。建成后，紧靠槽框内侧，竖立两列立柱。营养液能从排液口经过排液管流回贮液池，完成一个循环。

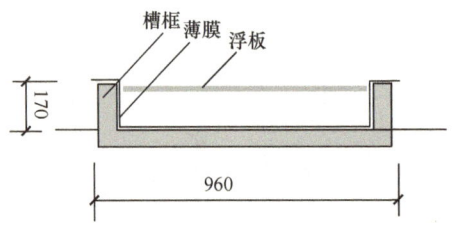 

图 7-13　水培槽结构示意图（单位：mm）　　图 7-14　浅池浮板水培槽

（二）水培型叠盆式立柱

1. 盆钵　水培型盆钵底面封闭但有 1 根缢水管穿过（图 7-15）。在盆钵凸出位置

可以安插定植杯，适合种植散叶型叶用莴苣、芹菜等叶菜（图7-16）。

图7-15 水培型盆钵

图7-16 定植杯的安插位置

2. 底座　　底座是支撑和固定栽培柱的载体，为直径15cm的水泥墩，中间有直径30mm、深10cm的圆孔。

3. 中心柱　　底座的圆孔内插中心柱，中心柱是直径25～30mm、长约2m的热浸镀锌厚壁钢管、热浸镀锌薄壁钢管或塑料管。盆钵串在中心柱上，立柱的间距为90cm（图7-17）。

（三）供液管道

加液主管连接立柱上方的供液支管（毛管），支管为直径16mm的滴灌管。每个立柱上安装一个滴灌盒，滴灌盒又称喷淋头，是给立柱供液的圆形塑料盒，盒的两端有两截空心短柄，用于连接供液支管，盒的底部四周有4个小孔，使营养液流出。滴灌盒的底部中心可安插在中心柱上（图7-18）。营养液经供液主管、供液支管、滴灌盒、各个盆钵，然后流入水培槽。

图7-17 水培型叠盆式立柱

图7-18 供液支管及滴灌盒

二、蔬菜水培型叠盆式立柱栽培

（一）蔬菜种类选择

利用水培型叠盆式立柱栽培设施可以栽培散叶型叶用莴苣、紫背天葵、大叶茼蒿、小白菜、苦苣、三叶芹、落葵等各种小株、矮生叶菜。

(二) 育苗

用岩棉育苗块或蛭石育苗，育苗技术参见本书单元四无土育苗部分。

(三) 定植

叶菜类蔬菜幼苗具有 2~3 片真叶后移栽到水培定植杯中，用珍珠岩或砾石固定（图 7-19）。启动供液系统，向盆钵中加注营养液，将定植杯插入盆钵，营养液浸没定植杯底部，盆钵中多余营养液会从排液口流入下一个盆钵，依次流入水培槽。浮板水培蔬菜定植方法参见本书单元五中的浅池浮板水培部分。

(四) 营养液管理

每 1~2d 检测 1 次营养液的电导度和酸碱度。叶菜类 EC 值一般不变，控制在 1.0~1.2mS/cm。营养液 pH 控制在 6.0~6.5，过碱时用 10% 稀磷酸或稀硫酸调节。用定时器控制营养液循环，每间隔 50min，供液 10min，以使营养液中溶解氧的浓度维持在 4mg/L 以上，相当于在 15~27℃时饱和溶氧量的 50% 以上，如能达到 80% 则更好（图 7-20）。

图 7-19　水培型叠盆式立柱所用的定植杯　　　图 7-20　叶用莴苣生长状态

【知识点】水培型叠盆式立柱，水培型盆钵，供液管道，滴灌盒，水培型定植杯，溢水管，浮板水培。

【技能点】立柱组装，定植，营养液管理。

【复习思考】
1. 为进一步改进盆钵结构，有没有方法使水培型盆钵的液位变得可以调整？
2. 用水培型叠盆式立柱进行蔬菜栽培，育苗时，对育苗基质有哪些特殊要求？

项目二　复合基质插管式泡沫塑料立柱栽培

任务一　复合基质插管式泡沫塑料立柱栽培设施的结构认知与建造

【知识目标】掌握复合基质插管式泡沫塑料立柱栽培的特点；理解复合基质插管式泡沫塑料立柱的基本结构参数和运行原理。

【技能目标】能够按栽培需求指导施工者建造贮液池；能够正确进行泡沫塑料侧壁板打孔操作；能够进行聚苯乙烯泡沫塑料立柱的组装。

一、贮液池

贮液池建在地下,每座 300m² 温室的贮液池容积应达到 10m³,条件许可,最好将贮液池建得稍大一些。地下贮液池池底用 10~15cm 混凝土加入钢筋浇筑而成,也可用石子掺入沙、水泥浇筑。池壁用砖砌筑,厚度 24cm。每砌 1~2 层砖,就要向贮液池外壁与土壁之间的空隙浇灌水泥砂浆,以防出现空隙导致漏液。砌好池壁后,采用五层作业法抹面,水泥中掺入防水液。也可贴铺卷材进行防水处理。池沿要比地面高出 10~20cm,贮液池表面或池口加盖。

二、栽培槽与回流槽

(一)栽培槽

栽培柱安插于栽培槽中。可以利用栽培槽进行深液流水培或浮板水培。聚苯乙烯泡沫塑料栽培槽、砖混结构栽培槽的建造方法参见本书单元五的深液流水培部分。

(二)回流槽

还可以建造砖混结构营养液回流槽,不栽培蔬菜,只用于营养液回流。槽内侧宽度超过 20cm,能安插立柱即可。

建造时,先把地面夯实,防止沉降(图 7-21)。再铺 1 层砂灰,然后用砖砌筑(图 7-22)。之后用水泥砂浆填充槽底缝隙,其上铺电焊网加固,再铺水泥砂浆(图 7-23)。最后用水泥砂浆抹面(图 7-24)。完工后在槽中注清水养护 7d。

图 7-21 夯实地面

图 7-22 砌砖

图 7-23 铺电焊网加固

图 7-24 抹槽面

三、插管式泡沫塑料立柱

(一) 中心柱切割

栽培柱的中心是一根实心的聚苯乙烯泡沫塑料方柱,规格为200cm×12.5cm×12.5cm,起支撑作用。栽培柱所有泡沫塑料构件的密度都应在20kg/m³以上。取最初为200cm×100cm×50cm的长方体状聚苯乙烯泡沫塑料产品,制订计划,要求厂家按图切割,尽量减少废料。图7-25画出了制作128个栽培柱及平面栽培槽所需泡沫塑料的切割方法,切割面为100cm×50cm面,切割后所有材料的长度均为200cm。此切割方式包含了栽培柱下方的深液流水培槽用料,如果下方不设水培槽可调整切割方案。

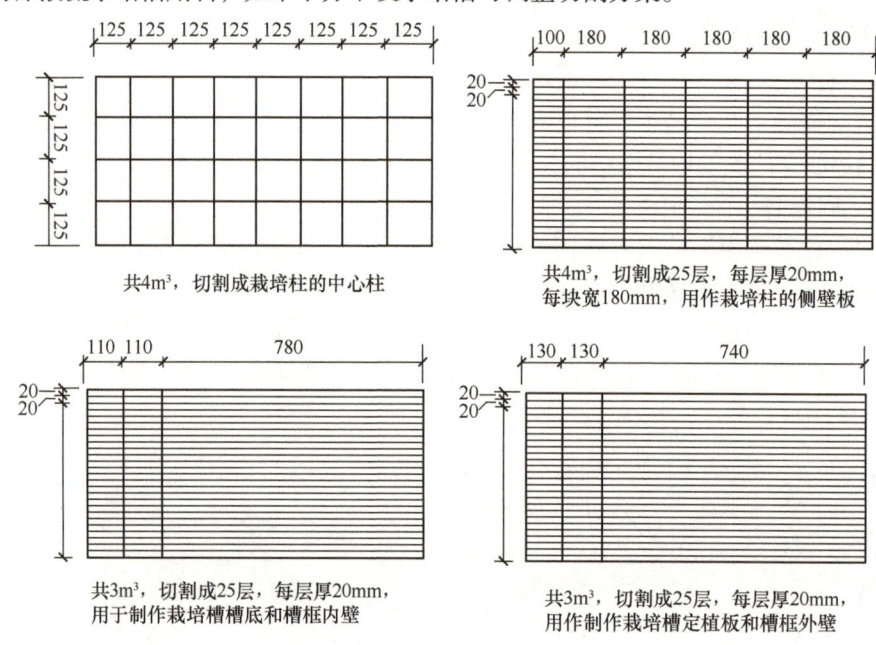

图7-25 成形聚苯乙烯泡沫塑料块的切割方案(单位:mm)

(二) 侧壁板制作

每个立柱有4片聚苯乙烯泡沫塑料侧壁板,规格均为200cm×18cm×2cm。每片侧壁板上打2列定植孔,同一列定植孔相邻两孔间距为25cm。两列定植孔交错排列,从而能使蔬菜受光均匀。

自制打孔器(图7-26,图7-27)。打孔器前端呈马蹄形,后部有手柄。制作时先用型材切割机将一小段直径50mm的钢管截成37°的马蹄形,而后用车床切削刃口,后部焊

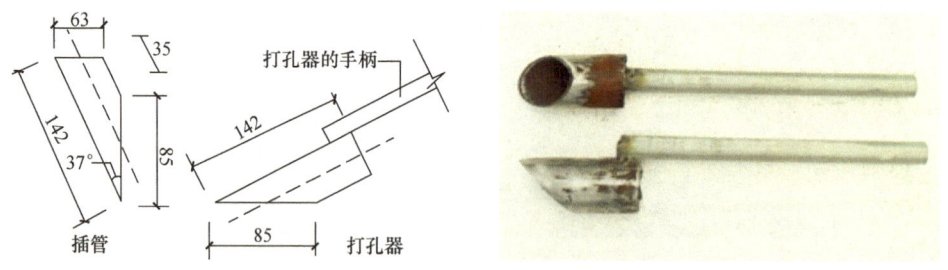

图7-26 依据插管规格设计的打孔器(单位:mm) 　　图7-27 打孔器实物

接长 50cm、直径 20mm 的铁管作手柄，手柄上套绝缘塑料管。

打孔时先在电炉上加热后，握住手柄，将打孔器首部摁在侧壁板上，向下压的同时向前推，即可在侧壁板上烫出一个斜的定植孔（图 7-28，图 7-29）。操作时要注意安全，防止触电或烫伤。

图 7-28　打孔器加热方法

图 7-29　烫孔

（三）聚氨酯与无纺布裁剪

选用大孔隙的低密度聚氨酯，出厂时要求厂方将其裁成 2cm 厚的薄片，制作栽培柱时，再将其裁成 200cm×58cm 的长方形片状。选用较薄的无纺布，幅宽 100cm，裁成 200cm 长的方片。

（四）铁丝箍制作

将直径 3.5mm 的 10 号铁丝截成 85～90cm 的小段，而后用钢筋扳手或自制扳手将其折成边长 20cm 的正方形，搭接处焊牢，形成 1 个正方形铁丝箍（图 7-30，图 7-31）。

图 7-30　自制扳手

图 7-31　将铁丝折成方环

（五）插管切割

插管，又称"管杯"，是立柱上盛装基质的容器。用直径 50mm 的 PVC 排水管为原料，用安装有自制卡具的型材切割机经两次切割制成。插管粗度与立柱侧壁板上的定植孔一致，安装后插管的管口水平，定植后使蔬菜呈直立状态生长（图 7-32，图 7-33）。

（六）栽培柱组装

先把用于组装立柱的材料，如中心柱、侧壁板、聚氨酯、无纺布、铁丝箍准备好，按图 7-34 和图 7-35 所示的结构组装。

图 7-32　PVC 塑料插管

图 7-33　用型材切割机制作插管

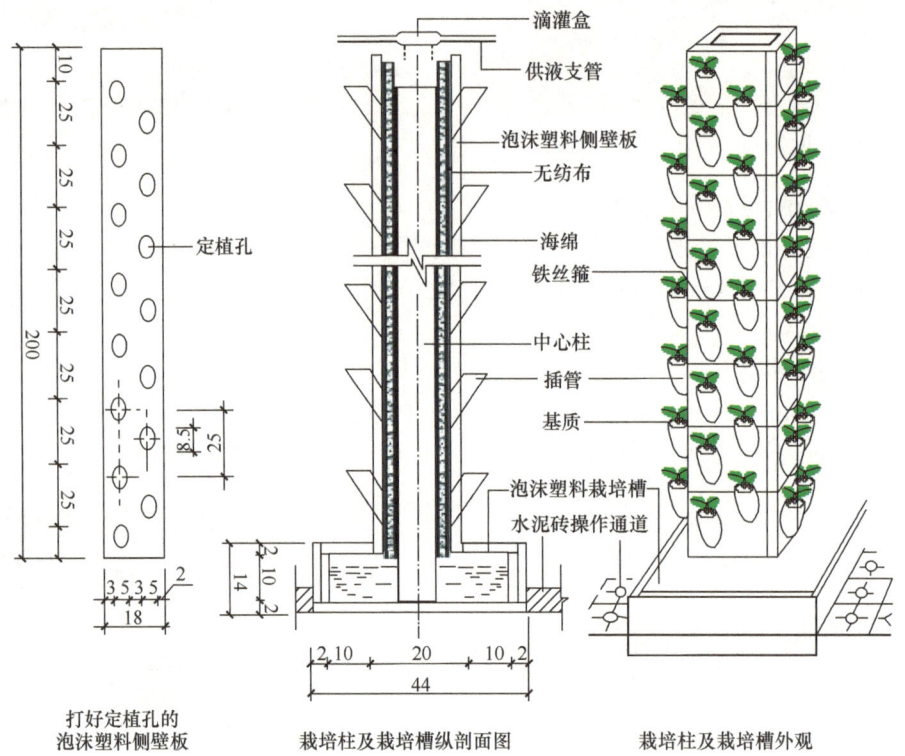
图 7-34　泡沫立柱结构示意图（单位：cm）

先用经裁切的聚氨酯包裹中心柱，并用胶带临时固定（图 7-36）。而后在外面包裹无纺布，也用胶带固定（图 7-37）。然后安放 4 块侧壁板，注意侧壁板内外面及上下方向不可颠倒。在栽培柱的顶端，中心柱要比聚氨酯、无纺布、侧壁板低 5～10cm，以防供液时营养液外溢。4 块侧壁板边缘依次叠压，保证栽培柱的每个面都是 20cm 宽（图 7-38）。操作时一人用手扶住侧壁板，另一人从柱的一端套入铁丝箍，每隔 2 个定植孔套 1 道，每个柱有 9 道铁丝箍（图 7-39）。

（七）立柱安放

以采用砖混结构回流槽为例，如果回流槽没有经过防水处理，在栽培蔬菜前，要在回流槽内铺厚度大于 0.01mm 的塑料薄膜防渗（图 7-40）。安插立柱后，在槽上要覆盖泡

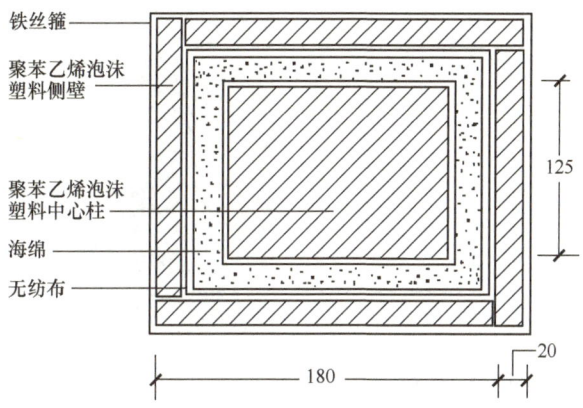

图 7-35 栽培柱横截面图(单位:mm)

图 7-36 包裹聚氨酯

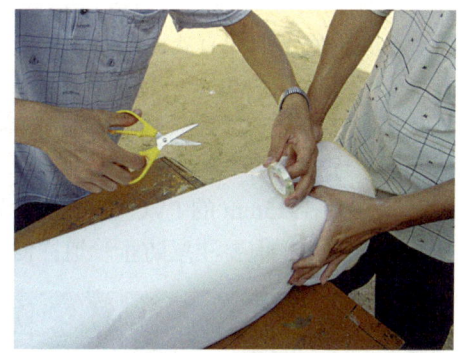

图 7-37 包裹无纺布

图 7-38 安放侧壁板

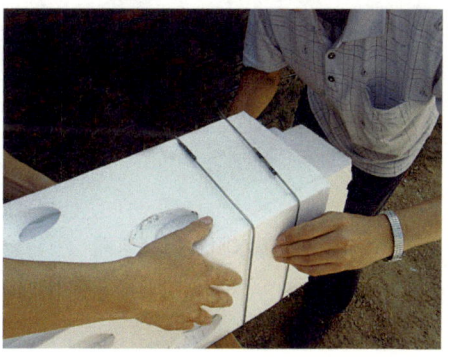

图 7-39 套铁丝箍

沫板防止营养液见光(图 7-41)。

四、营养液循环系统

(一)供液管道

采用 PVC 硬质塑料管或 PE 塑料管制作供液管道,其中支管道多采用 PE 软管。尽量不使用镀锌钢管或其他金属管。主管道与水泵相连,直径 32~50mm。每排立柱上设 1 条支管道,直径 16~32mm,一端与主管道相连,一端用堵头封堵。

图 7-40 槽内铺薄膜防渗

图 7-41 槽上覆盖泡沫板

对于每个栽培柱来讲，可有多种供液方式。

其一是采用滴灌盒供液，供液支管为直径 16mm 的黑色滴灌管，每个柱上方安放 1 个滴灌盒，盒的底部四周有 4 个出水孔供液。相邻两个滴灌盒之间为 90cm 长的滴灌管。

其二是使用水阻管供液，用直径 16mm 无孔硬质滴灌管作供液支管，在每根立柱上方用打孔器打 2 个孔，插入长约 30cm、内径 2～3mm 水阻管，水阻管另一端削尖，穿过泡沫侧壁加以固定（图 7-42）。

其三是用直径 25mm 的 PVC 塑料管作支管，在每个立柱上安装 1 个塑料水龙头，此法可任意调节流量，但要注意防止管道内滋生绿藻导致堵塞（图 7-43）。

图 7-42 水阻管供液末端

图 7-43 用水龙头为立柱供液

（二）回流管道

回流管道埋于地下，在栽培槽或回流槽的中部或一端的底部垂直埋入一截直径 50mm 或 75mm 的 PVC 排水管，并与水平埋设的回流支管相连，回流支管与通向贮液池的回流主管相连。回流管道在建设时要预先埋入地下，然后才建栽培槽或回流槽。排液口要平，以利于及时排液。回流管道的口径要足够大，以便迅速排液，如口径小，往往会导致栽培槽中营养液积存过多甚至会溢到槽外。回流管道选用 PVC 排水管，主管的口径应为 110mm 或 160mm，支管口径应大于 50mm。

（三）水泵及定时器

一般 1000～2000m² 的温室选用 1 台口径为 25～50mm、扬程 30～50m、功率为 1.5kW 的自吸泵即可；而在单栋面积为 300m² 的温室，选用功率 550W 的水泵。安装定时器，尽量选用可存储记忆的电子定时器，也可用机械触点式的定时器。

【知识点】复合基质插管式泡沫塑料立柱，中心柱，侧壁板，插管，无纺布，聚氨酯，供液管道，回流管道，回流槽，贮液池。
【技能点】回流槽建造，侧壁板烫孔，无纺布及聚氨酯裁剪，栽培柱组装，立柱安放。

【复习思考】
1. 插管式泡沫塑料立柱制作的基本流程包括哪几步？
2. 立柱中聚氨酯层的作用是什么？

任务二　蔬菜复合基质插管式泡沫塑料立柱栽培

【知识目标】了解适合用复合基质插管式泡沫塑料立柱进行栽培的蔬菜种类；掌握蔬菜复合基质插管式泡沫塑料立柱栽培的育苗、基质混配、定植、营养液管理的技术要求。
【技能目标】能够正确选择蔬菜种类；能够正确完成蔬菜育苗、定植操作；能够根据蔬菜长势进行营养液管理。

一、蔬菜种类选择

复合基质插管式泡沫塑料立柱适宜栽培各种矮生叶菜，目前栽培成功的蔬菜主要有叶用莴苣、落葵、蕹菜、紫背天葵、叶茶菜、苦苣、京水菜等。

二、育苗

使用 128 孔穴盘育苗，也可使用平底盘育苗。用草炭和蛭石按 1∶1（体积比）配制复合基质。每穴播种 1~2 粒种子。浇灌 0.5 剂量营养液，也可浇 0.1%~0.2% 的氮磷钾（15-15-15）复合肥浸提液，不能喷淋尿素。

三、基质混配

用草炭、蛭石（或珍珠岩）按（1~1.5）∶1 配制复合基质，加水拌湿。与普通的无土栽培相比，基质中蛭石（或珍珠岩）的比例较高，这是栽培中的关键技术环节，目的是促进蔬菜定植后缓苗，防止栽培初期发生沤根现象。实践表明，如果草炭比例偏高，草炭∶蛭石（或珍珠岩）=（2~3）∶1，且草炭质量较差，则蔬菜生长缓慢，并有死苗现象出现（图7-44，图7-45）。

如果前期浇灌清水或复合肥浸提液，平面栽培槽中不栽培蔬菜，应在基质中预混肥料，每立方米基质可混入消毒鸡粪 10kg、磷酸二氢铵 1kg、硫酸铵 1.5kg 和硫酸钾 1.5kg。每立方米基质也可加入硝酸钾 1000g、过磷酸钙 600g、硫酸锌 14.2g、石灰或白云石粉 3000g。并适量补充微量元素，每立方米混入硫酸锰 14.2g、硫酸铜 14.2g、螯合铁（EDTA-Na$_2$Fe）23.4g、硼砂 0.4g、钼酸铵 2.4g、硫酸亚铁 42.5g，将各种微量元素肥料分别加水溶解，喷淋在基质上，充分混合。

使用营养液者无需在基质中预混肥料。

图 7-44　用草炭和珍珠岩混配复合基质

图 7-45　反复倒堆混匀

四、定植

（一）移苗入管

将幼苗移栽到插管中。先用手心堵住插管底部，加入半量基质，而后用拇指和食指捏住穴盘中蔬菜幼苗的茎基部，将苗坨从穴盘中拔出，放入插管，再加入少量基质将插管填满，不要用手大力按压，防止压伤幼苗根系上细弱的根毛，延迟缓苗（图 7-46，图 7-47）。将插管外壁擦干净，暂时放入周转箱等容器中，积累到一定数量后再"上柱"（将插管插到栽培立柱上）。

图 7-46　向插管中填入半量基质

图 7-47　栽入幼苗

（二）寄养

移栽后，可以直接将插管安插到栽培柱上，但为缩短蔬菜在栽培柱上的生长时间，提高栽培柱的利用率，也可以将插管先放在水培槽或泡沫箱等容器中寄养，待植株长大相互拥挤时再上柱。用栽培槽、铺有薄膜的自制苗床、泡沫塑料箱等作寄养容器。寄养时，保持插管倾斜、植株直立。寄养期间，每天喷 1 遍 0.5 剂量营养液，根据环境和蔬菜长势确定用量（图 7-48，图 7-49）。

（三）上柱

将带有蔬菜的插管安插到栽培柱上的操作称作上柱。上柱时，一手扶立柱，一手插插管，注意不要把立柱的侧壁撑破。插入后插管倾斜，而基质表面水平，蔬菜呈直立状态（图 7-50）。中午前后上柱时，泡沫较脆，很容易被撑破，此时，最好先向立柱侧壁喷些水再上柱（图 7-51）。上柱后立即供液 2h，让基质充分吸水，此时的水称作定植水，十分重要。

图 7-48 插管苗寄养

图 7-49 结束寄养的插管苗

图 7-50 插管的插入角度

图 7-51 上柱操作

五、营养液管理

在平面栽培槽上未定植水培蔬菜的情况下，可只考虑立柱上蔬菜的养分供应。可以使用水培营养液，也可以用复合肥浸提液代替常规营养液，以降低成本。

栽培过程中之所以用复合肥浸提液替代常规营养液，是因为多数有机基质（如草炭）中含有较为丰富而全面的养分，并且基质中预混了肥料，这样做一般不会导致蔬菜缺肥。所用肥料浸提液浓度为 0.2%。每天供液 3 次，每次至少 40min，让基质有足够的时间吸收水分和养分。经常观察贮液池中的营养液量，避免营养液被抽干，水泵空转。

即使使用常规营养液，由于基质具有良好的缓冲能力，在粗放管理时，基本不用进行营养液浓度和酸碱度的调整，蔬菜依旧能生长良好。

但如果平面栽培槽上定植了蔬菜，就要按深液流水培的技术要求进行管理，尤其要严格按标准规程配制营养液，定期检测、调整浓度和酸碱度，按营养液溶氧量确定供液时间和供液次数（图 7-52～图 7-55）。

图 7-52 叶用莴苣栽培效果

图 7-53 苦苣栽培效果

图7-54　红梗叶莙荙菜栽培效果

图7-55　尖叶型叶用莴苣（油麦菜）栽培效果

【知识点】叶莙荙菜，叶用莴苣，苦苣，珍珠岩，蛭石，草炭，复合基质，平面栽培槽。
【技能点】育苗，基质混配，肥料预混，定植，上柱，营养液管理，供液时间和次数确定。

【复习思考】
1. 复合基质插管式立柱栽培为什么可以不使用传统的营养液配方，而使用有机肥浸提液？
2. 用聚苯乙烯泡沫塑料这种材料制作栽培柱，对栽培效果有哪些影响？

单元八　小型化无土栽培

【教学要求】了解各种小型化无土栽培装置的运行原理；掌握各种小型化无土栽培装置的制作方法；掌握利用各种小型化无土栽培装置进行蔬菜栽培的基本技术。

【重点难点】小型化深水培装置的制作方法；利用小型化深水培装置进行叶菜类蔬菜栽培的基本技术。

小型化无土栽培是指利用小型装置进行蔬菜或其他园艺植物栽培的一类无土栽培方式，主要用于观察鉴赏、教育教学、科学研究、示范展览、观光旅游、室内园艺、家庭园艺、都市农业等领域。

项目一　小 型 水 培

任务一　小型管道水培

【知识目标】了解小型管道水培装置的结构；掌握小型管道水培装置的制作方法；掌握蔬菜小型管道水培技术。

【技能目标】能够制作小型管道水培装置；能够正确进行蔬菜小型管道水培的育苗、定植及营养液管理等操作。

一、小型管道水培装置结构与制作

小型管道水培装置的尺寸可以根据栽培空间调整。这里以河北科技师范学院制作的装置为例阐述。

装置长228cm、宽126cm、高90cm，可根据空间调整尺寸。其主要由支架、栽培管、贮液箱、水泵和定时器等构成（图8-1~图8-3）。

（一）材料准备

准备长2m、直径110mm的PVC排水管8段，直径110mm管箍16个，110mm→50mm变径补芯16个，直径50mm弯头16个，直径50mm排液管3m（图8-4，图8-5）。

（二）栽培管制作

用110mm排水管做栽培管，每根管道上打13个定植孔，孔径3cm，孔距15cm。用专用胶粘合直径110mm排水管、管箍、补芯、弯头，形成栽培管。补芯孔口在上方，其作用是让栽培管能始终保持一定深度的营养液（图8-6）。补芯上连接50mm弯头，供液端弯头朝上，承接供液水龙头，排液端的弯头朝下，连接排液管（图8-7，图8-8）。

（三）其他构件

塑料贮液箱底部规格为40cm×60cm，高50cm。水泵功率为45W，开闭受电子定时

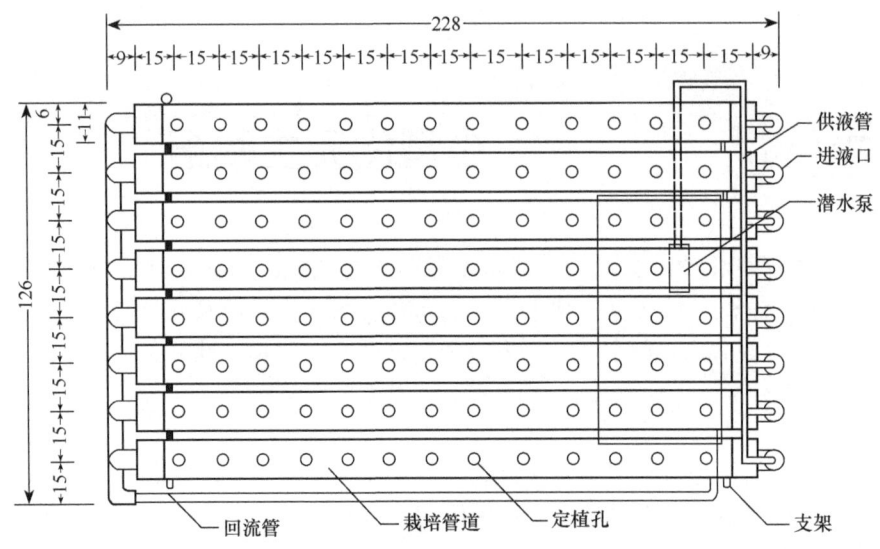

图 8-1 管道水培装置俯视图（单位：cm）

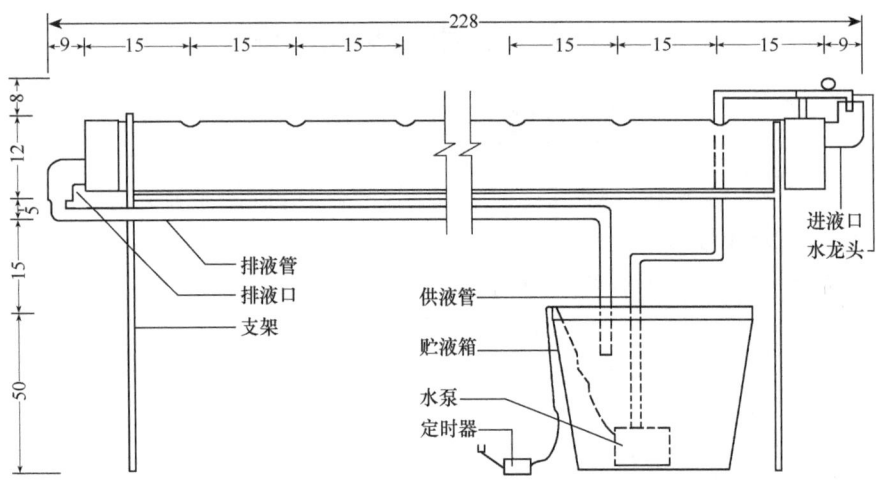

图 8-2 管道水培装置侧立面图（单位：cm）

器控制。支架由厚壁镀锌钢管焊接而成，可拆卸、组装。

（四）装置组装

将栽培管、供液管、排液管、水泵、贮液箱、定时器按设计图组装成栽培装置（图 8-9）。

二、蔬菜小型管道水培

（一）育苗

用蛭石作育苗基质，幼苗具有 2~3 片真叶且大小适宜时密集地移栽到栽培箱的寄养板上。

方法是，用清水浸泡苗盘，提取幼苗，洗去根部附着的基质。用长 10cm 的无纺布条包裹根系，然后用 2cm×2cm×5cm 的长方体形聚氨酯块包裹无纺布条上端及茎基部，将

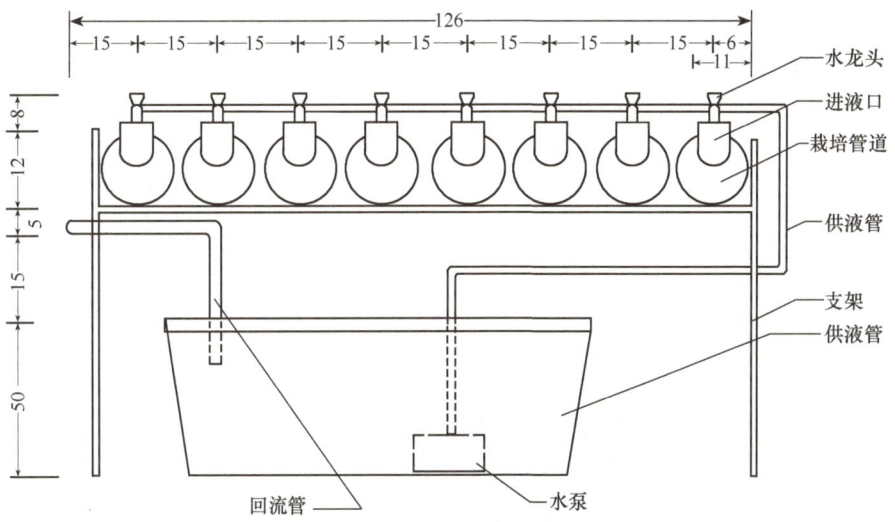

图 8-3　管道水培装置正立面图

图 8-4　补芯

图 8-5　管箍

图 8-6　变径补芯能保持栽培管液位

图 8-7　补芯上连接弯头

幼苗根系连同无纺布条插入寄养板的孔洞（图 8-10）。在栽培箱中进行寄养，待长出较长根系后再定植（图 8-11）。

（二）定植

配制栽培用营养液。向贮液箱加注半量以上的水，然后依次加注各种浓缩液，每加入一种的同时要不断搅拌，最后加水定容至预定体积，搅拌均匀。开启小水泵，向栽培

图 8-8　安装栽培管补芯

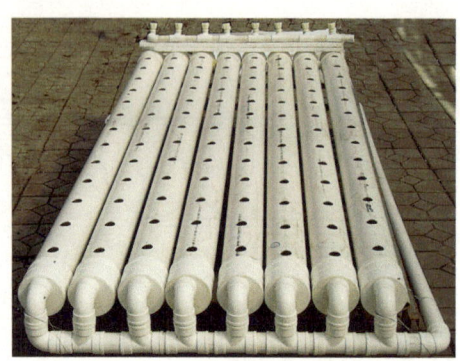

图 8-9　制作好的栽培装置

图 8-10　移栽

图 8-11　寄养

管中加液。将已经具有较长根系的幼苗取出，插入栽培管上的定植孔中（图 8-12）。

（三）营养液管理

　　管道水培通常用于栽培叶用莴苣、苦苣、芹菜、叶甜菜、落葵、空心菜等叶菜（图 8-13）。选用叶菜类蔬菜配方，每天白天营养液要循环 3 次，每次 30min，各栽培管的流量可以通过调节水龙头使之尽量一致（图 8-14）。每 3d 检测 1 次 EC 值和 pH。生长旺盛期，营养液消耗快，要及时补液。栽培过程中不需要更换营养液，待栽培 2～3 茬后，再彻底更换 1 次营养液（图 8-15）。

图 8-12　定植

图 8-13　用管道水培装置栽培的各种叶菜

（四）采收

　　植株长成后，可以将植株连同根系一起拔出，整株采收，也可用掰叶的方式多次、

图 8-14　栽培叶荟菜装置的进液口　　　　图 8-15　旺盛生长的叶用莴苣

连续采收。

三、其他管道水培装置简介

可以根据管道水培装置设计的基本理念，充分发挥想象力，设计各种各样的栽培装置。例如，可以使用定植杯，以陶粒、珍珠岩等作栽培基质（图 8-16，图 8-17）；也可以在定植孔中插 PVC 短管，其中放置岩棉育苗块；等等（图 8-18，图 8-19）。

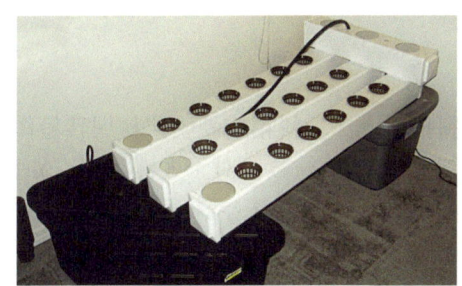

图 8-16　使用陶粒定植杯的方管水培装置　　图 8-17　使用复合基质定植杯的管道水培装置

图 8-18　简易管道水培　　　　　　　　图 8-19　短管中生长的蔬菜

【知识点】管道水培，PVC 管，变径补芯，定植孔，定植杯，蛭石，营养液浓度，营养液酸碱度，营养液电导度。

【技能点】栽培管打孔，栽培管组装，育苗，定植，寄养，营养液管理，管道水培装置设计。

【复习思考】
1. 在安装管道水培装置时，需要注意的关键问题是什么？
2. 蔬菜管道水培过程中，寄养的目的是什么？

任务二 小型灯芯式深水培

【知识目标】掌握小型灯芯式深水培的概念；了解小型灯芯式深水培栽培箱的基本规格；掌握供气装置的组装技术。

【技能目标】能够进行定植板打孔；能够连接供气装置的通气管道；能够完成蔬菜的定植操作；能根据蔬菜生长的特点进行营养液管理。

小型灯芯式深水培是指在定植蔬菜时使用无纺布，利用无纺布的毛细管作用吸取较深的营养液来维持蔬菜根系湿润环境的一种小型无土栽培方式。无纺布的作用原理类似灯芯，栽培容器为各种箱、槽、盆。

一、气泵增氧灯芯式深水培

（一）气泵增氧灯芯式深水培装置制作

1. **栽培容器选择**　用聚苯乙烯泡沫塑料槽、泡沫塑料箱或硬质塑料周转箱作容器（图8-20，图8-21）。根据栽培容器的容积确定定植蔬菜的株数。对于大株蔬菜，如黄瓜、甜瓜、南瓜、番茄等，要求每株蔬菜有5～10L的营养液，对于小株蔬菜，如叶用莴苣、芹菜等，要求每株有1～2L营养液。

图8-20　小型泡沫塑料栽培槽　　　　图8-21　泡沫塑料栽培箱

2. **供气装置连接**　用小型气泵即增氧泵为营养液增氧，根据栽培需要选择增氧泵功率，小的增氧泵功率甚至只有4W。将气泵、砂质喷头用输气管、三通等连接。增氧泵通常有2个以上出气口，可接多个砂质喷头，为增氧均匀，用三通连接更多的喷头，均匀地摆放在栽培槽（箱）底部（图8-22，图8-23）。运行时，在电机的作用下将空气压入输气管，而后由砂质喷头放出大量细小的气泡，气泡可大幅度增加空气与营养液的接触面积，从而提高营养液溶氧量。注意气泵功率要与喷头数量相适应，喷头太多时会导致有的喷头出气量极小，达不到增氧的目的。

 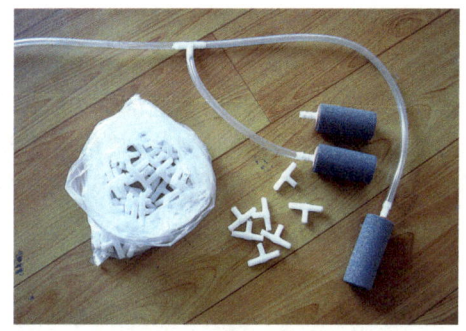

图 8-22 使用气泵的箱式水培装置　　　　图 8-23 砂质喷头及三通

3. 定植板打孔　　按栽培蔬菜种类所要求株距打孔，一般叶菜类间距 15cm，果菜类 30cm 以上。孔间距离还与将来栽培箱摆放的密度有关，如果栽培箱之间距离较大，蔬菜向箱四周伸展，定植孔间距就可以小一些。打孔方法参见深液流水培定植板的打孔方法。

（二）蔬菜气泵增氧灯芯式深水培

因为蔬菜植株有一部分根系暴露在营养液液面以上的空气中，所以增氧泵无需连续运行，每天启动 3~4 次，每次通气 20min 左右即可。实践中应掌握通气"次数要多，时间可短"的原则。安装定时器，控制增氧泵的启动和关闭（图 8-24，图 8-25）。营养液浓度、酸碱度的调控方法参见营养液管理部分。

图 8-24 营养液中的砂质喷头喷出气泡　　　　图 8-25 增氧条件下叶用莴苣根系生长旺盛

二、静止灯芯式深水培

静止灯芯式深水培是指采用灯芯式定植方式，不使用气泵增氧，不用水泵进行营养液循环，营养液较深，定植后营养液呈静止状态的小型无土栽培形式。适用于栽培叶用莴苣、苦苣、叶荟菜等根系较耐低氧环境的叶菜类蔬菜。

（一）静止灯芯式深水培装置制作

通常用聚苯乙烯泡沫箱、陶瓷盆等作容器，营养液深度要达到 10cm 以上。不选择塑料箱，这是因为其侧壁略透光，容易滋生绿藻，且隔热性差，栽培效果逊于泡沫箱。

用 2~3cm 厚的聚苯乙烯泡沫塑料板制作定植板，泡沫箱可以直接用箱盖作定植板。用薄壁镀锌钢管制作打孔器，加热后烫出直径为 2~3cm 的定植孔（图 8-26）。一般不用金属板制作定植板，因其被晒后升温容易烫伤植株。

（二）蔬菜静止灯芯式深水培

1. 育苗　　用蛭石作基质，用穴盘或平底盘作容器，进行无土育苗。

2. 定植　　先在栽培箱底部铺1层厚度0.01mm以上的塑料薄膜，防止营养液渗漏（图8-27）。然后把浓缩液稀释成栽培用营养液，注入栽培箱，液面距离定植板1~2cm，如果液位低，定植后不利于植株生根，缓苗慢，成活率降低。

图8-26　在箱盖上烫定植孔　　　　　图8-27　在栽培箱内铺塑料薄膜防渗

将穴盘、平底盘倒扣在水中，清洗根系，应该用长时间浸泡的方法让基质自然脱落，不要用手揉搓根系，以免伤根，然后换清水再洗，确保将幼苗根部洗净（图8-28）。

无纺布能像灯芯一样起到吸持营养液的作用。将无纺布剪成长10cm的条。用无纺布条包裹根系，只需一折即可。注意，无纺布只包根系，不能包茎，这是因为无纺布通过毛细管作用发挥吸水功能，茎不具备吸水能力，被无纺布包裹后很容易腐烂（图8-29）；包裹时，不要将无纺布卷成卷，以免妨碍根系生长。无纺布外包聚氨酯条，卷折后塞入定植孔中，聚氨酯利用自身弹力将幼苗固定在定植孔中。然后，从定植板底部观察，检查无纺布条，避免其下端被聚氨酯夹住而不能伸到营养液中。

图8-28　洗净根系　　　　　图8-29　用无纺布和聚氨酯包裹根系

将定植板安放到栽培箱上，注意无纺布条不要卷曲，所有布条都要接触到营养液，保证根系湿润。

3. 营养液管理　　定植后，一般会经过3d以上的缓苗期，如果定植时根系受伤，幼苗下部的叶片会干枯，然后再慢慢长出新叶。同时，幼苗会逐渐长出新根，之后便开始旺盛生长，并在根系上部形成大量的主要起呼吸作用的绒毛状气生根（图8-30，

图 8-31)。栽培过程中不需要增氧,叶菜生长期短,一般也不需要进行营养液酸碱度、浓度的调整,但要注意及时补充营养液,尤其在高温季节或植株生长后期,营养液消耗快,补液更应及时(图 8-32,图 8-33)。随蔬菜生长,液位逐渐降低,采收前深度 5cm 即可,以保持上部根系旺盛的呼吸作用,但液位不能出现剧烈变化。

图 8-30 上部暴露于空气中的根系产生大量气生根

图 8-31 逐渐长大的静止水培叶菾菜

图 8-32 静止水培叶用莴苣的根系

图 8-33 静止水培苦苣

【知识点】灯芯式深水培,气泵增氧灯芯式深水培,静止灯芯式深水培,毛细管作用,栽培箱,聚苯乙烯泡沫塑料箱,增氧泵,输气管,增氧,三通,定植板,无纺布,聚氨酯,溶解氧,气生根。

【技能点】栽培箱选择,增氧装置组装,定植板打孔,无土育苗,根系清洗,灯芯式定植方法,浓缩液稀释,液位调控,营养液补充。

【复习思考】
1. 气泵增氧灯芯式深水培中,如何保证气泵对多个栽培箱中营养液增氧的均匀性?
2. 采用灯芯式定植方式定植蔬菜,在操作时应注意哪些问题?

任务三 小型悬杯式深水培

【知识目标】掌握小型悬杯式深水培对栽培装置和技术的要求。

【技能目标】能够正确选择适宜进行悬杯式深水培的栽培箱;能够用简易工具自制定植杯,从而锻炼动手能力,开拓解决问题的思路。

一、小型悬杯式深水培装置制作

（一）栽培箱选择

用聚苯乙烯泡沫箱、泡沫塑料栽培槽、塑料箱作栽培容器（图8-34～图8-36）。

图8-34　小型泡沫塑料栽培箱

图8-35　较大的泡沫塑料栽培箱

（二）定植板打孔

用聚苯乙烯箱盖或泡沫板制作定植板。用自制打孔器打直径5cm的定植孔（图8-37）。

图8-36　自制泡沫塑料栽培槽

图8-37　在箱盖上烫定植孔

（三）定植杯烫孔

定植杯是盛装基质的容器，选用注塑方式生产的定植杯产品。如果为进行实验、示范，用量很少，在没有规格适宜的定植杯时，可以用塑料饮水杯自制。方法是，用电炉把铁丝烧热，然后在水杯的下半部侧壁上和底部烫孔，或用点燃的香头烫孔，孔以尽量多为好，只要杯子不被烫断即可，以供根系伸出进入营养液（图8-38，图8-39）。烫孔时，要一个杯一个杯地烫，不可多个杯套在一起同时烫，否则容易粘连在一起。

二、蔬菜小型悬杯式深水培

（一）育苗

用草炭、蛭石配制复合基质，用128孔穴盘作育苗容器，培育叶菜类蔬菜幼苗，成苗后定植。

（二）定植

1. 基质混配　用草炭和蛭石配制栽培基质，两者体积比为2∶1，这种复合基质

图 8-38 铁丝烫孔

图 8-39 香头烫孔

对营养液浓度和酸碱度的变化具有较强的缓冲能力，因此栽培容易成功。如果选用陶粒、珍珠岩、砾石等惰性基质，则要对营养液进行较严格的管理。

2. **定植操作**　　向定植杯中加入半量基质，然后捏住穴盘中幼苗茎基部，拔出幼苗，置于定植杯中央，四周填充基质，之后从表面浇清水，让苗坨与栽培基质紧密接触，多余的水会外渗（图 8-40）。用湿布擦去定植杯外壁附着的基质。向栽培箱中加注营养液，安放定植杯，将定植杯插入定植孔中。定植杯底部要接触到营养液，但液位不能太高，这种基质不同于陶粒和砾石，如果基质被大量浸没，通气性会降低，容易沤根。栽培能否成功，液位高低和基质配比是关键。

（三）营养液管理

定植后，营养液并不能从定植杯下部依靠毛细管作用浸润定植杯中的所有基质，要从上部浇灌营养液（图 8-41），这一时期，如果基质草炭所占比例偏高会导致基质通气性差，此情况下如果浇水偏多，植株下部叶片叶缘就容易偏黄或干枯，待几天后根系伸出定植杯时方能缓解（图 8-42）。

图 8-40 移苗入杯

图 8-41 初期的供液方法

这种栽培方式充分利用了草炭之类有机基质较强的缓冲能力，因此管理起来较简单，定植后主要是根据营养液液位变化进行补液，基本无需进行其他操作。到栽培后期，蔬菜根系发达，对营养液深度的要求更不严格，只要保证箱中有液，植株就不会死亡（图 8-43～图 8-45）。

图 8-42　定植 7d 后叶用莴苣生长状态

图 8-43　定植 15d 后出现大量根系

图 8-44　定植后 25d 的叶用莴苣

图 8-45　达到采收标准的叶用莴苣植株

【知识点】泡沫箱，栽培箱，定植杯，草炭，有机基质，缓冲能力，营养液。
【技能点】栽培箱选择，定植板打孔，定植杯烫孔，穴盘育苗，基质混配，移苗入杯，定植，营养液管理，液位调控，补液。

【复习思考】
1. 小型悬杯式深水培中，进行营养液液位调控时所依据的原则是什么？
2. 使用含有有机基质的复合基质和仅使用惰性基质这两种情况下，在营养液管理方面有何不同？

任务四　小型浮板水培

【知识目标】了解小型浮板水培的概念和特点；掌握小型浮板水培装置的制作及蔬菜栽培技术。
【技能目标】能够根据栽培需要确定浮板的厚度和定植孔孔径；能够正确进行蔬菜小型浮板水培的营养液管理。

小型浮板水培是指使用泡沫塑料箱作栽培容器，用同样质地的聚苯乙烯泡沫塑料板作浮板，浮板漂浮在营养液上，从而免除了液位调节操作的一种小型无土栽培方式。这种方式管理简单，除了不需要进行液位调节外，通常也无需进行浓度调控、酸碱度调控，不用增氧，更不用进行营养液循环，只需在营养液即将耗尽时补液即可。这种形式适宜栽培生长期短、抗逆性强的叶菜类蔬菜。

一、小型异径双层浮板水培

制作适宜的浮板是栽培成功的关键。

（一）小型异径双层浮板水培装置制作

选用聚苯乙烯泡沫塑料箱作为栽培箱，要求栽培箱深度在10cm以上，材质密度能达到20kg/m³。用泡沫板做浮板，如果用箱盖做浮板，需要进行裁切。上层板厚2cm，定植孔直径2~3cm，下层板厚度2cm，定植孔位置与上层板对应，但直径大，为5cm（图8-46）。这样，下层板的定植孔就能为蔬菜上部根系提供一个充满空气的空间，以弥补营养液对根系供氧的不足。如果需要，可以增加下层浮板厚度。

（二）蔬菜小型异径双层浮板水培

采用根系包裹无纺布条的灯芯式定植方法，用聚氨酯将蔬菜固定于上层板，完成整板定植后，再将其安放在下层板上，根系穿过下层板定植孔伸入营养液（图8-47）。

图8-46　小型异径双层浮板的漂浮状态　　图8-47　第二层浮板的大孔径定植孔

二、小型大孔悬杯浮板水培

（一）小型大孔悬杯浮板水培装置制作

浮板定植孔较大，在定植孔中安插定植杯。浮板的厚度依据定植杯高度而定，一般不超过5cm，泡沫板厚度不足可多层叠加。定植孔孔径依据定植杯粗度而定，要求定植后定植杯底部能接触到营养液（图8-48）。用相应粗度的打孔器烫孔。

（二）蔬菜小型大孔悬杯浮板水培

用穴盘育苗，成苗后定植。栽培基质由草炭和蛭石配制，草炭：蛭石=（1.5~2）：1（体积比），栽培成功与否的关键是基质的配比，要求基质气水比适宜，植株主要依靠上部根系从基质空隙中获得氧气进行呼吸，依靠下部根系伸入营养液中吸收水分和养分（图8-48~图8-51）。栽培时，向栽培箱中加注营养液，将浮板置于液面上。将蔬菜幼苗

图 8-48　两层复合的 7cm 厚浮板

图 8-49　使用复合基质时的根系生长状态

图 8-50　叶荠菜浮板水培

图 8-51　健壮的叶荠菜植株

移栽到定植杯中，将定植杯插入定植孔。栽培过程中，不需要进行营养液浓度和酸碱度的调整，但要注意观察液位，定期观察、补液。

【知识点】栽培箱，小型异径双层浮板，小型大孔浮板，定植杯，复合基质。
【技能点】定植板选择与设计，定植板打孔，浓缩液稀释，浮板水培定植，补液。

【复习思考】
1. 小型化浮板水培有何优缺点？
2. 与单层浮板相比，双层或多层异径浮板在蔬菜栽培中有何优越性？

项目二　小型基质培

任务一　小型复合基质箱培

【知识目标】掌握小型复合基质箱培的特点；掌握小型复合基质箱培栽培箱的改进技术。
【技能目标】能够正确选择栽培箱进行栽培箱打孔；能够正确进行基质混配与装填；能够正确管理定植后的蔬菜。

一、栽培容器选择与处理

（一）选择栽培箱

小型复合基质箱培选用聚苯乙烯泡沫塑料箱，这种容器隔热性好，夏季基质温度上升缓慢，有利于保护蔬菜根系。泡沫箱高度应达到20cm，体积以便于搬运为准。例如，某规格泡沫箱长37cm、宽24cm、高20cm，就比较适宜作栽培容器使用。

（二）打孔

1. **箱盖打孔**　　在箱盖上打直径10cm的孔，定植蔬菜后，从蔬菜顶部套入，这样可以减少水分蒸发，避免基质暴露，而且美观洁净（图8-52）。

2. **侧壁打孔**　　在泡沫箱的侧壁上距离底部2～3cm处钻1个排液孔，这样，既能让箱底贮存少量营养液，防止发生干旱现象，又能让多余的营养液外流，避免沤根（图8-53）。

图8-52　泡沫塑料栽培箱

图8-53　在泡沫箱侧壁下部打排液孔

二、基质混配与装填

（一）基质混配

常用基质为草炭、蛭石或珍珠岩，通常按草炭∶蛭石（或珍珠岩）=（1～2）∶1（体积比）的比例混合（图8-54，图8-55）。

图8-54　用草炭和蛭石配制复合基质

图8-55　用草炭和珍珠岩配制复合基质

草炭之类的有机基质具有很强的缓冲能力，利用这一特点，可以在基质中预混肥料。

例如，每立方米复合基质中可加入硝酸钾 1000g、过磷酸钙 600g、硫酸锰 14.2g、硫酸锌 14.2g、钼酸钠 2.4g、硫酸铜 14.2g、螯合铁 23.4g、硼砂 0.4g、硫酸亚铁 42.5g，后面几种微量元素肥料可以少加或不加。对使用了预混肥料的复合基质，栽培前期可以只浇清水，栽培中后期浇灌普通复合肥浸泡液，不一定使用营养液。

（二）基质装填

基质混匀后装填，不要装满，要保证在定植蔬菜后基质表面距离箱口 2～5cm，以免营养液溢出。

三、育苗与定植

（一）育苗

适宜栽培各种蔬菜，尤其适合栽培黄瓜、甜瓜、西瓜、番茄、辣椒、茄子等大株蔬菜。用复合基质进行穴盘育苗或营养钵育苗。

（二）定植

向栽培箱内填基质后开穴定植，之后浇水或营养液，使基质沉降，再用一些基质将低洼处补平。

四、定植后管理

向基质中浇灌营养液，由于基质通气性强，植株生长迅速，水分容易蒸发，因此每天或每两天就要浇 1 次，高温季节和蔬菜生长盛期 1d 可供液 2 次。经常检查排液孔，最好浇液后有少量营养液排出。

注意预防基质积盐，基质表面水分蒸发，盐分会留下，久而久之，基质表面盐分含量增高，甚至肉眼即能看到白色盐粒，容易引发茎基部病害，发现这种情况，就要停止供应营养液，而改供清水，用水洗盐，同时向茎基部喷淋清水。

基质可以被重复使用多年，只是在定植下茬蔬菜前要用太阳能法或蒸汽法对基质进行彻底消毒。

对于不同蔬菜，采用不同的植株调整技术，如番茄、茄子可采用单干或多干整枝，菜豆、豇豆可采用支架或吊架，黄瓜要及时摘除底部老叶并盘蔓，等等。

图 8-56～图 8-67 为几种蔬菜复合基质栽培的效果。

图 8-56　复合基质箱培番茄

图 8-57　复合基质箱培甜椒

图 8-58　复合基质箱培茄子

图 8-59　复合基质箱培菜豆

图 8-60　复合基质箱培落葵

图 8-61　复合基质箱培京水菜

图 8-62　复合基质箱培芥蓝

图 8-63　复合基质箱培西瓜

图 8-64　复合基质箱培草莓

图 8-65　炉渣、草炭和蛭石作基质栽培黄瓜

图 8-66　复合基质箱培金皮西葫芦　　　图 8-67　复合基质箱培大白菜

【知识点】小型复合基质箱培，栽培箱，聚苯乙烯泡沫塑料箱，复合基质，草炭，蛭石，珍珠岩，积盐，排液孔。

【技能点】基质混配，栽培箱选择，定植，洗盐，基质消毒。

【复习思考】
1. 小型复合基质箱培和大型复合基质箱培，在装置、设施结构和栽培管理上有何异同？
2. 小型复合基质箱培的营养液管理有何特点？

任务二　小型珍珠岩培

【知识目标】掌握小型珍珠岩培装置的制作工序；掌握利用小型珍珠岩培装置进行蔬菜栽培的关键技术。

【技能目标】能够选择适宜材料制作栽培袋；能够识别并正确处理基质积盐。

一、小型珍珠岩培装置的结构认知与制作

（一）栽培袋制作

采用立式袋培方式。选用黑白双色聚乙烯桶膜，制作栽培袋。栽培袋外白里黑。果菜类蔬菜的植株通常较高大，栽培袋也应相应地大些。

在栽培袋底部划排液口，以防过多的营养液积累，损伤根系。对于珍珠岩培，在栽培袋中无需存贮少量营养液，那样只会抑制根系呼吸，有害无益，因此，排液口可划在栽培袋的最底部。

（二）基质准备

对珍珠岩的级别没有要求，珍珠岩很轻，其栽培装置的安装和移动都十分简便，珍珠岩为惰性、无菌基质，在营养液的管理中，容易做到精确控制。珍珠岩的保水性、通气性很好，能够为根系的生长提供充足的氧气。

每栽培 2～3 茬需要更换 1 次基质。重复使用的珍珠岩必须经过消毒处理，这是因为基质中有上一茬蔬菜的残根及其他有机物，容易诱发病害。

(三）装袋

将新基质或处理好的旧基质装入栽培袋。

二、蔬菜小型珍珠岩培

（一）育苗

使用岩棉小块、蛭石、复合基质作为育苗基质，用穴盘或平底育苗盘作育苗容器，进行无土育苗。

（二）定植

将幼苗根系完全埋入珍珠岩中，这是因为珍珠岩的吸水能力很强，如果上部根系暴露在外面，珍珠岩的毛细管作用会使这部分根系因周围水分被抽干而受伤，这也正是在珍珠岩系统中，不使用大的岩棉块育苗，即使使用也不将其摆放在栽培袋表面的原因之一。定植后立即供液。

栽培黄瓜时，可以先育苗，也可以直接在栽培袋中播种，直接播种可节省育苗费用，而且幼苗质量也会相应提高。

（三）营养液管理

1. **供液频率和供液时间**　　根据不同季节和蔬菜种类设定。通常情况下，1株成龄番茄植株在冬季每天的营养液消耗量为1~1.5L，夏季是1.5~2.5L。供液的基本原则是掌握要有10%~15%的营养液被排出，这样可防止基质积盐。

2. **积盐处理**　　珍珠岩中高的含盐量会损伤根系，阻碍根系吸收水分和营养，以番茄为例，番茄虽然在一定程度上能够忍受根际较高的盐分浓度，但水分被根系吸收时，盐分被遗留在基质中。这些盐类主要是碳酸钙、碳酸镁、硫酸钙等。如果使用的营养液的EC值是1.0mS/cm，基质的EC值可以达到1.5mS/cm，如果营养液的EC值是2.0mS/cm，则基质的EC值可能在2.5~2.8mS/cm。栽培过程中，如果基质的EC值持续攀升就应该采取措施，进行矫正。例如，延长供液时间或增加供液次数，以增加供液总量。此时，需要注意的是：既要保证植株所需的营养液量，又要保证有足够的排液量。保持基质的EC值只高出营养液EC值一点是最理想的状态。

（四）温度调控

栽培袋中基质的温度对蔬菜的生长影响很大，在连续阴天，基质温度低于18.3℃时，就很容易看到蔬菜萎蔫、生长缓慢等一系列生长异常现象。这是因为较低的温度抑制了根系对水分和养分的吸收。连续阴天后突然晴天，蔬菜容易萎蔫。对此，除采用正常的加温方法预防外，还可以将栽培袋安装在低矮的支架上，离地面5~8cm，减轻地面低温对栽培袋的影响。

在阴天时，蔬菜生长缓慢，供液次数和供液量应相应降低，但不能停止供液。

（五）装置清理

在结束蔬菜栽培前，停止浇灌营养液，让蔬菜将珍珠岩中的水分吸干，4~6d后，蔬菜略显萎蔫时采收，之后将蔬菜残枝败叶完全清理干净，清理不及时，则蔬菜茎叶变脆，会污染基质。

珍珠岩可被重复使用3茬左右。在定植下一茬蔬菜前应消毒。有学者认为，重复使用容易增大病害发生概率，栽培过蔬菜的珍珠岩不应重复使用，但可用于配制复合基质。

【知识点】珍珠岩，小型袋培，基质消毒，积盐，供液频率，供液时间。
【技能点】栽培袋制作，珍珠岩消毒，蔬菜定植，营养液管理，积盐处理，温度调控。

【复习思考】
1. 小型珍珠岩培的便捷性体现在哪几方面？
2. 为什么在定植蔬菜前，要对使用过的珍珠岩进行消毒？

项目三　小型立体栽培

任务一　小型水培型叠盆式立柱栽培

【知识目标】了解小型水培型叠盆式立柱的材料和规格；了解小型水培型叠盆式立柱的结构。
【技能目标】能够按要求的规格选择材料，制作水培型叠盆式立柱；能够参照大型叠盆式立柱栽培技术，管理小型水培型叠盆式立柱所栽培的蔬菜。

一、小型水培型叠盆式立柱栽培装置的结构认知与制作

小型水培型叠盆式立柱栽培装置由盆钵、中心柱、基座、贮液箱、小水泵、供液管道组成。可以购买成品，也可自行制作，制作立柱的主要材料为不同管径的 PVC 排水管。

（一）PVC 管盆钵制作

1. **钵壁**　用 PVC 排水管自制盆钵。钵壁为一截长 15cm、直径 200mm 的 PVC 排水管，管壁中部均匀开 6 个直径为 50mm 的孔，其上安装栽培管。

2. **栽培管**　由直管和弯头组成。每个盆钵侧壁上安插 6 个栽培管，两两相对，均匀分布，相邻两管之间夹角为 60°。栽培管靠近钵体一端，是一段长 10cm、直径 50mm 的 PVC 管。栽培管末端安装直径 50mm 弯头，弯头开口向上，用于定植蔬菜。各个管件连接处用 PVC 专用胶水粘合。

3. **钵底**　用厚度不超过 50mm 的聚苯乙烯泡沫塑料圆板做钵底。钵底中央开孔，安插直径 50mm、长 15cm 的 PVC 排水管做中心柱套管，将来中心柱由此穿过，将盆钵串联到一起。

4. **溢液管**　中心柱套管旁边贯通钵底安插溢液管，该管长 12cm，为一截聚乙烯塑料软管，溢液管管口距离钵底 7cm，保证盆钵加注营养液后栽培管中能充满营养液且深度适宜，栽培管定植口位置的蔬菜根系能伸到营养液中正常吸收养分和水分。

钵壁、中心柱套管、溢液管、钵底之间用玻璃胶粘合（图 8-68，图 8-69）。

（二）立柱组装

每个立柱由多个盆钵上下串联而成，盆钵数量依据空间高度自定。立柱底部为长 15cm、直径 200mm 的 PVC 管做成的基座，其上叠放盆钵，上下相邻盆钵的栽培管相互错开，以利于蔬菜生长。用直径 40mm 的 PVC 管做中心柱，贯通每个盆钵的中心柱套管将盆钵串起来。

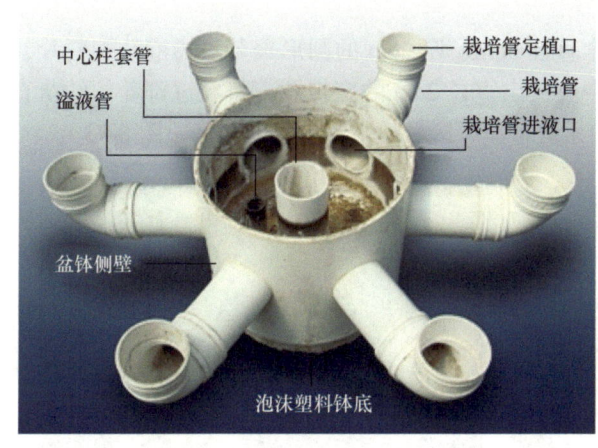
图 8-68 自制 PVC 管盆钵结构

图 8-69 盆钵上 6 个栽培管的相对位置

（三）栽培装置组装

将立柱竖立于贮液箱中，贮液箱中安放小型潜水泵，供液管经中心柱延伸到立柱顶端，将营养液注满最上面的盆钵。之后，营养液会依次向下，注满每个盆钵，最后流回贮液箱，完成一个循环（图 8-70，图 8-71）。

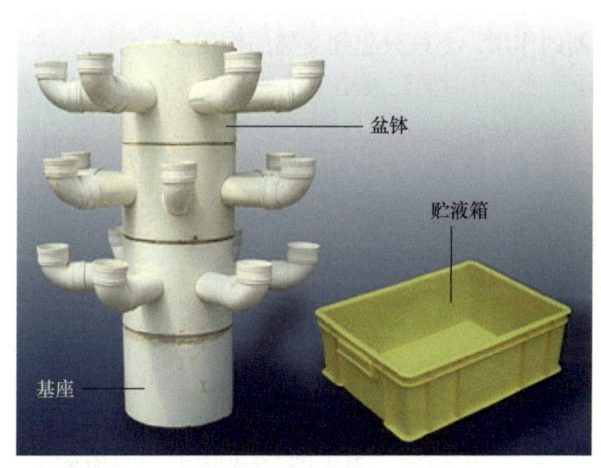
图 8-70 立柱的基本构成

图 8-71 立柱顶部的中心柱和供液管

二、蔬菜小型水培型叠盆式立柱栽培

（一）育苗

小型水培型叠盆式立柱栽培装置主要用于栽培叶菜类蔬菜。用岩棉或蛭石作基质育苗，幼苗具有 2～3 片真叶后定植。

（二）寄养

挖出幼苗，洗净根系，用无纺布包裹，用聚氨酯固定，参照深液流水培的方式在过渡箱中进行寄养，或参照静止箱式水培的方式寄养。当幼苗长出新根、相互拥挤时定植（图 8-72）。

(三) 定植

在盆钵栽培管口位置，放置 1 个直径 5cm、厚 2cm 的圆形聚苯乙烯泡沫塑料片，相当于深液流水培的定植板，在圆片中央烫出直径 2cm 的定植孔，将经过寄养的幼苗直接塞到定植孔中即可。包裹幼苗根系的无纺布即可接触栽培管中的营养液（图 8-73）。

图 8-72　采用静止箱式水培进行幼苗寄养　　　　图 8-73　蔬菜定植方法

(四) 定植后管理

1. 营养液循环　　用定时器控制小水泵进行营养液循环，每间隔 50min，供液 10min，以提高营养液溶解氧含量。对于有些叶菜，如叶用莴苣、苦苣、叶荟菜，其根系抗低氧环境能力很强，营养液可以不进行循环增氧，进行静止水培，蔬菜也能较为正常地生长，但生长速度偏慢，此时盆钵只起到容器的作用，立柱只起到支架的作用。

2. 补液　　平时观察营养液消耗程度，及时向贮液箱中补液（图 8-74，图 8-75）。

图 8-74　旺盛生长的叶用莴苣　　　　图 8-75　叠盆式立柱在家庭园艺领域的应用

【知识点】小型水培型叠盆式立柱，PVC管盆钵，栽培管，贮液箱，基座，静止水培，定时器。

【技能点】盆钵制作，立柱组装，蔬菜育苗，过渡槽寄养，静止箱式水培寄养，定植，营养液循环，补液。

【复习思考】
1. 小型水培型叠盆式立柱栽培和生产上用的大型水培型叠盆式立柱栽培相比，有哪些差异？
2. 小型水培型叠盆式立柱栽培主要可以在哪些领域应用？

任务二　小型基质培型叠盆式立柱栽培

【知识目标】了解小型基质培型叠盆式立柱的基本规格；了解小型基质培型叠盆式立柱的基本结构。
【技能目标】能够组装小型基质培型叠盆式立柱；能够正确进行蔬菜栽培与管理。

一、小型基质培型叠盆式立柱栽培装置的结构与制作

（一）盆钵选择

选用由 ABS 工程塑料注塑而成的梅花圆筒形盆钵。盆钵的花瓣部分是栽培孔。盆钵高 18cm，直径 18cm。

（二）立柱组装

盆钵的中央有中心柱套管，栽培柱的中心柱由此穿过，串联起 12 个盆钵构成柱体。在柱体上，两盆钵通过盆钵上下的凹凸扣扣紧，使 12 只盆钵构成稳固的整体。立柱底座用 ABS 工程塑料注塑成圆盘形，高 3~5cm，直径 15~20cm。中心柱用直径 20mm 的厚壁镀锌钢管制作，长度视所串盆钵数目而定，一般长 1.8~2.2m，竖立于底座之上。

（三）栽培装置组装

用聚苯乙烯泡沫塑料箱、塑料箱、带盖的陶瓷槽做贮液箱，将立柱竖立于贮液箱中。盖严箱盖，不能让营养液见光，避免滋生绿藻。小型水泵供液，供液方法同水培型盆钵立柱。

二、蔬菜小型基质培型叠盆式立柱栽培

（一）基质选择

以经高温发酵的废弃菇渣为主要材料，混入蛭石、珍珠岩及少量有机肥，配制成复合基质。

（二）装填与组装

在底座上装好中心柱，向盆钵中装填复合基质，然后将装好基质的盆钵依次套入中心柱，注意相邻盆钵的梅花形栽培孔要互相错开，避免重叠，并使钵与钵之间的凹凸扣结合牢固，使数个盆钵成为一个整体。

（三）蔬菜定植

采用穴盘育苗，成苗后，将幼苗带基质塞入盆钵的梅花形栽培孔中，让幼苗基质与盆钵中的基质紧密接触。

（四）营养液管理

根据蔬菜不同生长发育阶段和需水需肥规律，灵活掌握供液量和供液次数，一般每天供液 1~2 次，每次 30min。灵活掌握营养液浓度，需水、需肥高峰期前后适当提高浓度。如果使用含有草炭的复合基质，也可以不进行营养液循环，通过从顶部盆钵浇灌的方法供应营养液（图 8-76，图 8-77）。

图 8-76 小型基质培型叠盆式立柱上栽培苦苣的盆钵

图 8-77 小型基质培型叠盆式立柱盆钵栽培的叶用莴苣

(五) 温度调控

液温高于30℃或低于13℃时，特别是盛夏与寒冬，蔬菜容易出现生长异常现象，适宜的营养液温度应尽量使液温维持在15～25℃。

【知识点】小型基质型叠盆式立柱，盆钵，工程塑料，菇渣，蛭石，珍珠岩，贮液箱。
【技能点】立柱组装，基质装填，定植，营养液管理。

【复习思考】
1. 用小型基质培型叠盆式立柱栽培蔬菜，都可以使用哪些基质？
2. 用小型基质培型叠盆式立柱栽培蔬菜时，常出现立柱上部蔬菜株型小、下部株型大的现象，试分析其成因。

主要参考文献

郭世荣. 2011. 无土栽培学 [M]. 2版. 北京：中国农业出版社

刘士哲. 2004. 现代实用无土栽培技术 [M]. 北京：中国农业出版社

王久兴. 2011. 图解蔬菜无土栽培 [M]. 北京：金盾出版社

王久兴，王子华. 2005. 现代蔬菜无土栽培 [M]. 北京：科学技术文献出版社

王振龙. 2008. 无土栽培教程 [M]. 北京：中国农业出版社

邢禹贤. 2002. 新编无土栽培原理与技术 [M]. 北京：中国农业出版社

杨其长，魏灵玲，刘文科，等. 2012. 植物工厂系统与实践 [M]. 北京：化学工业出版社

Raviv M, Heinrich Lieth J.2007.Soilless Culture: Theory and Practice [M]. Amsterdam: Elsevier Science